フォーカス！——利益を出しつづける会社にする究極の方法

本書は、ビジネス上のパートナーでもある娘ローラとの共同作業で生まれた初めての本だ。

私たちの共作は、他にも、『ブランディング22の法則』『インターネット・ブランディング11の法則』（ともに東急エージェンシー出版部）、『ブランドは広告でつくれない』（翔泳社）『ブランドの起源』（未邦訳）などがあるが、私たちの基本理論を最もシンプルかつ端的にまとめているのは、やはり本書『フォーカス！』である。今も多くの人が、『フォーカス！』が一番気に入っているよ」と言ってくれるのも、そのせいだろう。

実際、この本で展開した「フォーカス論」は、私たち自身の日常活動——「フォーチュン500」（全米大企業五〇〇社ランキング）を中心とした大企業へのコンサルティング——でも、一貫して威力を発揮している。

そういうわけで、我が社「ライズ&ライズ」では今も、レターヘッドや名刺、封筒やウェブサイトに、「ライズ&ライズ——フォーカスのコンサルタント」と明記しているのである。

ジョージア州アトランタにて　アル・ライズ

まえがき

アル・ライズ

成人してからずっと、マーケティングの仕事および研究に取り組んできた私が、「企業がフォーカスする方法」についてまとめたのが本書である。

今、企業社会はマーケティングの時代になろうとしている。

「すべての企業は、二つの機能しか持っていない。それは、マーケティングとイノベーションである」

一九五四年にピーター・ドラッカーが、著書『現代の経営』（ダイヤモンド社）でこう述べて以来、その思想が世の会社役員に浸透するのに、実に長い時間がかかったことになる。

第一次大戦後、企業は製造重視だった。フレデリック・テイラーの能率研究がもてはやされ、「他社より早く、安く、製品を提供できる」企業こそ、成功を収めるとされた。

しかし第二次世界大戦後になると、次第に財務が重視されるようになった。経営を支配するのはポートフォリオとなり、「より優れたポートフォリオを導くような買収や売却を成し遂げる」企業こそ、成功を収めるとされた。

そして今、製造よりも財務よりも重んじられているのが、マーケティングである。

ビル・ゲイツ（マイクロソフト）、ロス・ペロー（ペロー・システムズ）、サム・ウォルトン（ウォルマート）、フレッド・ターナー（マクドナルド）、マイケル・アイズナー（ウォルト・ディズニー）、ジョン・スメイル（P&G）、ロバート・ゴイズエタ（コカ・コーラ）、そしてロジャー・スミス（GM）に共通するものは何か？

いずれも、過去一〇年で最も有名になった経営者たちだが、実は彼ら全員が、一九八五〜九四年に雑誌「アドバタイジング・エイジ」で「マーケター・オブ・ザ・イヤー」に選出されているのだ。

ここに挙げた超一流の経営者たちは、揃ってマーケティングを担当している。ヒューレット・パッカードの共同創業者デイビッド・パッカードは、かつてこう語った。「マーケティングは極めて重要ですから、マーケティング部門にだけ任せておくわけにはいきません」

この一〇年間で最も成功した企業といえば、マイクロソフトだが、ＩＢＭのルー・ガースナーは、ビル・ゲイツとマイクロソフトについて、次のように述べた。

「我が社のソフトウェア分野の最大のライバルであるマイクロソフトは、技術力に関して言えば、ずば抜けているとは思わない。だが、最もマーケティングに長《た》けた企業のひとつであることは間違いない。マーケティングの仕事に二〇年も携わってきた私がそう思うのだから、確かだろう」

読者の中には、私のようなマーケティング畑の人間に経営の本が書けるのか？ と言う人がいるかもしれない。いい質問だ。しかし、もっといい質問がある。

経営者とは、何なのか？

答えは、「財務諸表を読みこなせるマーケター」である。

最新版（二〇〇五年）に寄せて

ローラ・ライズ

私たち父娘は、「マーケティングの理論や法則を語る際に肝心なのは、〝利益が上がるかどうか〟である」と考えている。つまり、戦略の提示だけでなく、損益も分析する必要があるということだ。

批評家が何を言おうと、どんなに素晴らしいアイデアでも、儲からなければ意味がない。

そういうわけで本書でも、「フォーカスとは何か」を語るだけでなく、それを実践することで、企業がいかに利益を上げるかについて詳しく展開しているのだが、ここではまず、航空業界を例にとって、「フォーカスの力」を紹介してみよう。

かつて、航空業界は花形と言われた。一九七五年当時、全米には十大航空会社があった。ユナイテッド、イースタン、デルタ、アメリカン、TWA、アルゲニー、ノースウェスト、ブラニフ、ウェスタン、そしてパン・アメリカンだ。一九六五〜七五年にかけて、業界の総売上は一〇二一億ドル、税引後の純益は一六億ドルだった。

しかし今日、この業界は惨憺《さんたん》たる状態にある。イースタン、TWA、ブラニフ、パン・アメリカンの四社はすでにない。また、アルゲニーはUSAエアウェイズになり、ウェスタンはデルタに買収された。そしてアメリカの五大航空会社（アメリカン、ユナイテッド、デルタ、ノースウェスト、コンチネンタル）は、この一〇年間で六五七〇億ドルという巨額の売上を上げながら、六億四六〇〇〇万ドルもの赤字を出している。なぜこうなったのか?

歴史を振り返ってみると、航空会社は何らかの岐路に立つたびに、「二兎」を追ってきたことがわかる。

最初の岐路は、「旅客をとるか、それとも貨物をとるか」だった。大方の答えは、「考えるまでもない。客室の下に空きスペースがあるじゃないか」だった。こうして、アメリカの航空会社はどこもみな、旅客と貨物の両方を手がけるようになった。

しかし、アメリカン航空の昨年の貨物売上はわずか五億五八〇〇万ドル、総売上の三%にすぎない。他の航空会社でも、貨物の占める割合は決して多くない。これと対照的なのが、フェデックスだ。昨年の貨物売上は二三七億ドル、しかもアメリカン航空が赤字なのに対し、八億三八〇〇万ドルもの黒字となっている。

航空会社が迎えた次の岐路は、「ビジネス客をとるべきか、それとも観光客をとるべきか」だった。各社の答えは、「なぜ客層を限定しなければならないんだ？　ヒューストンにもハワイにも飛行機は飛ばせるだろう」だった。

その次の岐路は、「国内線にとどめるべきか、それとも国際線も手がけるべきか」だった。すべての航空会社は、ここでも二兎を追い、国内線と国際線の両方を飛ぶようになった。

さらに迎えた岐路は、「ファーストクラス、ビジネスクラス、エコノミークラスのうち、どのサービスを手がけるべきか？」だったが、大手各社は揃って三タイプすべてのサービスを提供した。

各社がこぞって「二兎を追う戦略」に走るのには、理由がある。そうすれば、短期的には売上も利益も伸びるからだ。しかし、この「二兎を追う戦略」は、崩壊する運命にある。時間の経過とともに、業界内にフォーカスを絞った競合社が必ず現れるからだ。

航空業界で真っ先にフォーカスを絞ったのは、サウスウェスト航空だった。同社はビジネス関連路線のみ、バカンス関連路線はない。座席はエコノミークラスのみ。ファーストクラスもビジネスクラスもない。国内線のみで国際線はない。食事のサービスもなく、ペットの搭乗もお断りだ。事前の座席指定や航空会社間の荷物のやりとりといったサービスも一切ない。

こうした「一兎だけを追う戦略」に徹した結果、サウスウェスト航空は、ボーイング737型機のみで運行できるようになった。たとえばデルタ航空が、六種類の航空機で運行しているのとは大違いである。

フォーカスしたサウスウェスト航空は、スケジュール管理やメンテナンスが格段に容易になった。整備工も、担当する機体が一種類だけなので、集中してより充実した仕事ができるようになった。これを反映してか、同社は創業以来三一年間、一度も死亡事故を起こしていない。フォーカスを絞ると、事業内容を大きく改善できるのだ。

それだけではない。フォーカスを絞れば、利益も大きく改善される。過去一〇年、サウスウェスト航空の売上は四四三億ドル、税引後の純益は三六億ドル、利益率八・一%という驚くべき数字になっている。かつての業界絶頂期でさえ、これほどの利益率に達した会社はない。

現在、同社の株式総額は一二四億ドルだが、これはアメリカン、ユナイテッド、デルタ、ノースウェスト、コンチネンタル各社の合計額をも上まわっている。

残念ながら、他の大手航空会社はいまだに、「成功はフォーカスの先にある」というメッセージを理解していない。

さらに残念なことに、「二兎を追う」発想は他の業界にも蔓延《まんえん》している。一九九六年に本書の初版が出版された後も、この状況は解消されていない。それどころか、財務上の短期目標達成に躍起になっている昨今、さらに悪化している面すらある。

だから、今もなお、企業がフォーカスする方法を示した本書は、世に問う意義があると信じているのである。

第4章　実行して成果を出した企業に続け！

第5章　トレンド最前線の小売業で起こっていること

第6章　二つのコーラの物語

第7章　重要なのは、「よい品質」より「よいイメージ」

第8章　言葉によるイメージ戦略

第11章 「分割」で業界トップに躍り出る

第12章 「複数ステップ」という手法

第1章

多くの企業がフォーカスできない理由

成長という名の罠

世の多くの企業を突き動かす原動力は、ひとことで言えば「成長」だ。

経営者は、年間売上高と利益双方で、充分な増収・増益を出さねばならない。たとえ市場全体が冷え込んでいてもである。だから企業は、商品やサービスを多角化し、他の市場にも手を広げる。企業を買収したり、ジョイントベンチャーを立ち上げたりもする。

「ライン拡大」「多角化」「シナジー（相乗効果）」などと呼ばれているものは、どれも拡大のプロセスであり、成長を目指すゆえの本能的衝動だ。

しかし、これが企業のフォーカスを失わせている。

六三〇億ドルも売上があるＩＢＭが、八〇億ドルもの赤字を出したのも、ＧＭが、一三三〇億ドルの収益を上げながら二三億ドルの赤字になったのも、これが原因だった。

いくら優れた戦略で素晴らしい成果を手にしても、「成長のための成長」を目指しはじめると、企業は重大な戦略ミスを犯すようになる。これまで、実に多くの企業が自社のフォーカスを失ってきたのも、成長のための成長を目指したのが最大の理由なのだ。

こうして、何人ものCEOが、自らの犯した戦略ミスで自社のフォーカスを失い、そのつけを払った。アメリカン・エクスプレスのジェイムズ・ロビンソン、アップルのジョン・スカリー、ボーデンのアンソニー・ダマートとアーヴィン・シェイムズ、バーガー・キングのバリー・ギボンズ、コンパックのロッド・キャニオン、ディジタル・イクイップメントのケン・オルセン、イーストマン・コダックのケイ・ウィットモア、GMのロバート・ステンペル、グッドイヤーのトム・バレット、IBMのジョン・エイカーズ、Kマートのジョセフ・アントニーニ……。

昨今ほど、CEOが次々と辞任を要求される時代はない。

企業にもあてはまる「エントロピーの法則」

フォーカスを失う原因は、成長の追求だけではない。そもそも、フォーカスを失うという現象は、企業が意識的に努力をしないかぎり不可避なのだ。

成功する企業は、ひとつの商品なりサービスなりマーケットに、しっかり的を絞る、つまりフォーカスしてからスタートする。それでも時とともに、商品やサービスを増やしすぎたり、価格帯の異なる他のマーケットに手を広げてしまう。そうして方向感覚を失い、どこへ向かっているのかも、なぜそうなってしまったのかもわからなくなるのだ。もはや、立派な社是もむなしく響くばかりだ。もしかしたら、あなたもこんな企業で働いた経験があるかもしれない。

一九六〇年代のGMがはまったのは、まさにこのシナリオだった。シアーズは七〇年代、IBMは八〇年代、そしてマイクロソフトは九〇年代にこのシナリオにはまった。

当初は、すべてがうまくいっているように見える。ある商品（サービス）が大ヒットし、会社は勢いづき、大きな期待を抱くようになる。株価もロケットのように急上昇する。その成功が、多角化の「チャンス」ももたらす。社内には期待と興奮がふくれあがる。廊下を歩けば「我が社が世界を支配する」といった声が、あちこちから聞こえてくる。

ありえないはずのおかしなことが起こりはじめるのは、ここからだ。チャンスにあふれていたはずが、突然問題だらけになる。目標が達成できず、営業成績が頭打ちになり、利益は右肩下がりになる。そして、この事態がありのままに報道されてしまう。

「アメリカの大企業トップは、みなADD（注意力欠如障害）ではないかと思うことがよくありますよ」と語るのは、コンサルタントのバリー・スパイカーだ。「彼らは、フォーカスしつづけることができないんです」

これこそ、GM、シアーズ、そしてIBMに起こったことだ。マイクロソフトについては、まだ結論は下せないが、歴史は繰り返すとすれば、IBMの後を追うだろう。

物理学では、フォーカスを失うことを「エントロピー」と呼ぶ。ルドルフ・クラウジウスの「エントロピーの法則」によれば、閉じられたシステムの中では、時間の経過とともに必ずエントロピーが増大する。

たとえば、クローゼットの中を整理整頓しても、一ヶ月後にはまた散らかっているのは、エントロピーがはたらいたのであり、自然の基本法則のひとつである。これと同じように、あらゆる企業は、時を経るにつれてフォーカスを失っていく傾向にある。

ある土曜日にガレージを整理整頓したとしよう。なかなかの大仕事だが、一日も終わる頃には見違えるようにきれいになり、やってよかったと満足する。ガレージ内のすべてのものがあるべき場所に収まった。あなたは、「これからは使ったものはちゃんと元に戻して、この状態をキープするぞ」と決意することだろう。だが一年後、すべては元の木阿弥になっている。企業は、ガレージにそっくりだ。

車のダッシュボードを開けて、中のものを全部出してみよう。そこにあったことすら知らないものがいくつもあるだろう。地図、ペン、サングラス、ガソリンのレシート、ガム、小銭、ティッシュ、車検証、過去三年間の保険カード、自動車の説明書……。企業は、ダッシュボードにそっくりだ。

では、デスクの一番上の引き出しの中は？　ちゃんとフォーカスされているか、それともフォーカスを失っているか。たぶん、確認するまでもないだろう。

企業は、フォーカスを失っていく運命にある。

ピーター・ドラッカーは、典型的な企業の実態をこんなふうに語っている。「ビジネス全体や、そのビジネスを支える経済状態を分析すると、誰も予想しなかったひどい状態にあることがわかる。自信満々に打ち出した製品は過去のものとなり、投資の理由は経営陣のエゴばかり。少しも重要でない活動に多大なコストをかけ、競争力を損なっている。素晴らしい品質だと信じて疑わないものも、消費者にとってはほとんど意味のないものになっている」

まるで自分の会社のことのように聞こえてこないだろうか？　ドラッカーは、「フォーカスして、わずかなリソースを最大のチャンスに賭けよ」と説いている。

買収の時代は終わっている

企業のフォーカスが失われてしまう理由は二つある。ひとつは、すでに信用を失ったも同然の「多角化」であり、もうひとつは、かなり信用を失いかけている「ライン拡大」だ。まず前者から見ていこう。

「多角化」が、経営戦略としてかつてどれほど人気を誇っていたか、覚えているだろうか？　文字どおり、アメリカのあらゆる大企業が「ひとつの事業に全資産を投じるな」という哲学を信奉し、それに従って努力をしていた。

その当時はやったのが、会社をスツールにたとえるというもの。主要事業が三つある会社は三本脚のスツール、四つある会社なら四本脚のスツール。脚が多いほど安定・安心というわけだ。

また、多角化を標榜する人々のお気に入りといえば金融サービスだった。シアーズ、アメリカン・エクスプレス、ゼロックス、プルデンシャル保険など、数々の企業が金融サービスに手を広げた。

一九八〇年代初頭、コピー機製造業の雄だったゼロックスは、クラム&フォースター保険、ヴァン・カンペン・メリット投資信託、ファーマン・セルツ投資銀行、ゼロックス・ライフ保険を傘下におさめ、ゼロックス・ファイナンシャル・マシンを誕生させた。しかし一九九二年後半、税引後七億七八〇〇万ドルの負債を抱え、同社は金融サービスから撤退した。このとき「ウォール・ストリート・ジャーナル」は、「ゼロックスはようやく謙虚に過ちを認めた。買収のときに一番の高値をつかみ、結局本業のコピー機製造業をも損なってしまった」と書いた。

今も、「買収が売上や株価を急上昇させてくれる」と夢見る企業は後を絶たないが、実際に待っているのは、失望と幻滅のみだ。

●IBMは一九八四年にローム（コンピュータ製造業）を買収したが、一九八九年に売却。
●コカ・コーラは一九八二年にコロンビア・ピクチャーズを買収したが、一九八九年に売却。
●メトロポリタン・ライフは一九八五年にセンチュリー21（不動産）を買収したが、一九九五年に売却。
●クライスラーは一九八五年にガルフストリーム（航空機製造業）を買収したが、一九九〇年に売却。
●イーストマン・コダックは一九八八年にスターリング・ドラッグ（製薬会社）を買収したが、一九九四年に売却。
●松下は一九九〇年にMCAを買収したが、一九九五年に売却。

こうした買収・売却例を研究していくと、七年目ならぬ「六年目の浮気」という周期が確認できる。六年も経てば、不良品をつかまされたと認めざるを得ない。加えて、買収の際に約束した「素晴らしいシナジー」のことを、投資した人たちが忘れる頃でもある。

こうして、PR担当者が、「基本に戻る」という売却発表を首尾よく運べば、買収のときと同様、好意をもって受けとめてもらえるという寸法だ。

過去を振り返ると、ほとんど喜劇としか言いようのない多角化がいくつもあった。

一九八五年一一月七日、リー・アイアコッカは、新生クライスラーを発表した。クライスラー本体は持ち株会社となり、自動車製造は傘下の一事業とする。そして、クライスラー・モータース、クライスラー航空機（ガルフストリーム）、クライスラー・ファイナンシャル、クライスラー・テクノロジーズという「四つの箱」からなる企業体になる、というものだった。

当初アイアコッカは、「クライスラー・テクノロジーズは、いまだ空っぽの箱だ。肝心の企業買収がまだできていない」と語り、すぐに一〇億ドル規模の買収を行うべくハイテク企業の物色を始めた。しかし後に、彼自身が「私の最大のミスは、多角化だった」と認めた。「持ち株会社のせいで、我が社は頭でっかちになった。あんなものは必要なかったのだ。もし道に迷ったら（人間は何につけても道に迷うものだ）、急いでフォーカスすべきだ」

フォードも同じ轍《てつ》を踏んだ。CEOのドナルド・ピーターソンは、フォードを「自動車、金融、ハイテクの三つの箱からなる企業にする」決断をした。そしてカリフォルニアの貯蓄貸付組合と、フィラデルフィアとダラスの消費者金融会社を買収し、金融部門の強化を進めた。結局、一九八五〜八九年にかけて買収に六〇億円を投じたが、大した成果はなかった。

多角化の餌食になったのは、巨大企業ばかりではない。中小企業も、年間売上が一〇〇〇万ドル規模になると、往々にして壁に突き当たりフォーカスを失う。この程度の売上規模の創業者は、自社が巨大化したと感じるようになり、三、四人のキーパーソンに経営責任を分散させる決断を下す。その結果、それぞれの人物が自分の「箱」を抱え、バラバラの方向へ走り出してしまうのだ。

公平を期すために、ここで多角化に成功した巨大コングロマリットのGE（ゼネラル・エレクトリック）にも言及すべきだろう。

確かにGEは、税引前利益の三分の一以上をGEキャピタルから得ている。だが、問題は「二〇〇億ドルの利益を上げるこの強力な金融企業は、GEの関連会社であることで得をしているか」である。関連がなくても、十分成功するのではないか。

二つの事実に何らかのつながりがあるからといって、そこに因果関係があるとはかぎらない。一九七〇年一一月八日、ニューオーリンズ対デトロイト戦で、NFL史上最長のフィールド・ゴールを決めたトム・デンプシーは、片足に障害があった。だからといって、NFLでフィールド・ゴールを決める選手になるために自分の足に障害を負わせたりはしない。

宝くじには、勝ち目がない。購入者のほとんどは当たらないのだから。だが、その勝ち目のない戦いにも勝者はいる。これと同様に、多角化自体は勝ち目がないにもかかわらず、GEは勝者となった。当たりくじをひいたのだ。企業にも、人間のように運・不運はある。

さらに言えば、過去の成功は将来の成功を保証するものではない。勝ち目のない戦略をとっていればなおのことだ。GEキャピタルが、今後も素晴らしい収益を上げつづけるとは思えない。長い目で見れば、勝つ企業とは「最もよくフォーカスできている企業」であり、負ける企業とは「最もフォーカスできていない企業」だ。

「フォーカスすること」、これは経営の鉄則なのだ。

だが、それほど重要であるにもかかわらず、この鉄則に従う企業が極めて少ないのはなぜか？　また、経営関連書で、フォーカスがほとんど注目されていないのはなぜか？　大半のCEOがこの鉄則を当然のように無視したり破ったりするのはなぜか？

それは、最も明白なものこそ、最も目に入らないものだからだ。エドガー・アラン・ポーが『盗まれた手紙』で描いたように……。部外者から見れば、ほとんどの企業が日を追うごとにフォーカスを失う方向へ向かっているのは明らかだ。エントロピーがはたらいているといってもいい。フォーカスを失うのは、企業の宿命なのだ。

では、この宿命にどう対処するべきなのか、それが本書のテーマだ。

「狩猟許可証」か「ダイヤモンド」か

さらに悪いことに、多くの企業は、わざわざフォーカスを失う努力をしている。あり得ないことのように思えるが、実際そうなのだ。「ライン拡大」とか、経営コンサルタントたちがお題目のように唱える「ブランド資産の活用」などがこれにあたる。

「ライン拡大」は、企業のフォーカスを失わせる第二の要因である。まだ生き残っているが、早晩消え去ることだろう。

「ブランド資産の活用」で言えば、誰よりもこれに邁進《まいしん》したのがドナルド・トランプだった。開始直後は成功した。彼は事業を多角化し、銀行が資金を貸してくれる事業には何でも自分の名前をつけた。三つのカジノ、二つのホテル、それにコンドミニアム二棟、航空会社一社、ショッピングセンター一店、フットボールチームひとつ、さらに自転車のレースにも自身の名を冠した。

「フォーチュン」は、トランプを「キャッシュフローと資産価値に鋭い目を持つ優秀なマーケターであり、抜け目のない辣腕《らつわん》事業家だ」と評した。「タイム」「ニューズウィーク」両誌は、彼を表紙に登場させた。

そして現在、トランプは膨大な負債を抱えている。彼が短期間には成功した理由も、長期的には破綻した理由も同じである。すなわち、ライン拡大だ。

トランプがアメリカでやったことをイギリスでやったのが、リチャード・ブランソンだ。ブランソンはヴァージン・グループのオーナーであり、ヴァージン・アトランティック航空は北大西洋線マーケットを沸かせた。

しかし航空会社を所有するだけでは物足りなかったのか、ヴァージンの名を使ってさらなるライン拡大を展開している。ヴァージンの名をライセンスしたPCを出し、ヴァージン・コーラとヴァージン・ウォッカを売り出すべくジョイント・ベンチャーを立ち上げた（ヴァージン・アトランティック航空のボーイング747の一機は、機体が缶コーラのようにペイントされている）。ヴァージン・ウォーター（炭酸入りと炭酸なしの両方がある）やセブン・ヴァージンというライム味の炭酸飲料も構想中だ。

さらに、小型飛行船を広告主に貸し出すヴァージン・ライトシップスという会社もある。ヴァージンの名をヨーロッパ系の新興航空会社二社にフランチャイズし、英国の全鉄道サービスを国営鉄道網から買収しようともしている。インデックスファンドと財形貯蓄を手がけるヴァージン・ファイナンシャル・サーヴィスもある。

だが、こうしている間、ヴァージン・アトランティック航空は赤字続きだった。その損失をカバーするため、過去二年間で五〇〇〇万ドル借り入れている。近い将来、ヴァージン帝国が崩壊する懸念を否定できない。一方でコカ・コーラやスミルノフを敵にまわし、もう一方でブリティッシュ・エアウェイズやアメリカン航空と競争するのは、あまりにも困難だ。

ブランソンは、サー・フレディー・レイカーの轍を踏んでいる。一九七七年、レイカー・エアウェイズは、北大西洋線にスカイトレインを導入した。予約なしで乗れる格安航空、機内食などのサービスは別料金というシステムで、一躍「イギリスへの安くて気軽なフライト」として知れ渡った。

しかし二年後、同社は他のサービスを提供するようになり、料金も五段階にした。ビジネスクラスをねらった高級サービスも打ち出した。これについて「ビジネスウィーク」は、「レイカー・エアウェイズのイメージがあいまいになるばかりか、新しいサービスはコストを増やし、当初のシンプルなコンセプトを破壊してしまった」と書いた。

「世界を征服する」というありがちな勘違いに陥ったレイカーは、エアバスA300を一〇機も注文し、次々とヨーロッパ線の新設を申請した。三五都市を結ぶヨーロッパ線の中には、大ヒットした路線もあったが、結局、一九八二年に破産した。

レイカーが北大西洋線で大赤字にあえいでいた頃、北米線で「余計なサービス抜き」の航空会社を立ち上げたのがドン・バーだった。一九八一年春に就航したピープルエクスプレスは、低運賃で、機内サービスのソフトドリンクやケーキは有料とした。カバンを預けると一個二ドルの料金がかかった。

どの便も、安上がりの週末旅行をしたい人々ですぐ満席となり、同社はまたたく間に成功を収めた。一九八〇年の株式公開時に八・五〇ドルだった株価は、三年足らずで五〇ドル近くまでになった。

しかし予想どおり、ドン・バーもライン拡大に乗り出した。フライトの路線とスケジュールを急激に拡大し、ボーイング747を購入し、ロンドン線も就航した。一九八五年にはフロンティア航空を三億ドルで買収した（翌年にはユナイテッド航空に売却）。サービス抜きの低運賃航空会社から、フルサービスの航空会社へと脱皮をはかったのだ。

その結果は……。一九八七年、倒産寸前となったピープルエクスプレスは、テキサス・エアに吸収された。

ブランドとは、大きな獲物をしとめるための狩猟許可証ではない。カットして磨いていくダイヤモンドだ。ひとつの会社やブランドをずっと磨きつづけるとは、すなわちフォーカスしつづけることである。それだけで、将来の成功が保証されたも同然の強力な企業を育成できる。

フォーカスの威力を示す格好の例に、男性誌「プレイボーイ」の成功と、プレイボーイブランドの失敗がある。

雑誌の「プレイボーイ」は世界中で売れ、バニーのロゴマークも全世界に浸透している。発行部数は三四〇万部で、タイム・ワーナー社で最も利益を上げている「ピープル」より多い。「プレイボーイ」は、「スポーツ・イラストレイテッド」よりも「ニューズウィーク」よりも「コスモポリタン」よりも売れているのだ。

となれば、プレイボーイ・クラブやプレイボーイ・ブックス、プレイボーイ・ビデオ、プレイボーイCATVといったものも、いかにも成功しそうだ。洋服や香水、ジュエリー、眼鏡、コンドームも発売されている。これらはどれも、創業者ヒュー・ヘフナーの娘クリスティーが率いるプレイボーイ・エンタープライズが手がけたものだが、実はほとんどが失敗に終わっている。

本家の雑誌「プレイボーイ」は、創刊四二周年を迎えた。もし雑誌だけにフォーカスしつづけていたら、あるいは別の名前で新雑誌を創刊していたら、どれだけ利益を得られたことか……。実際、「タイム」を創刊したヘンリー・ルースは、そうして成功を収めている（第12章参照）。

企業というものは、そのほとんどが自己愛に陥り、新ブランドを立ち上げる代わりに、すでに神通力をものにしたブランドを利用する方法ばかり追い求めてしまう。

リーボックは、一九九五年に五五〇〇万ドルをかけて「リーボック・スポーツ・クラブNY」を開設した。リーボック・クラブが、プレイボーイ・クラブの轍を踏む可能性はないだろうか？

ナイキも、テキサス州アービングにテーマパークを建設すると発表した。ダラス・カウボーイズの本拠地テキサス・スタジアムのすぐ近くだ。次はこのチームの買収に乗り出すのだろうか？

ライン拡大への六つの誘惑

ライン拡大に踏み出すのに、大した決意は必要ない。意識しなくても、自然に生じるプロセスだからだ。企業とは川の水のようなもの。新方向を求める過程で既存のラインに穴があれば、当然のようにそこへ流れ込んでいく。

具体的に、企業がライン拡大へ向かうパターンには、次の六つがある。

①販売・流通……充実した販路を持っている企業の経営陣は、「この販路を利用して、他にも何か売れるのではないか？」と考えがちだ。しかし商品の種類が増えれば、当然フォーカスは失われやすくなる。

②製造……世界一の収益率を誇る新聞「ウォール・ストリート・ジャーナル」のダウ・ジョーンズは、「工場の製造効率を上げて、間接費を削減できる方法はないか」と考えた。同紙は平日の五日間のみの発行だ。それなら、残りの二日で別の新事業を始めようと、「ナショナル・オブザーバー」という週刊新聞の発行に乗り出した。だが、一五年連続の赤字で結局廃刊となった。

③マーケティング……大量消費材で成功した企業は、どんな市場でも自分たちのマーケティング手法が通用すると思ってしまう。たとえばP&Gは、ミニッツ・メイドとトロピカーナを買収して、シトラス・ヒルというオレンジジュースのブランドを立ち上げた。しかし一九八一年の誕生以来、シトラス・ヒルは一度も黒字にならなかった。それればかりか、一九九二年にこのブランドを葬り去る際、二億ドルも投入する羽目になった。いくらマーケティングに長けていても、洗剤とオレンジジュースでは勝手が違いすぎた。

④顧客のライフサイクル……多くの企業が、「この先、顧客の年齢が自社商品のターゲット層を超えたらどうなってしまうだろう」と自問する。だからこそ、ベビーフード会社のガーバー・プロダクツは、年長の子ども向け商品「ガーバー・グラデュエイト」を発売し、マクドナルドはピザを売り出した。またバーガー・キングは、コースメニューのディナーを売り出しテーブルサービスをした。だがこうした商品の導入は、どれひとつとして利益につながらなかった。

⑤地理的問題……「地理的に拡大したい」という誘惑は、フォーカスしていても起こり得る。スターバックスは、地元シアトルを飛び出して全国展開に成功したが、地元へのフォーカスが生命線である場合も多い。ロング・アイランドの「ニューズデイ」は、全米で最も収益率の高い新聞だった。そこでニューヨーク・シティへ進出し、「ニューヨーク・ニューズデイ」を創刊した。一〇年あまりで、同紙の記事はピューリッツァー賞を三度受賞したが、赤字は一億ドルに達した。オーナーのタイムズ・ミラーが同紙を廃刊したことを責めるのは酷だろう。むしろ責めるべきは、そもそもこの新聞を創刊したことだ。

⑥価格設定……「我々の価格設定には手が届かないという顧客もいる。どうにかできないものか」と考え、「自社ブランドの廉価版を導入すればいい」という答えを出してしまう企業も多い。女性用アパレルのトップブランド、ダナ・キャランの商品は高い。そこで、DKNY

という手頃なラインを導入した。同社は、一年で五つの新会社を立ち上げた。ダナ・キャランメンズ、DKNYのメンズとキッズ、ルーム・ウエア、そして香水をはじめとした化粧品の各社である。今後ダナ・キャランは、リズ・クレイボーンの二の舞になる可能性がある。

リズ・クレイボーンといえば、八〇年代に女性用アパレルブランドで抜群の人気を誇り、どのデパートでも大きな売り場を占めていた。元はカジュアルウェアだったが、女性のあらゆる生活シーンに合わせるかのように、クレイボーンズ・コレクション、リズ＆カンパニー、リズ・スポーツ、リズウェアなど、新ブランドを次々と展開した。だが現在、リズ・クレイボーンは苦境に陥っている。最近、販売促進担当の新副社長を迎え入れたが、業界誌「クレーンズ・ニューヨーク・ビジネス」は、「リズ・クレイボーンは瀕死状態にある。新副社長は商品ラインをフォーカスし直す」と報じた。

マクドナルドは手本に非ず

ライン拡大がはびこる理由には、「ブランドイメージのインフレ」もある。自社ブランドの存在理由は何か、あなたも自問してみてほしい。確たる自信を持って答えられるだろうか？

ガーバーは、「赤ちゃん」こそ自社ブランドの存在理由だと思っていたようだ。そうでなければ、子ども向けのアパレルやベビーカーや椅子に手を広げた理由が説明できない。

おかしなことだ。世の母親たちに、「ガーバーといえば何ですか」と聞けば、間違いなく「ベビーフード」という答えが返ってくるだろう。「フード」は、アパレルでも家具でもない。

ライン拡大に成功し、順風満帆だと言われている企業でも、実態は違っていたりする。

マクドナルドは、「ファストフード界の雄であり、新規メニュー開発にも優れている」という定評がある。一九八三年には、チキン・ナゲットやマクリーン・デラックス・サラダなど多数の新メニューを導入し、その後一〇年で、一店舗あたりの平均売上は三五％も上昇した。

素晴らしい。だが同じ一〇年で、食品の消費者物価指数は四一％上昇している。もしマクドナルドが新メニューを導入せず、従来のメニューをインフレに合わせた価格で販売していれば、売上は三五％ではなく四一％上昇していたのではないだろうか。

この意見には、疑問を唱える向きもあるだろう。新メニューなしに、マックバーガーやビッグ・マック、コカ・コーラ、フライド・ポテトといった定番商品の売上をずっと維持できただろうか、と。それはわからない。だが、この一〇年で外食回数が増え、マクドナルドの売上増の追い風になったのは確かだろう。

思い出してほしい。マクドナルドは自信にあふれた企業であり、財界でもずば抜けた評価を得ている。なにしろ、CEOのマイケル・キンランはかつて、「もしうちがビールとワインをメニューに載せたら、外食マーケットを一〇〇%制覇してしまうかもしれないね」と話したことがあるほどだ。

マクドナルドの真似をする企業は後を絶たない。その結果、「商品ラインを拡大して成功した」と言われる企業もある。だが実態は、その成長のほとんどが消費者物価指数を超えていない。インフレ分を除くと、成長分はほとんど残らないのだ。

フォーカスを失う道はさまざまだ。自社の基本ラインに新商品を次々と導入していくマクドナルドタイプの企業もあれば、一度に多種多様な商品を導入する企業もある。このうち、絵に描いたようなライン拡大の失敗に陥るのは後者だ。

収益率の高い一商品にだけしっかりフォーカスしていた会社が、いろんな商品に手を広げたとたん収益が上がらなくなり、やがて赤字に転落する。これもまた、ブランドイメージのインフレだ。

昨年、世界一のコンドーム会社ロンドン・インターナショナルが、二億二〇〇〇万ドルの赤字を発表した。世界がエイズの脅威にさらされているこの時代に、コンドーム会社が赤字とはどうしたことか?

理由は簡単だ。同社が、写真現像と高級陶器、それに化粧品事業に手を広げたからだ。その証拠に、経営陣が刷新され、多角化路線をやめて事業をフォーカスし直した今年、売上五億九〇万ドル、一九〇〇万ドルの純益を上げた。

ライン拡大は、大企業に限った現象ではない。むしろ中小企業のほうが自社ブランドのラインを拡大しがちだ。

中小企業の落とし穴

オハイオ州アクロンに、メイン・ストリート・マフィンという一〇万ドル規模の会社があった。焼きたてマフィンを売る店を経営していたが、一九八八年、ある地元のレストラン経営者が、「冷凍マフィンも大々的に売り出してはどうか」と持ちかけた。そこで同社は、アドバイスを受け入れ、冷凍マフィンの卸売りも始めた。また、新設備を導入し、システム開発をし、第二号店も開店した。だが、ことは思ったようには進まなかった。異なるビジネスを始めた結果、人材が行き届かなくなり、従業員の士気が下がってしまったのだ。一年後、焼きたてマフィンの店舗も、冷凍マフィンの卸売りも、ともに行き詰まった。この先どうするか、決断が迫られた。

孔子いわく、「二兎を追う者は一兎をも得ず」。オーナーのスティーヴン・マークスとハーヴェイ・ネルソンは、一兎だけを追うことにした。小売の二店舗を売却し、冷凍マフィンの卸売りだけにフォーカスしたのだ。冷凍マフィンの売上は、全体の三分の一程度にすぎなかったにもかかわらずである。

読みは当たった。三ヶ月ほどで軌道に乗り、収益はその後も急カーブで上がりつづけた。その後一九九〇年まで売上は毎年二倍になり、現在は一〇〇〇万ドル規模にまでなっている。

「標準レベルにも達していないことを二つ手がけるより、すごくうまくいくことをひとつ手がけるべきだったんだ。僕たちは、成功するにはフォーカスする必要がある、と判断した。成功する確率が一番大きそうなビジネスに、全精力を傾ける必要があったんだ」とスティーヴン・マークスは語っている。

メイン・ストリート・マフィンのような中小企業が生き残るのは大変だ。今年だけで七〇万もの新規ビジネスが誕生したが、五年後も続いているのは、せいぜい三万五〇〇〇、つまり二〇分の一ほどだろう。失敗の一番の原因は、一度にたくさんのことに手を出しすぎることにある。

何かひとつをうまくやり遂げれば評価される。そうなれば、長期的成功もほぼ保証される。しかし、多くの中小企業は、長期的視野に立ってひとつのことをしつづけることができない。短期間で成功できなければ資金繰りが苦しくなるからだ。

IBMの迷走から学べること

マフィン会社に起こったことは、コンピュータ業界でも起こる。

何年も前、IBMはメインフレーム・コンピュータにフォーカスして莫大な収益を上げていた。

しかし現在は、メインフレームに加え、ミッドレンジ、ワークステーション、デスクトップ、PC、そしてソフトウェアを手がけ、苦境に陥っている。

一九九一年、IBMの売上は六五〇億ドルだったが、それでも二八億ドルの赤字だった。翌年、その赤字額は五六億ドルになり、さらに翌年には八一億ドルになった。一九九四年に、赤字額はようやく三億ドルまで減ったが、未来は決して明るくない。

この間、同社は、コピー機事業（後にコダックに売却）、ローム電話施設（後にシーメンスに売却）、サテライト・ビジネス・システムズ（後にMCIに売却）、プロディジー・ネットワーク（未だ難航中）、SAA、トップビュー、オフィス・ヴィジョン、OS／2といったビジネスに数百万ドルを投じてきた。どれもこれもフォーカスを失う行動ばかりである。どうやったらこんな行動を正当化できるのだろうか？

IBMは、コンピュータ業界のリーダーとして「コンピュータ」という名の馬に乗るべきだと考えた。この業界がどこへ向かおうと、それを追うべきだ、と。多くのメディアも、IBMは業界の変化に遅れていると批判した。ネットワーキング、クライアント・サーバ、デスクトップ、ソフトウェアといった分野で、もっと大胆に事業を展開すべきだ、と。IBMがロータスを買収したとき、メディアは賞賛さえした。

事実は違う。急速に拡大する業界に追随すれば、どんな企業もIBMのように引き裂かれることになる。それなのに、多くの企業がこの道をたどる。大成功を収めているときにかぎって、揃いも揃って将来の頭痛の種をまいてしまうのだ。

マイクロソフトは今、世界の頂点にある（企業規模はGMの三分の一だが、株価はGMをしのいでいる）。まるでかつてのIBMのようだ。そう、マイクロソフトは次世代のIBMになろうとしている。ただし、あらゆるネガティブな意味で——。

マイクロソフトの戦略には、不吉な徴候がある。一九九二年初め「エコノミスト」は次のように書いた。「ビル・ゲイツ氏は、中核となるテクノロジーをベースに多様な商品を投入し、実質的にソフトウェア業界に全面戦争を挑んでいる。大きなコンピュータから小さなコンピュータまで、情報オペレーティングからグラフィック・プログラムまで、ソフトウェア業界でこれほど複雑な事業展開に挑んだ企業はない——IBMが挑戦し、失敗した以外は」

一企業が、あらゆる人のために、あらゆるものを提供しようとすると、間違いなく苦境に陥る。成功を収めたある経営者も、「競争に弱い分野に数多く進出するより、『これは強い』という分野をひとつ持つべきだ」と語っている。

数年で消える運命

ライン拡大の狭義の一例として、「成功を収めた商品のブランド名を新商品につける」というものがある。たとえば「ＡＩステーキソース」というヒット商品にちなんで、新しいチキンソースを「ＡＩチキンソース」と名づけて売り出すといった具合だ。

これは一見、筋が通っている。「ＡＩはステーキビジネスで独占的なシェアを誇っている。しかし近年、人々の嗜好《しこう》はビーフからチキンに移っている。よってチキン関連商品を売り出す必要がある。となれば、ＡＩのブランドネームを使わない手はない。そうすれば、『あの素晴らしいＡＩステーキソースのメーカーが出したチキンソースだ』とすぐにわかってもらえる」というわけだ。

だが、ビジネスとは「商品そのもの」ではなく、人々の商品に対する「イメージ」で勝負するものだ。人々にとってＡＩとは、ステーキソースそのものを指す。アメリカでは、「ＡＩをとっていただけます?」と言われて、「ＡＩって、何?」と聞き返す人はいない。

案の定、広告キャンペーンに一八〇〇万ドルをつぎ込んだにもかかわらず、「ＡＩチキンソース」は惨敗した。

ライン拡大の方法は、それこそ宇宙の銀河のように数限りなくある。しかも、日々新しい方法が編み出されている。だがどんなライン拡大も、長期的に見ればほとんどが失敗する。

一九七八年、セブン・アップがレモン・ライム味だけを売っていた頃、ソフトドリンク業界でのシェアは五・七%だった。その後、「セブン・アップ・ゴールド」「チェリー・セブン・アップ」、それにダイエットシリーズが追加されたが、現在のシェアは四・二％に落ちている。

タブとダイエット・ペプシの例を見てみよう。一般には、「ダイエット・コーラ戦争でタブがダイエット・ペプシに敗けているのを見て、コカ・コーラがダイエット・コークを発売した」と思われている。しかし事実はまったく違う。ダイエット・コークが発売されたとき、タブはダイエット・ペプシを市場シェアで三二％も引き離していたのだ。そして現在は、ダイエット・コークがほぼ同じ割合でダイエット・ペプシを引き離している。

ライン拡大で生まれた商品同士が競合すれば、必ずどちらかが勝つ。当たり前の話だが、これこそが、ダイエット・コークに代表される「ライン拡大成功譚」のからくりなのだ。

どの業界でも、市場シェアトップのブランドは、ライン拡大を行っていない。ベビーフード業界では、ガーバーが七二％でトップを占め、ライン拡大商品のビーチナットとハインツを大きく引き離している。

しかしうまくいかない証拠がこれだけあっても、ライン拡大に手を出す企業は後を絶たない。業界有力誌「ニュー・プロダクト・ニュース」によれば、一九九四年にスーパーとドラッグストアで発売された新製品は二万七六点で、前年比一四％増だったが、そのうち約九〇％がライン拡大による新製品だった。さらに、マーケティング・コンサルタントのケヴィン・クランシーによれば、それら新製品のうち、二年後も販売されていたのは一〇％に過ぎなかったという。

今日のスーパーマーケットやドラッグストアは、消費者ではなく製造業者から多くの収益をあげている。「販売促進」の名のもとに、「商品陳列」「販売促進活動」「広告」「割引」などを考案し、そのつど取引業者から金を引き出しているのだ。最新の手法は「棚取り代」。これは、新製品を棚に並べるためと称して徴収されている。ごく普通の新製品でも、全国発売の際には、棚取り代に二〇〇万ドルほどが費やされているという。さらに、新製品が「コケた」場合、棚から撤去するための「撤去代」を要求されるケースもあるという。

結局、ライン拡大は、商品の作り手である製造業者だけでなく、売り手である小売業者のフォーカスも失わせる。あるスーパーの棚には、二四〇種もの鎮痛剤が並んでいたが、もちろん客はそんなに必要としていない。在庫と棚の管理担当者の頭を痛めるだけだ。

「ライン拡大は失敗する」の実例

「新製品の多くがライン拡大商品であり、ほとんどが失敗に終わる」。誰かがライン拡大商品をつくる提案をしてきたら、経営者はこの事実を思い出すべきだ。

失敗事例に事欠かないにもかかわらず、経営陣がライン拡大を進める理由のひとつは、前述したように、長期的には失敗しても、短期的には成果が上がるからだ。だが、真の成否は短期間で測りきれるものではない。

ビール会社のミラーは、これまでのライン拡大商品はすべて成功したと豪語している。同社はまず「ミラー・ライト」、それから「ミラー・ジェニュイン・ドラフト」、続いて「ミラー・ドラフト・ライト」、さらに、「ミラー・リザーヴ」「ミラー・リザーヴ・ライト」「ミラー・リザーヴ・アンバー・エール」を発売した。その後、「ミラー・クリア」「ミラー・ハイ・ライフ・ライト」「ミラー・ジェニュイン・レッド」も送り出した。そのうえ、「ミラー・ライト」からも、「ライト・ウルトラ」と「ミラー・ライト・アイス」というライン拡大商品が発売された。

さて、これでビール市場におけるミラーのシェアは増えたか？　短期ではイエスだが、長期ではノーだ。ライン拡大が成功したかに見えたとき、ミラーは、アンヒューザー・ブッシュに抜かれた。

とはいえ、アンヒューザー・ブッシュも、ライン拡大商品を出している。ミラーが一九七四年に「ミラー・ライト」を出した八年後、「バド・ライト」を発売したのだ。一九九四年、「バド・ライト」はライト・ビール部門の売上で全米トップに立った。だが、そのおかげで大きく食われたのは、バドワイザーのレギュラーだった。

一九八八～九四年までの六年間で、「バド・ライト」は五〇〇万バレルの売上増となったが、「バドワイザー」は七〇〇万バレルの売上減になった。「バドワイザー」の凋落《ちょうらく》は、今後も続くだろう。

今日のビジネスでは、勢いこそが最大の推進力となる。だが、勢いとは得難く、かつ失いやすいものである。ライン拡大は、ブランドの勢いを確実に削ぐ。それでも経営者は、「消費者はより多様な味、風味、種類を求めている」という誤解に陥ってライン拡大に走ってしまう。

奇妙に思えるかもしれないが、売上が伸びている業界より、売上が落ちている業界のほうが、ライン拡大に積極的なことが多い。

ビール、コーヒー、タバコは、いずれも確実に売上が下がりつづけているが、ライン拡大が最もさかんに行われている。たとえばマールボロには、一〇種近くのバリエーションがある。

顧客一人あたりのビール消費量は、この一三年のうち一一年間も落ちつづけているが、このように消費者が離れつつあるとき、メーカーはなぜか、「消費者に満足してもらうためには、より多くのブランドが必要だ」と考えてしまう。論理的に考えれば、売れていないのだから、ブランドは減らすべきだろう。

だが、これは消費者の論理であって、メーカーのそれは違うようだ。彼らは、「業界全体の消費量が落ちている今、より多くの新ブランドを売り出すしか、売上を維持・増加させる方法はない」と結論づけてしまう。逆に、業界全体の売上が伸びているときは、新規ブランド参入のチャンスもあるのだが、メーカーの論理では「必要ない」ということになる。

その結果、無駄なライン拡大商品があふれる一方で、新規ブランドが必要な市場にはブランドが足りない、という現象が起こる。

数年前、医薬品会社スターリング・ウィンスロップが全国のドラッグストアで展開したライン拡大は、最も愚かな例のひとつだ。当時、同社はイーストマン・コダックの子会社だったが、自社の有名ブランド「バイエル」のアスピリンは、アセトアミノフェン（商品名「タイレノール」）やイブプロフェン（商品名「アドヴィル」）に押されていた。

そこで、スターリングは一億一六〇〇万ドルを投じ、五種類の「非アスピリン系」製品を売り出すキャンペーンに打って出た。「バイエル・セレクト」というブランドで、頭痛薬、一般鎮痛剤、夜間用鎮痛剤、鼻腔鎮痛剤、月経鎮痛剤を売り出したのだ。どの製品も、主要配合剤として、アセトアミノフェンかイブプロフェンを含んでいた。

結果は痛々しいものだった。初年度の「バイエル・セレクト」の売上は、二五億ドルと言われる鎮痛剤市場のうち二六〇〇万ドル、わずか一％強だった。さらに悪いことに、従来の「バイエル」も一〇％の売上減になった。当然だ。「うちのセレクト（イチ押し）商品は非アスピリン系です」とうたっている会社のアスピリン製剤を、誰が買うだろう？

経営者は、自社や自社ブランドを過信するあまり、周りが見えなくなることがある。ペプシ・ライトやペプシAMの失敗にもかかわらず、ペプシコがペプシXLやペプシ・マックス、クリスタル・ペプシを売り出してしまったのもそのせいだ。

市場にライン拡大商品が氾濫する別の理由は、「ライン拡大なら、新ブランドを立ち上げるより金をかけずにすむ」という誤解があるからでもある。もちろん、真実は逆だ。ミラーのCEOジョン・マクダナフいわく、「ライン拡大も新ブランドの立ち上げも、コスト面では変わらない」

ビール市場で最も売上を伸ばしている新製品は、ミラーの「レッド・ドッグ」だが、これはライン拡大商品ではない。販売以来五ヶ月間で全米の大手スーパーマーケットにおけるビール総売上の一・四%を占め、中小ビールメーカーの総売上を上まわっている。

アイス・ビール市場を見てみよう。大手ビール・メーカーはどこも、ライン拡大でアイス・ビールを売り出している。「ミラー・ライト・アイス」「バド・アイス」「モルソン・アイス」「ラバット・アイス」「クアーズ・アークティック・アイス」「パブスト・アイス・ドラフト」……。さて、一番売れているのは？　答えは「アイスハウス」。大手が手がけるアイス・ビールの中で、唯一、ライン拡大ではない商品だ。

ゼネラリストよりスペシャリストを目指せ

問題は、ライン拡大と新ブランドのどちらを選ぶか、ではない。ここで提起したいのは、「企業は、本当にあらゆる面で成長せねばならないのか」ということだ。

製品が増え、市場が増え、提携関係が増えるほど、その会社の利益は減る。企業は、全方向に全力疾走することこそ使命だと考えているようだが、ライン拡大は結局、大失敗に終わるという教訓を、いつになったら学ぶのだろう。成功を収めたいなら、消費者にしっかりと自社イメージを浸透させるべく、フォーカスを絞らねばならない。

IBMを代表する商品は、以前はメインフレーム・コンピュータだった。だが今は、あらゆる分野に手を出してしまっている。言いかえれば、代表商品が何もないということだ。

これまで、「ビジネスには、全方向を見渡すヴィジョンが必要だ」などと言われてきた。だが、市場で展開されている商品やサービスをすべて包括し、何十年でも通用するコンセプトやアイデアなどあるものだろうか？

あるいはまた、「戦略はテントである」とも言われてきた。テントを広げれば、参入したい分野をすべて手にできるというわけだ。IBMは、巨大なコンピュータのテントを張ってしまった。今後も、コンピュータ分野で売り出されるものでIBMのテントの外にもれるものなどないだろう。だが、これが大惨事への道となるのだ。IBMは、コンピュータ業界という土俵に、新企業や新製品、新アイデアが上がってくるたびに、あおりを食うことになる。

IBMほどの強大な財力を有する企業ですら、コンピュータ業界のように急成長するマーケットでは守りに苦戦する。もっと選択肢を絞ってテントを張るほうが賢明なのだ。

技術革新は、企業の専門化を加速させる。新技術が登場するたびに、ビジネスはどんどん専門分化する。靴の製造ひとつとっても、紳士靴、婦人靴、子ども靴、ワークシューズ、カジュアルシューズ、ブーツ……と、専門工場が林立している。

コンピュータ業界の技術革新は、一タイプのコンピュータにフォーカスを絞ったスペシャリスト型企業の到来を告げた。これらの企業は、IBMが自分の縄張りだと思っていたビジネスの主要部分を奪っていった。

ミニコンピュータではディジタル・イクイップメントが、UNIXワークステーションではサン・マイクロシステムズが、3Dコンピュータではシリコングラフィックスが、オフィスPCではコンパックが、ホームPCではパッカード・ベルが、PCの通販ではデルとゲートウェイ2000が、IBMのお株を奪った。

一九九五年、「ウォール・ストリート・ジャーナル」は、「世界最大のコンピュータ・メーカーであり、PC市場の創始者であるIBMが、なぜPCソフトに四苦八苦しているのか。これはコンピュータ業界の大いなる謎のひとつだ」と書いた。

本当に「大いなる謎」だろうか？　PCソフトの分野で成功しているコンピュータ・メーカーは皆無だ。コンパックもデルもゲートウェイもパッカード・ベルもディジタル・イクイップメントもヒューレット・パッカードも成功していない。IBMだって成功するはずがない。

PCソフトの覇者は、スペシャリスト型企業である。マイクロソフト、ノヴェル、アドビ、インテュイット、ボーランド、ブローダーバンド——、いずれもソフトウェア専門メーカーであり、PCを製造している企業などひとつもない。

GMは、戦略的にIBMと同じ道をたどっている。車に関連するものなら何でも手を出し、セダン、スポーツカー、大衆車、高級車、トラック、ミニバン、さらには電気自動車まで手がけている。

もし、一般外科医しかいない地域で、自分だけが脳外科医だったら、商売は恐ろしく繁盛するだろう。法外な謝礼だって要求できる。だが企業は、これと正反対に考えるらしい。「自分は素晴らしい脳外科医だと評価されている。だから、心臓や肝臓、肺、四肢の手術もうまくいくに違いない」。医学界では起こりえない話が、経営の世界では起こるのだ。

重役クラスを対象にした最近の調査によれば、ブランドの第一目的とは「商品とサービスを包括する傘を提供すること」だという。傘だろうがテントだろうが、何もかもをひとつ屋根の下に収めるのは危険なことだ。それこそ、ライン拡大の罠に一直線につながる経営手法だ。

多くの企業にとって、ライン拡大は楽な道だとされている。金もかからず、理にかなった成長への道だ、と。しかし、その道を進んだ後になってフォーカスを失ったことに気づいても、時すでに遅しである。

第2章　グローバル経済の時代に勝ち抜くために

市場が大きくなるほど専門化せよ

今、ビジネス界最大の話題のひとつが、グローバル経済の進行である。GATTやNAFTA、APEC、メルコスルなどによる通商貿易条約で貿易障壁が劇的に低くなったのを機に、世界中の国々がこぞって輸出強化をはかっている。

しかしグローバル化は、あなたのビジネスのフォーカスを失わせる危険を秘めている。たとえ自社の製品やサービスを変えなくても――。

たとえば、あなたが人口五〇人の町に住んでいるとしよう。そこにはどんな小売店があるだろうか？　もちろん、何でも売っている「雑貨店」だ。町民は、食品も衣料もガソリンも、すべてこの店で買う。

では、人口八〇〇万人のニューヨーク市に引っ越したら、どんな小売店があるだろう？　もちろん、専門店だ。靴ひとつとっても、紳士靴店、婦人靴店、子ども靴店、スポーツ靴店などに分かれているはずだ。

専門化は、マーケットが大きくなればなるほど進んでいく。逆に小さくなればなるほど、総合化が進む。だから世界がグローバル経済へ向かえば、企業はどんどん専門化せざるをえない。

ヨーロッパ企業低迷の大きな原因

昨今は、まさに「グローバルビジネスブーム」である。世界中どこの大都市でも、空港から市内へ入るまでに、シャープ、キヤノン、サムソン、ゼロックス、フィリップス、マールボロ、シェル、IBM、コカ・コーラといった企業の看板が目に入る。看板を見ただけでは、今いるのがどこの国かもどこの街かもわからない。それどころか、どこの大陸にいるのかさえわからない。

洋服の着こなしも、国籍の見当がつかないことがよくある。とくに若い人は、ヨーロッパ、アジア、ラテンアメリカ、アメリカ合衆国と、どこへ行ってもジーンズにTシャツ、そしてスニーカーだ。ほとんどユニフォームと化している。

貿易は、国の経済を活性化させる。国際ビジネスにフォーカスして最も成功したのは、極東だ。日本、台湾、シンガポール、韓国といった国々は、いずれも貿易でかなりの経済発展を遂げた。

一定の規模を超えた企業はどこも、貿易によって世界市場に巻き込まれていく。国内だけにとどまっていても輸入品との競争を強いられ、結局は、進化していく世界市場で競争せざるを得なくなる。

経済がグローバル化すると、多くの企業が恩恵を受ける。だがその一方で、自由貿易がもたらす新たな世界経済の影響を見通せなかったがために、急速にフォーカスを失う企業もある。繰り返しになるが、企業は、専門化という基本原則に戻らねばならない。繁栄を目指すなら、市場が大きくなるほど専門化せねばならないのだ。貿易の自由化が世界規模で達成されれば、生き残れるのは専門化した企業だけである。この点を理解していない企業は、依然多い。グローバル経済の発展は、ライン縮小ではなくライン拡大のチャンスだと思っているのだ。

あるドイツの食品会社の例を紹介しよう。一九九三年初め、国境検査や貿易障壁などが廃止され、人口八一〇〇万人のドイツは、三億四七〇〇万人を抱えるEUという単一市場に統合された。言いかえれば、ドイツ企業の市場規模は、一夜にして四倍になったのだ。突然のマーケット人口の激増、これに対して、多くの企業はライン拡大の誘惑に激しくかられた。「イギリス向けには甘めの味を、イタリア向けにはピリッとした味を、オランダ向けにはハーブ味を開発しなくては」などと考えたのだ。

論理的には正しく思えるが、「市場が大きくなるほど専門化せよ」という原則とは正反対だ。

市場が拡大したら、製品ラインは縮小せねばならないのだ。

今、経済のグローバル化の結果、世界中で多くの企業が苦境に陥っているが、その度合いには地域差がある。ヨーロッパとアメリカとでは、ヨーロッパ企業のほうがより悲惨な状況に直面している。一般的には、労働者への手厚い福利厚生にかかるコストや労働基準法の厳しさ、福祉国家を維持するために課される高い税率、そして雇用と人員整理を自由に行えない点などが、経済不況の要因であるとされている。だがこの他に、見過ごされている要因がある。

アメリカ企業と比べると、ヨーロッパ企業の多くは、より幅広い製品ラインを抱えている。

ドイツのシーメンスを見てみよう。GEが製造している製品の多くを、シーメンスも製造しているが、シーメンスは、コンピュータや電気通信機器、家電製品など、GEが製造していない製品にまで手を広げている。GEがメインフレーム・コンピュータ市場から撤退したのに、シーメンスがこの分野で残っているのは、ドイツ市場の競争がアメリカ市場よりずっと穏やかだからだ。

オランダのフィリップスを見てみよう。売上三九〇億ドルの同社は、半導体を製造し（ライバルはインテル）、テレビゲームを製造し（ライバルはセガと任天堂）、電球を製造し（ライバルはGE）、ビデオデッキとビデオカメラを製造している（ライバルはソニーなど多数）。一九九〇年、フィリップスは二三億ドルの赤字になった。言うまでもなく、同社の株価はこの一〇年間、低迷を続けている。短期的には、半導体ブームが追い風となっているが、長期にわたる繁栄を目指すなら、やはり何よりフォーカスが必要だろう。

ダイムラー・ベンツを見てみよう。同社は、ヨーロッパ随一の経済発展を遂げたドイツ共和国最大の企業である。その事実がもたらす利点に加え、メルセデス・ベンツという世界の自動車業界最強のブランドも有している。誰もが、あり余るほどの金を持っていると思うだろう。しかし、一九九五年には一〇億ドル以上の損失を計上している。

メルセデス・ベンツは、安定した利益を上げている。原因は自動車ではなく多角化だ。一九八〇年代、ダイムラー・ベンツは、ジェット機からヘリコプター、鉄道車両、果ては衛星にまで手を広げた（最近の例では、中国で開始したミニバン製造に一〇億ドルをつぎ込んでいる）。一〇年前に買った同社の株を今売ったら、大損になる。

ビジネスがグローバル化したとき、同社は反対の方向を目指すべきだった。すなわち、高級車のみにフォーカスし、損するばかりの子会社に資金をつぎ込むのをやめ、そのぶんを世界各地の工場建設にあてるべきだったのだ。

イタリア最大の企業、フィアットを見てみよう。売上四〇〇億ドルのフィアットグループは、売上一五五〇億ドルのGM同様、あらゆる種類の自動車を製造している。しかし、フィアット社のオーナー一族であるアグネリ家は、この他に、スクーターや農業機械、さらには化学や保険、食品、出版、スポーツ、鉄道、防衛などの産業にも投資している。ミラノ証券取引所の上場企業の二五％以上にアグネリ一族が関わっているのだ。

フィアットとこの一族の事業を合わせると、GMよりはるかに多くの製品を手がけていることになるが、売上はGMよりずっと少ない。今後、さらにグローバル化が進む中で、アグネリ一族の事業は、分断化せざるを得なくなるだろう。

フィアットだけでも、一九九三年ですでに一一億ドルの赤字を出している。一九九四年は、当時のイタリア通貨リラの切り下げが実施されたおかげで、輸入車の価格が上がり、同社は六億一二〇〇万ドルの利益を計上した。しかしこれをもって「フィアットの未来が明るい」とは、とても言えない。同社は、各州の銀行や政党との関係を深めているが、これは封建時代のネットワークを強化しているに等しく、どんどん過去へ逆戻りしているように見える。

オリベッティも、同じ轍を踏もうとしている。シーメンス・ニクスドルフに次ぐヨーロッパ第二のコンピューター・メーカーであるオリベッティは、一九九〇年以来、利益が出ていない。この四年間で、同社の赤字額は一五億ドルになった。取締役のコラド・パセラは、「あまりにも多くのことに手を出しすぎた」と認めた。国内では、タイプライターからメインフレーム・コンピュータまでを手がけていたが、国外では、さらに世界的なPCビジネスを展開しようとした。フォーカスを絞るどころか、参入可能なビジネスを探しまわり、サービス、通信、マルチメディアの三分野を見つけたのだった。

フィアットと同じく、組織の問題にも苦しんでいる。同社を支配するカルロ・デ・ベネデッティは、さしずめ若きジャンニ・アグネリといった類の人物だ。持ち株会社インダストリアリ・レユニテは、電子機器、小売業などに投資しているが、他に心配な事業をいくつも抱えたまま、IBMやアップル、コンパックといった企業と競争するのは困難だ。

現在オリベッティは、ヨーロッパのPC市場の四%を占めているが、コンパックは一四%である。コンパックは、オリベッティの二倍規模の企業だが、通信やマルチメディア、サービスといった分野には進出していない。アメリカ市場はヨーロッパ市場より大きい。そのぶん専門化を促す力も強い。だからコンパックは、フォーカスを絞らざるを得なかったのだ。

グローバル経済が進む今、ヨーロッパ企業もフォーカスを絞るしかない。このままでは、ますます不利な立場に追い込まれる。

EUは、数字上ではアメリカよりも大きな市場だが、真の意味での単一市場ではない。EUでアメリカと同レベルの「均質化」が進むには、おそらくあと数十年はかかるだろう。

ビジネスのグローバル化も同様である。世界中の政府が「単一のグローバル市場」をつくろうと協力しても、それが実現するには何十年もかかるはずだ。国内企業の保護のために、そうした流れに加わらない国も少なくないだろう（ベンジャミン・フランクリンは、「貿易でつぶれた国家はなかった」と言っているが）。

日・中・韓企業の弱点

では、ヨーロッパ以外の国はどうか。

日本も数年にわたる不況に苦しんでいるが、その理由のひとつは、日本企業の多くが、生産ラインを広げすぎたことにある。

各社がライン拡大に走ったのは、日本市場がアメリカ市場より小さいからである。だが、それだけではない。何事につけ規制したがる日本政府が、ライン拡大を後押ししたことこそ大きな原因だろう。政府にしてみれば、少数の企業に幅広い分野にわたる製品をつくらせたほうが規制しやすい。

この国は、アメリカのように、フォーカスを絞り込んだ多数の企業がわずかなシェアを求めてしのぎを削る国とは大きく違う。アメリカでは、トップ10の大企業のうち、伝統的なコングロマリットと呼べるのはGE一社のみだが、日本では、トップ10のうち八社がコングロマリットで、そうでないのは、トヨタ自動車とNTTだけだ。

また、トップ10のうち六社は総合商社で、この六社の売上合計は約一兆ドルになる。しかし、これらの企業の純益は恐ろしく少なく、売上の〇・一％にも満たない。日本型コングロマリットの落日は遠くないだろう。

日本の大手総合商社六社がフォーカスを失っていることは、想像に難くない。手数料を稼ぐエージェントであり、ディーラーであり、金融業者であり、ベンチャー・キャピタリストであり、系列企業にも投資している。加えて、油田やガス田、発電所、衛星通信ベンチャーやケーブルテレビにも手を広げている。

これら総合商社の系列企業もまた、後手にまわっている。たとえば三菱電機は、半導体から家電、宇宙開発関連機器から輸送システムまでを製造する、売上二九〇億ドルの企業だが、売上も利益も一九九〇年代初頭以来減少しつづけている。

ブランドの重要性が増してくると、三菱電機のような企業はさらに苦境に立たされるだろう。同じ三菱という名前を冠する企業には、三菱自動車（売上三四〇億ドル）、三菱銀行（売上三〇〇億ドル）、三菱重工業（売上二九〇億ドル）、三菱化学（売上一三〇億ドル）、三菱マテリアル（売上一〇〇億ドル）などがある。これだけ何にでも名前がついていると、ブランドイメージは構築されようがない。

日本には、ひとつのブランドネームの下に、ありとあらゆる製品を製造し、価格で競争する会社が何千とある。日立（売上七六〇億ドル）、東芝（売上四八〇億ドル）、ソニー（売上四〇〇億ドル）、NEC（売上三八〇億ドル）、キヤノン（売上一九〇億ドル）、三洋（売上一六〇億ドル）、シャープ（売上一四〇億ドル）、リコー（売上一〇〇億ドル）——。しかし、この八つのコングロマリットは昨年、売上二六一億ドルに対して、かろうじて収支が合うほどの利益しか上げていない。

これらのコングロマリットは、まったく利益体質になっていない。ソニーが二九〇億ドルの損失を計上した理由もまさにここにある。一番うまくいっているのは純益二億九五〇〇万ドルのシャープだが、それでも売上の二％強にすぎない（売上が同規模のアメリカの建築機械製造業キャタピラーは、売上の約七％の純益を上げている）。

長期的に見た場合、日本のコングロマリットは、強いブランド名と収益構造の下でフォーカスした企業に対抗できなくなるだろう。

日本以上に政府の規制が厳しい韓国では、状況はさらにひどい。

韓国経済は、チェボルと呼ばれる四大財閥——サムスン（売上六三〇億ドル）、現代《ヒュンダイ》（売上六三〇億ドル）、LG（売上四八〇億ドル）、デウ（売上四〇〇億ドル）に支配されている。

サムスンは、家電、造船、コンピュータ用半導体チップとモニタ、航空関連、石油化学、工業技術、建設、生命保険を手がけている。

現代は、最近の広告で「半導体チップから船舶まで」とうたっている。「自動車、家電、造船、工業技術、建設、機械、石油化学、貿易、輸送を手がけています」

ＬＧグループは、二重の問題を抱えている。「ラッキー金星（Lucky Goldstar）」という社名を、無味乾燥なイニシャル「ＬＧ」に変更したうえに、一挙に多分野へ事業拡大しようとしているのだ。東南アジアとインドで、ＬＧは自社の中核となる電気機器ビジネスを手がけているが、他に、精油所、石油化学、コミュニケーション、不動産開発にも手を広げている。

ＬＧは今後も、保護が行き届いている国内ならうまくやっていけるだろう（テレビ、冷蔵庫、洗濯機製造では国内一位）。だが世界市場では、ライン拡大が深刻な足かせとなるだろう。

デウも、似たような状況だ。債務を抱えた同社は、最近一一億ドルを投じてポーランドの国営自動車製造工場の株六〇％を取得した。これ以前にも、ポーランドの別の自動車製造企業に三億四〇〇〇万ドル投資している。また、ルーマニアでファミリーカーの「シエロ」を製造するため、一億五六〇〇万ドルを投じてジョイントベンチャーも立ち上げた。「シエロ」は、すでにニューデリーで製造を開始していて、今後五年でインドに五〇億ドルを投じる予定だという。

デウは自動車製造企業ではない。貿易、家電、建設、造船、コンピュータ、電話、金融サービス、そして自動車を手がけている企業なのだ。しかも、自動車製造業でも利益を上げていない。過去四年間で四億五〇〇〇万ドルの赤字である。同社は競争の激しいアメリカ市場への進出計画を立ち上げたが、幸運を祈るとしか言いようがない。

ライン拡大に邁進する日本や韓国の企業は、結局のところ、自ら国際競争力を破壊しているも同然なのだ。

中国もまた、同じパターンをたどっているように見える。中国最大の企業、中国中化集団公司の総裁は、「多角化してあらゆる分野に進出し、早急に競争力をつけなければなりません」と言っている。売上一五〇億ドルでは、まだ規模が小さすぎると考えているのだ。中国メディアは、巨大な日本企業のことを「航空母艦」と呼んでいるが、彼は中国中化集団公司を貿易、工業、金融に手を広げる日本型の巨大多国籍企業にするつもりらしい。

他の中国人経営者たちも、新事業を盛り込もうと躍起になっている。彼らの口からは、「大きいことはいいことだ」という言葉がよく聞かれる。

確かに、大きいことはいいことだ。だがそれは、企業がフォーカスを絞っている場合に限られる。発展途上にある中国では、各産業内での合併のチャンスがたくさんある。ちょうど、GMが誕生した一九〇八年のアメリカのような状況だ。中国の自動車産業は、細かく分断されている。自動車およびトラックメーカーが一三〇社、そのうちの一社でも社名を言える人はほとんどいないだろうが、実はGM誕生当時のアメリカにも、ほぼ同数の自動車メーカーが存在していた。

大きいことはいいことだ。だがそれは、無関係なビジネスが集積しただけの企業ではない場合に限られる。GMも、一九二〇年代にアルフレッド・スローンが事業をフォーカスする方針を掲げるまで、ひどい財務状況だった（第12章参照）。

さらに、日本、韓国、中国は、通貨の国際化によっても、長期的に問題を抱えることになるだろう。

かつて日本企業は、低金利の恩恵を受けてきた。最近も、日本銀行は公定歩合を〇・五％引き下げたが、こんな低金利はいつまでも続くまい。今後は、商品やサービスと同じく、資金もより利益の上がる国へと移っていくはずだ。日本の系列や韓国の財閥は、利益を増やす方法を見つけないかぎり、厳しい資金不足に見舞われると思われる。

「企業連合」の失敗

アメリカ市場でも、日本の系列のような「ゆるやかな企業連合」とでも呼ぶべき連携を形成するケースが多くなっている。コンサルティングファームのブーズ・アレン・ハミルトンによれば、企業連合の数は、一九七〇年代には七五〇件だったが、八七～九二年にかけての五年間で二万件に跳ね上がっている。

しかしほとんどの企業連合は、そのもくろみに反し失望に終わっている。資産と時間を生産性のない分野につぎ込んでいるだけなのだ。企業連合は、フォーカスを損なう。

アップルとＩＢＭは、「コンピュータ業界の系列」を形成し、ソフトウェア分野でタリジェントとカレイダという二つのジョイントベンチャーを立ち上げた。だが、いまだにどちらも利益が上がる製品を出していない。パワーPCのチップは誕生したが、これはIBMとこの企業連合の第三のパートナーであるモトローラが製造したものである。

パワーPCの評価は微妙だ。モトローラにとっては、少なくともチップの売上増につながったが、アップルには何ひとつプラスにならなかった。IBMにいたっては、マイナスしかもたらさなかった。インテルとパワーPCという二つのチップを抱え込むことになったからだ。

結果は数字に如実に表れている。一九九一年、アップルとIBMの提携がサンフランシスコで発表され、全世界に衛星配信されたとき、この二社はアメリカのPC市場の一位と二位、計三五%のシェアを占めていた。だが数年後にはそれぞれ二位と四位に転落し、市場占有率も二一%に下落した。提携を発表した当時、市場は震撼した。「ビジネスウィーク」は「アップル・IBM連合は、恐るべき存在になりうる。ハードウェア、ソフトウェア、ネットワーキングの分野での提携で、九三〇億ドルの巨大市場を一新する可能性がある」と書いた。だが、そんなことは起こらなかった。代わりに、この連合を推進した二人の役員、アップルのジョン・スカリーとIBMのジェームズ・カンナヴィーノが会社を追われた。

何億年も前、ディノザウルスが誕生したときも、同じように世界が震撼したのだろうか。「体重一〇トンのディノザウルスは、きっと地球を制する」と。ウォルト・ディズニーとキャピタル・シティーズ／ABCが提携計画を発表したときにも、同じような激震が走った（ABCディズニーザウルスだ)。タイムワーナーとターナー・ブロードキャスティング・システムの合併のときもそうだった(タイムターナーザウルスだ)。

ディノザウルスは、なぜ絶滅してしまったのだろう? その原因は、ディノザウルス型企業にもそっくり当てはまるのではないだろうか。企業の実力は、規模に比例するわけではない。企業がフォーカスを失っている場合、逆に規模の大きさが弱みにもなる。

コンパックがまだ起業段階だった頃、IBMはすでに売上三五〇億円の巨大企業だった。しかし一三年後の現在、PC市場でコンパックはIBMを大きく引き離している。コンパックはフォーカスを絞っている。IBMは絞っていない。

小国の企業が海外で成功する秘訣

グローバル市場に打って出ようと考える小国の企業は、ディノザウルスの絶滅をしっかり心にとめておくといい。

小国の企業は、先進国の大市場に輸出するのは大変だと不満をもらし、より大きな、名の通った企業と競争することに恐れを抱きがちだが、問題は国の大きさではない。その企業がフォーカスできるか否かだ。小国の企業は、たいてい大国の企業よりもはるかに多角展開している。そのまま海外に乗り出せば、フォーカスをしてこなかったツケを支払うことになる。

グローバル市場で効率的に競争したいなら、製品ラインを絞り込み、「企業イメージ」と、その市場での「存在理由」を確立させることに集中すべきだ。トマトだろうが野球のバットだろうが、ラジオだろうが革のコートだろうが、小国の企業でありながら国際的成功を収めている企業はどこも、カミソリのように鋭くフォーカスを絞っている。

国際レベルのフォーカスは、経済や産業の構造を変化させる。一企業や一国が、すべてのマーケットを制覇することはできない。変化を免れることはできないのだ。

たとえば、アメリカのテレビ製造メーカーが海外移転するからといって、アメリカ経済が悪化するわけではない。それればかりか好転させるだろう。アメリカは、航空機や映画、コンピュータといった世界市場をリードできる産業にフォーカスすればよい。資本も労働者も、これらの産業で活かせばいいのだ。

グローバル化に伴って、企業も国もフォーカスを絞らざるをえなくなる。そしてこの傾向は、皆によい結果をもたらすはずだ。国内の資産や人材、原材料のすべてを少数の産業に集中的に活用している国は、スペシャリストとして立国していることになる。その国は、きっと素晴らしく裕福な国になる。

第3章 他の経営論とフォーカス論の違い

正解は「分裂」か「統合」か

シャーレの中で分裂を繰り返すアメーバのように、ビジネスも「業界」という名の海で絶えず分裂を繰り返している。

たいていの場合、最初は一企業が一業界を支配している。ＩＢＭがメインフレーム・コンピュータでコンピュータ業界を支配したように。しかし、時とともにカテゴリーは二つ以上に分裂する。メインフレーム、ミニコンピュータ、ワークステーション、ラップトップ、ノートブック、パームトップ、ファイル・セーバーといった具合だ。

かつて、ビールはビールでしかなかった。しかし今日では、国産ビールと輸入ビールがあり、レギュラーとライトがあり、ドラフトとドライがあり、レッドとアイスがある。さらに、ノンアルコールビールもある。

フォードはかつて、モデルTという車で自動車業界を支配した。この車が、自動車の基本形だったのだ。しかし今日では、高級車、中級車、大衆車がある。大型車、中型車、小型車がある。輸入車、国産車がある。スポーツ車、スポーツユーティリティー車、RV、ミニバンがある。

分化して独立したどのセグメントにも、それぞれ存在理由がある。そしてそれぞれにトップ企業がある。ただし、その企業が元の分野でもトップだったケースはめったにない。

分裂は、生命あるものの常であり、ビジネスでは推進力でもある。コンピュータからコミュニケーション、家電、ケーブルテレビに到るまで、あらゆる業界で分裂が起こる。

しかし、それならなぜ、経営者たちは、まったく逆のこと、すなわち「業界とは、分裂ではなく統合するもの」と信じているのだろう。また、彼らがそう信じてしまうと、企業がまたたく間にフォーカスを失っていくのはなぜだろう。彼らはいったいどういうコンセプトで、現実と逆のことを信じ込んでしまうのだろう。

そのコンセプトこそ、昨今やたらともてはやされている「集合」である。

経営論の流行周期は、ほぼ一〇年単位だが、歴史は、どれも的はずれなものばかりだったことを証明している。一九六〇年代には「コングロマリット化」がもてはやされた。「プロの経営者なら、あらゆる企業を経営できる」という考え方に基づいた経営論だ。テクストロン、AMインターナショナル、ITT、LTV、リットン……、コングロマリット化で注目を浴び、やがて落ちぶれていった企業は枚挙にいとまがない。

この経営論については、「ウォールストリートジャーナル」が次のように総括している。「コングロマリット論は、『異種のビジネスを数多く手がければ、低迷する可能性は低くなり、中央集権的経営のメリットが活かされる』と主張した。しかし、一九七〇年代にコングロマリットの株が暴落すると、この流行理論は信用を失った。当然の帰結として、八〇年代の企業買収の多くは、分割分売だった」。UCLAのデイヴィッド・ルーウィン教授によれば、巨大コングロマリットの市場支配は、一九六〇年代の四五%から約一五%にまで激減している。

人気経営論の末路

一九七〇年代の流行は「多角化」だった。これは、「ビジネスの浮き沈みのバランスをとるには、サイクルが逆になるビジネスを手がける必要がある」というものだ。一方が下向きでも、もう一方は上向きになるかもしれないというわけだ。これに則《のっと》って、ゼロックス、ウェスティングハウスなど多くの耐久消費財製造メーカーが、「バランスをとる」と称して金融サービスに参入した。だが、いずれも赤字続きだ。GEがユタ・インターナショナルのような鉱業企業を買収したのも同様の理由だが、その後、売却した。もちろん、中には幸運な例もあるが、企業戦略としては、多角化が実を結ぶことはほとんどない。

マイケル・ポーターは、アメリカの大企業三三社の一九五〇〜八六年までの業績を研究したが、その結果、多くが買収した会社を売却していたことが判明した。彼は、「多角化は株主に価値を創出するよりも破壊することのほうが多い」と結論づけている。

続く一九八〇年代にもてはやされたのは、これと逆の発想、すなわち「自社と同じビジネスの企業を買収せよ」であり「シナジー」だった。雑誌と映画（タイムワーナー）、コカ・コーラとワイン（コカ・コーラがテイラー・ワインを買収）、家電と映画（ソニーがコロンビア・ピクチャーズを買収）など、類似性のあるビジネスを活用せよというこの理論も、これまでのところは惨憺たる結果だ。

こうして、一九九〇年代の「集合」に到った。集合とは、「デジタル・テクノロジー関連ビジネスを集約する」という理論だが、これを採用するなら、企業は当然、合併や企業連合をせねばならない。メディアも、この理論をさかんに持ち上げている。

「フォーチュン」はこう書いている。「この先一〇年間は、『集合』がキーワードになる。これは、ケーブル会社と電話会社が合併するというような単純な話ではない。主要産業のカルチャーと企業とが集約されることを意味しているのだ。通信、ケーブル、コンピュータ、エンタテインメント、家電、出版、そして小売業さえ無関係ではいられない。これらが巨大産業となり、情報、エンタテインメント、商品、サービスなどのすべてを家庭やオフィスに提供することになる」

「ウォールストリートジャーナル」はこうだ。「コンピュータ、コミュニケーション、家電、エンタテインメント、出版という五大産業の経営者たちは、ショックを受けている。最新デジタル技術によって、大量の動画や音声、画像やテキストを安価でやりとりできるようになったことで、彼らの産業で集合が起こっている」

「ニューヨークタイムズ」には、「電話とケーブルテレビの会社が合併するのは、何ら不思議なことではない。電話、テレビ、コンピュータ通信を隔てていた技術的な差は急速に消えつつある。一社でこれら三つのサービスを提供する時代がやってくる」とある。

さて、デジタル革命で傷つくのは誰だろうか？

『ジュラシック・パーク』などで知られるベストセラー作家、マイケル・クライトンはこう述べている。「思うに、私たちが今マスメディアだと思っているものは一〇年以内に消えるだろう、跡形もなくね」。彼は凋落する企業も想定している。「時代遅れになるのは、『ニューヨークタイムズ』や全米規模の民放ネットワークだ」

発明王トーマス・エジソンは、一九一三年にこんな予言をした。「やがて学校では書籍が時代遅れになり、映画のように『視覚に訴えて』教育できる、はるかに効率的なメディアがとって代わるだろう」。だが現在、書籍の売上は年間伸び率二%とかつてないほど好調である。

「集合」して得をするのは誰か？

「集合とは、『ブロードバンド・サイバースペース・インタラクティブ・マルチメディア・フルサービス・ネットワーク・五〇〇チャンネル・ディジタル・インフォメーション・スーパーハイウェイ革命』だ」と言う人がいる。どう呼ぼうと勝手だが、今日のビジネスの推進力となるのは、「集合」ではなく「分割」だ。

そもそも、「集合」は自然の法則に反している。エントロピーの法則では、閉じられた系の中では無秩序の度合いは常に増していく。これに対して「集合」は、物事を秩序立てようとする。進化の法則では、ひとつの種が分裂して新たな種が誕生する。だが「集合」の考え方に従えば、種はつねに統合しつづけ、やがて「ネコイヌ」のようなおかしな生物が誕生することになる。もちろん、現実には、そんな統合型生物は誕生しない。逆に新しい犬種は、今なお増えている。

それなのに、ビジネス界で「集合」論がこれほど受け入れられているのは、CEOにとって都合がいいからでもある。集合が実現すれば、彼らの報酬はふくらむ。「誰かのビジネスと一体化すれば、ビジネスばかりか自分の力も二倍になる」というわけだ。

とくに、最近のCEOたちの頭の中は、「垂直」方向の集合でいっぱいらしい。垂直集合の顕著な例は、ウォルト・ディズニーによるキャピタル・シティーズ／ABCの買収だ。コンテンツと配給の合併である。当時のディズニーのCEOマイケル・アイズナーは、「一プラス一が四になる」と語ったが、この考えは間違っている。種を強化するには競争が必要なのであって、なれあいのような買収は必要ない。ABC放送網は最良のコンテンツを探すべきで、ディズニー作品にこだわるべきではない。一方のディズニーも、最も高く買ってくれる相手にコンテンツを売るべきで、ABCだけに買い手を絞るべきではない。一プラス一はおそらく一・五にしかなるまい。

松下を思い出そう。パナソニックの映像機器にふさわしいコンテンツが必要だと考えた松下は、映画制作会社のMCAを買収した。経営を現地に任せたおかげでMCAはうまくいったが、映像機器との相乗効果はほとんど生じず、結局はシーグラムに売却した。

ソニーも、自社の映像機器にふさわしいコンテンツを求めて、コロンビア・ピクチャーズを買収した。五年が経ち、映画館チェーンの経営に失敗したソニーは、二七億ドルもの巨額赤字を計上した。しかし新社長の出井伸之は、懲りるどころかさらに事業を拡大すべく、映画配給、テレビ番組、音楽、コンピュータソフトの製作に乗り出す計画を立てた。出井は、コンテンツの創出と消費の間の溝を埋めるのが夢だと語った。

空を飛び、水中を走る自動車

「溝を埋める」「ライン拡大」「垂直集合」……、どう表現しようとも、それが企業のフォーカスを失うものであることに違いはない。これらを遂行した企業は、フォーカスを絞った企業との競争に弱い。

歴史をひもといてみよう。二〇世紀後半を代表する製品がコンピュータだとすれば、前半を代表するのは自動車だ。もし、「技術的な進歩は、自然に集合をもたらす」のなら、自動車は別の製品と統合されていたはずだ。歴史家の多くは、一八八五年にカール・ベンツが最初の自動車を発明したという。それから一〇〇年以上が経つが、自動車は何か別の乗り物と統合されただろうか？ もちろんそんなことは起こらなかった。多くの人が試みたにもかかわらず、だ。

一九四五年、テッド・ホールが「ホール・フライング・カー」を開発したとき、人びとは熱狂し、壮大な未来を思い浮かべた。道路は時代遅れになり、渋滞は過去のものになる。どこにでも、好きなときに、自由に飛んで行ける……。アメリカの主要航空機メーカーは、こぞってホールの発明を買いたいと大金を積んだ。そして、「幸運にも」これを射止めたのは、コンヴエアだった。

一九四六年、コンヴエアは、「モデル118」という空飛ぶ自動車を発表した。基本価格は一五〇〇ドル、翼は別売。空港でのレンタルも可能。経営陣は、最低でも年間一六万台は売る自信があった。しかし大々的に宣伝されたにもかかわらず、生産されたのはたった二台だった。おまけにその二台とも、カリフォルニア州エルカホンの倉庫に眠っている。

それから三年後、今度は、モールトン・テイラーが「エアロカー」を発表した。取りはずし可能な翼と尾翼つきのスポーツカーで、またも大きな注目を浴びた。あのフォードが大量生産を検討したほどである。だが、エアロカーもフライングカーと同じ運命をたどった。

それでも、こうした発想は今もなお健在だ。最近、モラー・インターナショナルのポール・モラーは、「M400ヴォランター」という名の空飛ぶ自動車を発表した。二五年間で二億五〇〇〇万ドルを投じて開発したという代物だ。カリフォルニア大学デイヴィス校の元教授で、航空工学を教えていたモラーによれば、すでに七二台の注文があったという。一台につき前金が五〇〇〇ドル、完成車の価格は八〇万ドルだ。空中でホバリング（静止）し、滑走路なしで離着陸できるこのヴォランターは、ヘリコプターと自動車の中間といったところだろうか。さて、この製品は市場に離陸できるだろうか？　おそらく無理だろう。

空飛ぶ自動車がダメなら、水中を走る自動車も無理だ。一九六一年、西ドイツのクワント・グループが、「アンフィカー」という車を発表し、一九六五年まで世界中で販売した。この車は、夢にかられて開発されたわけではない。しっかりとしたマーケティングに基づいて構想されていた。だが、過去の「組み合わせ商品」と同様、いや最悪の組み合わせだった。購入者たちによれば、この車はボートのように走り、車のように浮かぶという。

水陸両用車もまた、挑戦は終わっていない。最近、カリフォルニアの起業家グループが、「アクアストラーダ・デルタ」という水陸両用車を発表した。車体はファイバーグラス製、二四五馬力のフォード・トラックエンジンを積み、車輪は防水コンポーネントに格納する。価格は二五〇〇〇ドル。浮上するのか、それとも沈没するのか？　たぶん、歴史は繰り返す――。

「ウォールストリートジャーナル」は、次のように書く。「登場したての頃に抱いた期待ははずれてしまったが、『集合』は今後も有効だ。マルチメディア産業の経営者たちは、集合は長い道のりだという。当初の構想より時間も金もかかる。事情はずっと複雑だったのだ」

まるで、ベトナム症候群である。いったん行動を起こしたら、もう引き下がれない。目的の正しさを証明すべく何とか成果を上げようと、徒労を重ねている。だが、「ウォールストリートジャーナル」を目の前に広げ、はっきり言っておこう。「それは間違っている」

第4章

実行して成果を出した企業に続け！

メディアが伝えはじめたフォーカスの動き

「フォーチュン500」（全米大企業五〇〇社ランキング）は、アメリカ企業の健全度を的確に表すバロメーターとして知られる。

一九八八年、このうち四二社が赤字だった。続く八九年は五四社、九〇年は六七社、九一年は一〇二社、そして九二年は一四九社が赤字だった。

しかし、一九九三年に変化が起こりはじめた。赤字企業が一一四社になり（それでもまだ二三％が赤字だが）、九四年には四〇社にまで減った（この年からサービス業の企業がリストに加わったので、前年まではデータが異なるが）。

一九九四年に一時的に数字が好転したのは、企業哲学に変化があったからではないかと思われる。多角化が暗礁《あんしょう》に乗り上げ、シナジーも無意味だとわかってくると、正反対の方向、すなわちフォーカスをする企業が出はじめた。集合や企業連合、合併などが取りざたされていた舞台裏で、思慮深いビジネスリーダーたちは、静かに自社のフォーカスを絞りはじめていたのだ。

最近の報道も、この流れを明らかにしている。

一九九四年五月四日付「ウォールストリートジャーナル」。「イーストマン・コダックは、抜本的組織改革の一環として、薬剤部門のスターリング・ウィンスロップとその他二部門を売却し、同社の核であるフィルム製造にフォーカスを絞ると発表した」

同年五月二七日付「ウォールストリートジャーナル」。「アメリカの文房具メーカーの多くが、電子データ製品に躍起となる中、ミードは、従来の紙製品およびノート市場に専念するとして、先週、電子データサービス部門の売却を決定した。そのぶん、旧来の罫線用紙や包装紙・包装用品、パルプ製品事業を強化する」

同年六月二一日付「ニューヨークタイムズ」。「シティコープは、非戦略的な資産をカットし、同社の中心事業である金融業にフォーカスすべく努力しているが、昨日、I／B／E／Sを売却したと発表した」

同年九月二九日付「ウォールストリートジャーナル」。「オフィス用紙事業がようやく上昇の兆しを見せているが、ジェームズ・リバーは、同事業と包装事業の売却を決定した。代わりに、ディキシー（紙製食器）やブローニー（紙タオル）など、家庭用紙製品に専念する。アナリストたちは、おおむねこれを評価している」

同年一一月一一日付「ウォールストリートジャーナル」。「シアーズ・ローバックは、保険業のオールステイトの株式九〇億ドルを売却し、独立させる予定だ。この売却により、一八八六年以来の通信販売ビジネスへ原点回帰することになる。同社は、一九九二年九月以来すでに、証券部門のディーン・ウィッター、クレジットカード部門のディスカバー、不動産部門のコールドウェル・バンカーを売却している」

一九九五年三月二日付「ウォールストリートジャーナル」。「セント・ジョー・パーカーは、八億ドルの資産を売却し、輸送と不動産事業にフォーカスすると発表した。これが投資家に支持され、株価は一四％も上昇した」

同年四月二七日付「ニューヨークタイムズ」。「目下リストラ計画の真っ最中で、コストカットと中心事業へのフォーカスに邁進するピットニー・バワーズは、ディクタフォン部門を四億五〇〇〇万ドルでニューヨークの投資グループに売却することに合意した」

同年六月二二日付「インターナショナルヘラルドトリビューン」。「一九七〇～八〇年代に異業種の買収を繰り返したギネスだが、どうやらもう十分だと判断したようだ。ビールと酒類以外の事業をすべて売却、アンソニー・A・グリーナー会長は、最近のインタビューでその理由を『得意なものというのは限られた数しかない、というのが私の信条だ』と話している」

「たくさんのことを少しずつ」の終焉

時代の趨勢は、ピーター・ドラッカーが何年も前に推奨したとおりになりつつある。「集中こそ成功のカギである。経済的成果を上げたいなら、経営者は、最大の収益をもたらす少数の活動に集中せねばならない。しかしこの基本原則は、ことごとくないがしろにされ、『何でも少しずつやろう』がビジネス・モットーになってしまっている」

「我々もそうでした」と話してくれたのは、コルゲート・パルモリーヴの役員だ。「新製品の導入や組織改編など、昨年の我が社は手を広げすぎました。それで今、フォーカスし直しているところです」

アメリカのほぼすべての企業が、似たような状況にある。どの企業も、浅く広くなりすぎているのだ。企業数が少なく、競争がそれほど厳しくなかった時代なら、この方法も有効だったかもしれない。だが、今は違う。急速にグローバル化が進む市場で競争するには、フォーカスが欠かせない。

TRWがよい例だ。同社はかつて、傘下に八〇社もの異業種を抱えるコングロマリットだったが、そのうち約半数の事業をカットした。取締役副社長ウィリアム・ローレンスは言う。「九〇年代のキーワードは、フォーカスと柔軟性だ」

ユニオン・カーバイドも好例だ。同社は一〇年前まで、一一万人の社員を抱え、エヴァーレディ・バッテリーやグラッド・バッグ、その他多数の工業薬品などで一〇〇億ドルの売上があった。しかし、インドのボパールで大事故を起こして以降、業態は混乱し、ほとんど利益がない状態に陥った。

「私たちは資本、経営のどちらから見ても、多様な事業を抱えすぎていました」と語ったのは、一九八六年からCEOを務めるロバート・ケネディである。ケネディは、非中心的資産であるバッテリー事業および家庭用製品事業を売却し、負債を一〇億ドル以下にまで減らした。併せてリストラも敢行した。そして現在、売上は約五〇億ドル、利益も五億ドル近くまで上がっている。

ミネソタにある売上一八億ドルのフィンガーハットは、コンピュータサービス部門とカタログ通販部門を売却したが、さらに食品カタログ通販も売却する予定だ。すべては直販事業に集中するためである。

クェーカー・ステートは、傘下の保険会社をGEキャピタルに八五〇〇万ドルで売却して赤字を立て直し、特殊オイル会社を九〇〇〇万ドルで買収した。CEOのハーバード・バウムによれば、潤滑油に再度フォーカスするための戦略だという。

ショニーズは、マッキンゼーのコンサルティングを受けて、食品七部門のうち四部門を売却すると発表した。CEOのテイラー・ヘンリーは、会社の資産が「浅く広くなりすぎている」と語った。「複雑化した会社の事業を整理し、主力事業にフォーカスする必要がある」

フラッグスターは、負債を減らすためにレストラン経営に事業を一本化し、契約給食会社カンティーンのほとんどをコンパスに四億五〇〇〇万ドルで売却した。副社長のコールマン・サリヴァンは「食品サービス企業として幅を広げるのではなく、レストラン事業にフォーカスするという、実に戦略的な決断だった」と話す。

企業はできるかぎり多角化すべきだという考えが浸透しているヨーロッパですら、同じような兆候が現れている。スウェーデン最大の企業ボルボは、ハーツの株式二六%と投資会社カルドの株式四四%を手放し、本来の自動車、トラック製造業にフォーカスした。カー雑誌の編集者たちは何年間も、「ボルボは、世界市場で一%というシェアを増やさなければ生き残れない。買収にも積極的に乗り出すべきだ」と書き立てていた。中には、ルノーとの合併を勧めるものもあったが、そんなことをしていたら悲惨な結果に終わっていただろう。

世界市場でのシェアが一%でも、うまくいく企業はある。問題は、フォーカスできているか否かだ。ボルボは「安全性」にフォーカスし、他の自動車メーカーよりはるかに安定した利益構造を築いている。ビジネスの推進力は、市場のシェアではなく、企業イメージの共有《シェア》である。ボルボは、企業規模以上に素晴らしい企業イメージを持っている。

インド最大の製鉄会社、タータ製鉄が直面した問題は、第三世界企業の典型例だ。売上五〇億ドルの同社は、紅茶からトラック、化粧品、コンピュータ・ソフトまで、あらゆる製品を扱う四七社の集合体だが、夢は一流の自動車企業になることだ。政府に頼んで競争を排除してもらうことができればそれも可能だろう。新会長ラタン・タータは、「我々の急務は、フォーカスを絞り直すことだ。リストラを敢行し、非主力事業を整理しなければならない」と言うが、それでもまだ、自動車、コンピュータサービス、製鉄、建設、そして国内のマルチメディアおよび通信事業の開拓などを「主力事業」として残そうとしている。

同じ問題は、発展途上国のいたるところに見出せる。経済規模が小さく、関税の高い国々は、フォーカスを失った企業であふれかえっている。こうした企業は、グローバル市場ではとても競争などできない。痛みを伴う変化を受け入れなければ、生き抜くことはできないだろう。

悪い合併とよい合併の違い

企業合併には、二種類ある。悪い合併とよい合併だ。

悪い合併は、市場の拡大を強調する。事業の幅を増やすと称して、共通性のない複数の事業を統合しようとする。長期的に見れば、こうした合併はまず成功しない。

これに対して、よい合併は、市場の独占を強調する。業界内で市場シェア五〇%の会社同士が合併して、シェア一〇〇％を達成するのが理想である（司法省が眉をひそめるのは確実だが）。そこまでいかなくとも、製品やサービスが重なる競争相手と合併すれば、ある程度の市場独占は達成できる。つまり、合併のよし悪しは、それが企業のフォーカスを高めるものになるかどうかにかかっている。同業の企業同士の合併はフォーカスを高める。逆に共通性のない企業同士の合併はフォーカスを失わせる。

かつては、「事業内容の優れている事業をひとつ展開するよりも、それほど内容がかんばしくない事業を二つ足したほうがよい結果をもたらす」という認識があった。だが、その認識は変わりつつある。売上一〇〇億ドルのインテルCEO、アンドリュー・グローブの言葉は、今日のCEOたちの考えを代弁している。

「ひとつずつバラバラのかごに卵を入れるより、全部の卵をひとつのかごに入れて、このかごでよかったかどうかをじっくり検討するほうがいいと思う」

全部の卵をひとつのかごに入れる方法——これが、本書のテーマである。

第5章 トレンド最前線の小売業で起こっていること

デパート衰退の本当の理由

トレンド予測のプロになりたいなら、映画を観て、ポップ音楽を聴き、小売業の動きから目を離さないことだ。とくに小売業の動向は重要である。この業界ほどトレンドに敏感に反応する市場は他にない。小売業に変化が起これば、全国に波及する。

では今、小売業はどこへ向かっているのか？　ひとことで言えば専門化だ。総合化の時代は終わったようである。

数十年前は、総合店の時代だった。主役は、デパート。ニューヨークではメイシーズが、シカゴではマーシャル・フィールズが、ワシントンDCではファーフィンケルズが、アトランタではリッチズが、サンフランシスコではI・マグニンが主役だった。

それなのに、デパートはなぜ衰退したのか？

経済評論家たちは、デパートそのものの批判をしたがる。顧客サービスをおろそかにした、ファッションの流行についていけなかった、価格が高すぎた、経営がまずかった……。確かにこうした要因もあるだろうが、それだけではない。

人々は、買い物自体をやめたわけではない。ただ、デパートではなく専門店で買うようになったのだ。よりフォーカスを絞り込んだほうが勝つ。これが、ビジネスの基本原則だ。どんなビジネスでも、よりフォーカスしているほうが常に優位に立てるのだ。

すでに一〇年以上も、全米のデパートが苦境に陥り、経営に行き詰まって資金援助を求めている。

一九八九年、ボンウィット・テラーとB・アルトマンのオーナーだったL・J・フッカーが、破産申請をした。創立一二四周年を迎えた五番街のB・アルトマン&カンパニー本店は、マンハッタンの富裕層の要望に応えた最初のデパートのひとつだった。そのアルトマンが一億七五〇〇万ドルで売りに出されたとき、業界紙の編集者アラン・ミルステインは、次のようにコメントした。「私の考えでは、アルトマンは一五年前に死んでいる。再建したい人などいるだろうか？一九六〇年代で時が止まっているデパートなのに」

一九九〇年、キャンポー・コーポレーションが倒産し、ブルーミングデールズ、アブラハム&

ストロース、スターンズ、ジョーダン・マーシュ、バーダインズ、リッチズ、ラザラス等の有名デパートが破産裁判所行きとなった。同年四月、ミシシッピ川の東側に六八〇店舗を抱えるエイムズ・デパートメント・ストアズが破産申請をした。夏には、ワシントンDCが誇るガーフィンケルが破産した。

一九九一年、中西部に二〇〇店舗以上を擁するヒルズ・デパートメント・ストアズが、破産申請をした。西海岸最大のデパートチェーンを経営するカーター・ホーレイ・ヘイル・ストアズもそれに続いた。そして同年暮れには、カーソン・ピリー・スコット六八店舗を含む、中西部最大のデパートチェーン、P・A・バーグナー&カンパニーも破産申請をした。

一九九二年、高級デパートのサックス・フィフス・アヴェニューが、オーナーのインヴェストコープ（本拠はバーレーン）から、三億ドルの追加融資を受けざるを得なくなった。報道によれば、同デパートは二年にわたり、三億九八〇〇万ドルの赤字だった。

一九九四年、ウッドワード&レイスロップ・ホールディングスが破産申請をした。フィラデルフィアのジョン・ワナメイカーと子会社のウッドワードも破産申請をした。ワシントンとボルチモアに一六店舗を擁するウッドワードとレイスロップ、そしてフィラデルフィアに一五店舗を擁するワナメイカーは、いずれも評価の高い高級デパートだった。

専門店の時代になった今、評価が高いというだけでは生き抜けない。「何でも売る」時代は過ぎ去ったのだ。

シアーズも、評価の高いデパートのひとつだが、専門化の波に逆らい、今も過去に生きている。一〇〇年の間、シアーズは順調に事業を拡大してきた。一八八六年に通信販売で創業した後、最初の店舗を開いたのは一九二五年。その六年後にオールステート保険を設立し、次いで自動車保険、不動産保険、損害保険、生命保険、さらには抵当保険を売り出した。

一九五九年には、ホマート・デパートメント・カンパニーを設立、ショッピングセンターを展開した。八一年には、証券会社のディーン・ウィッター・レイノルズと、不動産会社のコールドウェル・バンカーを買収した。八〇年代、シアーズは自社店舗の多くにファイナンシャル・ネットワーク・センターを開設し、あの悪評を買った「ソックス&ストックス（靴下も株も）」戦略を展開した。また同時期に、コンピュータとソフトウェアを扱うシアーズ・ビジネス・システムズ・センターも開いた。

一九八六年に、全米でディスカバー・クレジット・カードを展開した頃が、シアーズの頂点だった。以後、すべてが下降しはじめた。ウォールストリートのアナリストたちは、シアーズ・ローバックに対して「巨大企業の傘下にとどまるより、個々に独立したほうがいい」と分割を勧めた。

一九八八年、シアーズはコールドウェル・バンカーの商業用不動産事業を売却。一九九二年、ディスカバー・クレジット・カードも含め、ディーン・ウィッターを売却した。また、ビジネス・システムズ・センターをたたみ、カタログ通販を廃止した。さらに、ローン事業をPNC銀行に、コールドウェル・バンカー・レジデンシャルをザ・フレモント・グループに売却した。

利益の出る事業を創出するのに重要なのは、規模ではなくフォーカスだ。カタログ通販事業は三〇億ドルビジネスだった。しかし、廃止する前の三年間に四億五〇〇〇万ドルもの赤字を出していた。一九九四年、シアーズはオールステート保険の売却を計画し、ホマートの買い手を探した。

シアーズに残ったのは、小売店計八〇〇店、クレジット会社一社、ウェスタン・オート・サプライとホームライフ・ファニチャーを含む専門店一二〇〇店だった。不動産ベンチャーとしてシカゴに建てたシアーズタワーも、悲惨な結果に終わった。四億円の価値しかない不動産に八億五〇〇〇万ドルを投じた挙げ句、ビルを手放すことになったのだ。

得意客にフォーカスして生き残る

デパートに代わって登場したのは、フォーカスを絞り込んだ無数の専門店だった。

ザ・リミテッドは、働く女性向けの高級服にフォーカスしている。GAPは、若者向けのベーシックな服にフォーカスしている。ヴィクトリアズ・シークレットは、高級婦人下着にフォーカスしている。サーキット・シティとベスト・バイは、家電にフォーカスしている。ホーム・デポは家庭用品に、オフィス・デポはオフィス用品にフォーカスしている。また、LLビーン、シャーパー・イメージ、ジェイ・クルーといった通販会社も、それぞれにフォーカスしている。

小売業界を公平な目で観察してきた人々は、デパートの黄金時代は終わったと結論づけている。破産は今後も増えると予言しておこう。

しかし、デパートがどこも成功しないというのではない。うまくいくデパートも多いはずだ。斜陽産業で生き残った少数の企業は、素晴らしい利益を上げられるからだ。どんな商品でもサービスでも、必ず市場がある。斜陽産業の場合は、新たな競争相手がほとんど参入してこないから、結果として寡占状態を実現できるという利点がある。

その昔、馬に代わって自動車が登場したとき、鞍やくつわ、手綱の値段は下がらず、かえって上がった。市場が小さくなり、競争がほとんどなくなったからだ。ニューヨークでは、自動車のタイヤ四個分と馬蹄四つ分の値段はほぼ同じだ。

危機を乗り越えたデパートの実例に、ノードストロームがある。シアトルに本拠を置く、創業九四年のこの老舗デパートは、「サービス」を売りにして成功を収めた。だが、考えてみれば、サービスはもともとデパートの基本コンセプトではなかったか？　ノードストロームにできたことを、なぜ他のデパートはできなかったのだろう。答えは、「何でも売っている店で買い物をしたい客が、いくらでもいたから」だ。

ある著名なコンサルタントは、「アメリカのデパートは小売市場の三割を占めているが、残り七割を見過ごしてきた。これが、今日のデパート危機を招いた原因だ」と指摘しているが、真実は逆だ。もしノードストロームが残り七割を取り込もうとセールや販促を展開していたら、目指す顧客層を見失っていたかもしれない。

このことは、数字が証明している。ノードストロームの売上の九〇％は、いつもここで買い物をする一〇％のお得意様によるものだ。最近では、他の多くのデパートも、単なる顧客ではなく、「お得意様」にフォーカスを絞りはじめている。この「お得意様重視」戦略は、核となる顧客層には一対一で対応し、特別サービスを提供する。ブティックなどでは古くからある伝統的手法だ。

ブルーミングデールズでは、男性のお得意様に、妻の誕生日や記念日のギフト案内カードを送っている。また、商品交換やギフト包装など、お得意様向けの無料サービスもある。

同社は、膨大な顧客データから最も金払いのいい顧客層を絞り込める最新コンピュータ・プログラムを導入している。そのデータによると、一八〇〇万人のクレジットカード利用者のうち、二〇％の顧客が売上の七五％分を購入しているという。

トイザらスを成功に導いた五つのステップ

デパートの力が衰える一方、専門店はブームを迎えている。その傾向を象徴する専門チェーンがトイザらスだ。現在、全米に六一二店舗あり、アメリカのおもちゃ売上の二三％を占めている。また、国外にも二九三店舗を展開し、ドイツでも国内最大のおもちゃ店になっている。

皮肉なことに、トイザらスは当初、子ども向けの家具専門店としてスタートした。チャールズ・ラザラスがおもちゃを扱いはじめたのは、その後のことだ。

同社の元の社名は「チルドレンズ・スーパーマート」だった。子ども向けスーパーを成功させるには、衣料や自転車、おむつやベビーフードなどたくさんのものを扱ったほうがいいと考えるのが普通だろう。だが、チャールズ・ラザラスはそうしなかった。家具店をやめて、おもちゃの安売りに絞り、大型店舗を展開したのだ。そう、彼はおもちゃにフォーカスしたのだ。まれに見る英断である。「フォーブス」が、ラザラスのことを「彼の世代における最も賢明な小売業者であることに疑いの余地はない」と評したのも当然だ。その後、あらゆる小売業者がこの成功パターンを踏襲し、カテゴリー・キラー（市場の独占）を目指すようになった。

トイザらスの成功を詳しく見ると、五つのステップがあったことがわかる。すなわち、①フォーカスせよ、②品揃えを豊富にせよ、③安く仕入れよ、④安く売れ、⑤市場を独占せよ――である。

これらのステップについて、さらに詳しく考察していこう。

小売業成功の法則①フォーカスせよ

五つのステップの中で、これが最も難しい。なぜなら、直観に反するからだ。経営者や起業家の多くは、商品を増やす方法を求める。「急成長したいなら製品ラインを狭めるべきだって？　そんなばかな……」。誰もが、商品やサービスは増やすべきものだと思っている。

だが、当然と思えることや合理的に思えることも、真実ではないことがある。ビジネスにおいては、商品やサービスを増やせば利益が減る。逆に商品やサービスを減らせば利益は増えるのだ。だから、もし急成長したいなら、まず商品やサービスの種類を絞らねばならない。会社設立を計画しているなら、ライバルより取扱商品を絞り込むべきだ。

たとえば家庭用品なら、デパートが取り扱っている商品の中からひとつだけをチョイスする。ゴードン・シーガルと妻のキャロルは、この方法で強力な事業を打ち立てた。彼らは、ヨーロッパ製のデザイン性が高い食器だけを扱った。

当初、夫妻は店内の什器《じゅうき》を揃える余裕もなかった。そこで輸送用の木箱（クレート）や樽（バレル）を使って並べ、店名をクレート&バレルにしたのだった。しかし今日では、二億七五〇〇万ドルを売り上げ、シーガル氏によれば、粗利益率も高いほうだという。

クレート&バレルが家庭用品でしたことを、レクターズはキッチン用品に応用した。そして、もっと安く、小さな店舗にした。こうして同社は、六〇〇店以上を展開（うち八割はショッピングモールの中にある）、売上は四億ドルに達している。

しかし同社は最近フォーカスをゆるめ、キッチン以外のインテリアなども扱いはじめた。その途端に一株あたりの利益は二八%も落ち込み、株価は四〇%も下落した。新経営陣は、再びキッチン用品にフォーカスし直そうとしている。

シューズの例も見てみよう。昔の靴店はあらゆる種類の靴を売っていた。だが現在アメリカで最も成功している靴店は、スポーツシューズだけを売るフットロッカーだ。一五〇〇店舗で売上一六億ドル以上、二〇〇〇年までにさらに一〇〇〇店オープンするという。

コーヒーの例を見てみよう。昔は、どこの街でも、ハンバーガーからアップルパイまで何でも出すコーヒーショップが一軒はあった。しかし、スターバックスはコーヒー専門店を展開した。そして、創業者のハワード・シュルツは巨額の財産を手にした。昨年、同社所有の四二五店舗の売上は、二億八五〇〇万ドルにのぼった。現在は六八〇店舗、二〇〇〇年までに二〇〇〇店を計画している。その頃には売上一〇億ドル規模になっているだろう。

伝統的なコーヒーショップ市場に別の形で食い込んだのが、シナボンだ。甘いフロスティングがたっぷりかかった、二八〇グラムもある大きな焼きたてシナモンロールを売るチェーン店である。ひとつ一ドル八九セント、八一〇カロリーもある。シナボンのチェーン店は現在二七六あり（半数はフランチャイズ）、売上は一億ドル。二〇〇〇年までに五〇〇店を目指している。

ネイルサロンの例も見てみよう。どの街にも美容院はあるが、どの店も、商品やサービスは多いほどよいと信じている。ウィッグ、衣料、バッグ、アクセサリー、美容健康補助器具、フェイシャルマッサージ、ボディマッサージ、ボディワックス……と、次々に増やしたがる。

だがこの業界にも、フォーカスを絞って成功する店が現れはじめた。たとえば「ネイルケア・オンリー」のサロン。従来型の美容院は、依然としてビジネスを拡大して売上を伸ばそうと皮算用しているが、業界のトレンドは、ヘアケア専門とネイル専門とにはっきり分裂しようとしている。ちなみにニューヨークでは、韓国系移民がネイルサロンを独占している。

タバコの例も見てみよう。ドラッグストア、食料品店、あるいはレストランやコンビニと、タバコはあらゆる小売店で売られているが、現在最も急成長しているのは、三〇〇種以上を扱うタバコ専門店である。こうした専門店が約二〇〇店あるが、昨年だけで市場シェアを二倍に拡大した。

サングラスの例も見てみよう。タバコと同じく、サングラスもいたるところで売られているが、サングラス・ハット・インターナショナルは、サングラス専門店としてショッピングモールや空港ターミナルに一四〇〇店を展開し、オークリーやアルマーニ、レヴォといったトップブランドの商品を売っている。

平均価格八〇ドル、平均粗利益率六〇％の同社は、とてつもなく儲かっている。過去二年で株価は三倍になった。そして現在、サングラスの三三％が専門店で売られている。

五〇〇〇種類もの商品で三五億ドルを売り上げるアムウェイのような会社を例にとって、「フォーカスなしでも成功した会社があるではないか」という批判もあるかもしれない。しかし、キッチンの流し台以外のすべてを扱うアムウェイも、実はフォーカスしているのだ。同社のフォーカス、それは「ユニークなマルチ直販システム」である。

何もかもフォーカスせよとは言わない。しかし、成功するためには、何かにフォーカスする必要があるのだ。

小売業成功の法則②品揃えを豊富にせよ

トイザらスの成功の第二法則は、「品揃えを豊富にせよ」である。クリスマスシーズンになると、デパートは約三〇〇〇種類のおもちゃを揃えるが、トイザらスは、なんと毎週約一万八〇〇〇種類のおもちゃを揃えている。おもちゃの五つにひとつがトイザらスで買われる理由のひとつが、この圧倒的な品揃えにある。

品揃えの豊かさ、そしてそれに伴うコストの低さは、全レンタルビデオの五本に一本を占めるブロックバスター・ビデオも同様だ。家族経営の小レンタルビデオ店が一〇〇〇本揃えているとしたら、ブロックバスターの大規模店は五〇〇〇本は揃えている。それに加えて、あらゆるフォーマットのテレビゲームも、一〇〇〇種類はある。

ベッド・バス&ビヨンドは、シーツやブランケット、タオル、バスルーム用品や家庭用品にフォーカスを絞り、オープンスタイルの倉庫型店舗で三万種類以上の商品を扱っている。しかも価格はデパートの二〜四割安。売上は毎年約三〇%上昇し、その売上の七%という高い純益を得ている。

品揃えを豊富にするというのは、フォーカスを絞るという第一法則の結果として生じるものでもある。もしフォーカスが甘ければ、幅広い品揃えは不可能だ。全米最大のデパートでも、一万八〇〇〇種類ものおもちゃは並べられない。

トイザらスやブロックバスターのような新参者が市場を独占できたのも、ひとえに品揃えが豊富だったからだ。

普通は、その市場を開拓した企業が優位に立つ。レンタカー業界のパイオニアであるハーツも、所得税申告サービス業のパイオニア、H&Rブロックも、格安株式仲介業のパイオニア、チャールズ・シュワブも、すべて市場トップにいる。

だが、レンタルビデオ業のパイオニアは、これに倣《なら》わなかった。初期のレンタルビデオ店は、ごく小規模の家族経営か、ドラッグストアや食料品店、コンビニなどの一部に設置されたコーナーでしかなかった。

もしあなたが小売業で成功したいなら、どこかの店に入り、最近棚に入った新商品を手にとってみるといい。そして、この商品で品揃えを広げ、市場を独占するような全国チェーンをつくったらどうなるかをイメージしてみることだ。

ダンキンドーナツが登場して市場を独占するまで、ドーナツといえばパン屋や食料品店で買うものだった。腕時計は、昔は宝石店で買ったものだが、今ではニューヨークのトゥルノーのような腕時計専門店で買う。テレビも、昔はデパートで買ったが、今ではサーキット・シティのような家電チェーンで買うようになった。

専門店は、品揃えが豊富である。町のパン屋のドーナツはせいぜい三、四種類だが、ダンキンドーナツの大店舗では五〇種類以上ある。町のコーヒーショップには、レギュラーとカフェインレスの二種類のコーヒーしかないが、スターバックスなら三〇種類も揃っている。町のコーヒーショップのアイスクリームは、バニラ、チョコ、ストロベリーの三種類しかないが、サーティーワンには、五種類のカテゴリー（レギュラー、ライト、シュガーレス、ヨーグルト、脱脂ヨーグルト）があり、三一種類の味が揃っている。

新たなチャンスは日々生まれている。一九六八年に、個人が自由に電話機を選べるようになったとき、個人向け電話機の市場が誕生した。その市場を独占したのは、デパートでも家電販売店でもなく、電話機販売店だった。

PCが登場すると、コンピュータ販売チェーンにビジネスチャンスが生まれた。シアーズは、古典的な間違いを犯した。従来の品揃えにコンピュータを加えてしまったのだ。それがうまくいかなくなると、今度はシアーズ・ビジネス・システムズ・センターを開店したが、これも惨憺たる結果に終わった。

新たな小売チェーンに、「コンピュータ・センター」ではなく「ビジネス・センター」と名づけるあたりが、典型的な大企業的発想だ。「コピー機やオフィス機器も売れるのに、『コンピュータ』に限定する必要はないだろう」というわけだ。実際には、限定する必要があった。小売チェーンの未来は、いかにフォーカスを絞るかにかかっているからだ。

ラジオ・シャックも、同じ誤りを犯した。これまでの品揃えにコンピュータを加えただけだったが、コンピュータランドやビジネスランドといったコンピュータ専門店が登場すると、多くの店舗で「ラジオ・シャック・プラス・コンピュータ・センター」という看板に掛けかえた。「品揃えを豊富にせよ」の意味を理解しなかったラジオ・シャックは、コンプUSAやマイクロセンターのような新参者に負けた。

タンディも、「コンピュータ・シティ」というチェーンを展開して巻き返しをはかっているが、おそらく時すでに遅しだろう。これに対して、店舗数百店足らずのコンプUSAは、売上三〇億ドルに達しようとしている。

PC市場の揺籃期《ようらんき》に、「ラジオ・シャックTRS－80」というPCを開発したタンディは、あらゆる点で優位に立っていたが、「ラジオ・シャック」という名前を守ろうとした結果、その立場を無駄にしてしまった。タンディは、全米規模のコンピュータ販売店チェーンで、揺籃期のコンピュータ市場に打って出るべきだった。そして、新たなチェーンにふさわしい名前をつけるべきだった。ここが決定的なポイントだ。

「コンプUSAは、PC販売業界のトイザらスになるのか?」。最近「ニューヨークタイムズ」がこんな見出しをつけていたが、回答はイエス。ソロモン・ブラザーズのマーク・マンデルも、同意見だ。「家電販売のサーキット・シティ、おもちゃのトイザらス、オフィス用品のステイプルズやオフィス・デポのように、コンプUSAはPC販売市場を独占するだろう」

ペット用品市場では、ペッツマートやペットスタッフ、ペトコなどが、同様のことを試みている。アメリカのペットビジネスは巨大だ。PC販売市場の二倍はある。全世帯の半分近くが犬か猫を飼い、ペットのために年平均四〇〇ドルを支出している。全米での総額は、一七〇億ドルに達する。

ペット用品店は全米に一万二〇〇〇店。うち八五%は個人経営で、最近までペット用品専門スーパーはほとんどなかった。だが急速な変化で、二年前には二五〇店だったペット用品専門スーパーは、現在六〇〇店を超えている。しかも従来のペット用品店がせいぜい三〇〇平米足らずだったのに比べ、ペット用品スーパーは一〇〇〇平米近くある。一〇年前は、ペットフードの九五%はスーパーマーケットで売られていたが、現在は六五%で、さらに下がりつづけている。

ホーム・デポが家を買った人であふれるように、ペッツマートもペット愛好家を惹きつけたいと考えている。最近、同社は競合他社ペットスタッフを買収し、さらに規模の小さいペット・フード・ジャイアントとスポーティング・ドッグ・スペシャリティーズも買収した。

ペッツマートは、一八〇〇平米を超える巨大な敷地に一万点の商品を揃えている。一〇メートル近くまで高く積まれたペットフード、犬の歯磨き用の骨、ペット用コロン、犬用おやつ、音の出るおもちゃ……、ありとあらゆる商品が揃った通路を、ペット愛好家たちが行き交っている。

もちろん、ペットフードの種類もよりどりみどりだ。レギュラータイプに加え、高級ペットフードの「ヒルズ・サイエンス・ダイエット」や「アイアムズ」を格安販売している他、ダイエット用、オーガニック派用、グルメ派用（鹿肉か羊肉）、子犬用、老犬用、ベジタリアン用などを揃えている。

ペッツマートの年間売上は一〇億ドルを超えているが、この一七〇億ドル市場では、さらに成長するチャンスはいくらでもある。

ペット用品スーパーと同様のことをベビー用品で試みているのが、ベビー・スーパーストアだ。同社は倉庫型大型店舗を四八店展開し、ベビーベッドからクレヨンまで、あらゆるベビー用品を天井までうず高く陳列している。品揃えは二万五〇〇〇種類以上、どれもデパートや従来店より一～三割安い。同社のモットーは、「価格はここで生まれ、よそで高くなる」だ。

個人商店でも、品揃えによっては、トイザらスのようなカテゴリー・キラーと勝負できることがある。デンバーで大成功を収めたタタード・カバー書店は、一五万五〇〇〇タイトルの書籍を揃え、五〇〇万冊の在庫を維持している。ニューヨークのゼイバーズ、バルドゥッチ、ディーン＆デルーカは、高級食品に的を絞った戦略をとっている。また、FAOシュワルツは、高級おもちゃに的を絞っている。

フォーカスを絞り、競合相手の数倍の品揃えを実現できれば、巨大全国チェーンと競争しても敗れることはないのだ。

小売業成功の法則③安く仕入れよ

小売店の多くが、商品を「売る」ことで儲けを得るが、トイザらスのように市場を独占する小売店は、商品を「買う」ときにも儲けている。市場を支配していれば、仕入れ値を大幅に下げさせられるからだ。こうなると、商品そのものについても影響力を持つようになる。

トイザらスは、ハスブロが任天堂に対抗して「プロジェクト・ネモ」というテレビゲームを開発したとき、試作品を見て「高すぎるし、面白味も足りない」と酷評した。ネモに二〇〇〇万ドルをつぎ込んだハスブロは、結局、プロジェクトを中止した。

しかしそのトイザらスの行く手にも、暗雲が見え隠れしはじめている。原因はウォルマートだ。一九八九年に約二五％だったトイザらスの市場シェアは、現在二一％に下がっている。同時期に、ウォルマートはおもちゃ市場でのシェアを倍増させ、約一六％になった。今後、ウォルマートが得意とする格安仕入れが実現すれば、トイザらスの経営陣にとって大きな脅威になるはずだ。

安く仕入れれば、より安く売り、より多く儲けられる。トイザらスの平均粗利益率は約四五％だ。テレビゲーム、バービー人形、戦隊関連グッズなど、人気の高いおもちゃの利益率は、これよりかなり低いが、よく見ると「カミソリと替え刃」式の価格設定だったりする。カミソリ本体とはテレビゲーム本体であり、こちらは最低限の利益率で販売する。だが、替え刃にあたるゲームソフトには高い利益率を乗せて販売するのだ。

事業が大きくなれば、それを武器にして、広告費やクレジットカードの手数料など、あらゆるシーンで割引を実現できる。たとえばタンディは、アメリカン・エクスプレスの手数料を〇・二五％値引きさせ、五〇万ドル節約している。

また、事業が大きければ、仕入れ先に自社のビジネスに合わせた商品開発を依頼することもできる。クレート&バレルの商品は、調理用品のごく一部を除き、すべて自社用にデザイン・生産している。他業界でも、市場で優位にある企業は同様の戦略をとっている。

小売業成功の法則④安く売れ

さらなる成功の方程式は、安く売ることだ。安く仕入れ、安く売れば、市場で多大な影響力を持てるようになる。「ヒルズ・サイエンス・ダイエット」のような高級ペットフードが、町のペット用品店で三二ドルだとしたら、ペット用品専門スーパーは一九・九五ドルで売る。フォーカスすることの最終目的は、市場の独占だ。独占すれば、多大な利益を手にできる。単に安く売るだけでは勝てない。トイザらスの競争相手であるチャイルド・ワールドやキディ・シティは、何年も値下げ競争をしたが、トイザらスに迫れなかった。その理由のひとつは、「安く仕入れる」とセットで実行できなかったからだ。

市場トップという地位が、その企業を守る。「結局のところ、一にも二にも市場シェアが大事なのです」とチャールズ・ラザラスも言っている。

しかし、トイザらスはフォーカスを失いつつある。

利益率を見ると、ウォルマートの利益率が総じて二六%なのに対し、トイザらスは平均四五%、つまり、ウォルマートはトイザらスよりも安く売っていることになる。だがウォルマートは、そのぶんコストも低い。ウォルマートの販売管理費は一五％、トイザらスは一九％である。トイザらスのほうが高いのは、同社がフォーカスを失って、キッザらスやブックザラスを設立したからだ。利益が右から左に流れてしまい、財力が落ちているのだ。

同社は最近、さらにベビー用品専門スーパーに対抗して「ベビーザらス」を五店舗オープンすると発表したが、これらはみなライン拡大という典型的ミスである。

純利益率も注目に値する。ウォルマートの純利益率は売上比三・五％なのに対し、トイザらスは六・一％となっている。株主の懐に毎年六％超の純益率を入れるのは素晴らしいが、おもちゃ小売業トップに君臨することのほうがもっと大切だ。トイザらスがすべきことは、価格を下げ、おもちゃ事業の割合を回復させることだ。

長期的に見て、ビジネスにとって本当に重要なことは、市場で優位に立つことだ。優位に立てば何でも可能になる。逆に、優位に立てなければ、常に競争の圧力にさらされる。

小売業成功の法則⑤市場を独占せよ

ペット用品専門スーパーの戦争に勝つのは、ペッツマートだろう。小売業の歴史を振り返ればわかるとおり、市場を独占したチェーン店は、最大の収穫をさらっていく。

市場を独占するには、「急速な拡大」もポイントだ。

一九八七年、ウェイン・フイゼンガは、八つの直営店と一一のフランチャイズを要するブロックバスター・ビデオを買収した。続いて、サザン・ビデオ・パートナーシップとムービーズ・トゥ・ゴーを買収し、同年暮れまでに、ブロックバスターを一三〇店に増やした。

一九八八年、ビデオ・ライブラリーを買収、その年末に、ブロックバスターは四一五店になった。翌年には、メジャー・ビデオ（一七五店）とスーパーストアMLA（メジャー・ビデオ最大のフランチャイズチェーン）を買収し、店舗数は一〇〇〇を超えた。

一九九〇年には、アリゾナ州、カリフォルニア州、フロリダ州、カンザス州、ネブラスカ州、テキサス州、ヴァージニア州のレンタルビデオチェーンを買収、店舗数は一五〇〇を超えた。

ブロックバスター・ビデオは、今や全米最大のレンタルビデオチェーンである。「成長の加速化に合わせて次々と開店したからこそ、多くの金を手にできたのです」と、フイゼンガは言う。

彼は、国外でもこのやり方を進め、一二五〇店を擁している。そのうち、イギリスの七七五店は、かつてリッツという名で営業していたチェーンを買収したものだ。

今日、ブロックバスター・ビデオは五〇〇〇万人の会員を抱え、年間四六億本のビデオを貸し出している。この圧倒的な成功をもたらしたのは、消費者の心の中に、「レンタルビデオといえばブロックバスター」というイメージを確立できたからだ。

かつて、ある金融アナリストは「トイザらスは最終的におもちゃ業界のシェアを四〇%は手に入れるだろう」と予言した。シェア四〇％、それは市場制覇をねらう企業の目標だ。しかしトイザらスは、その目標にまだほど遠いうちから、子ども服や本に手を出してフォーカスを失い、おもちゃ市場でのシェアをさらに下げてしまった。

市場トップに立つ販売チェーンが目標とすべきは、シェア五〇％を押さえること。これが、黄金の経験則だ。しっかりフォーカスして臨まねば達成できない数字だが、五〇％になれば、もう誰も手出しはできない。フェデックス（フェデラル・エクスプレス）は、国内配送でシェア四五％、コカ・コーラの市場シェアも四五％だ。市場シェア五〇％超えを目指すには、複数のブランドを展開する必要があるだろう（第12章参照）。

五つの市場で一〇％ずつ獲得するより、ひとつの市場で五〇％を維持するほうがはるかにいい。しかし、古い思考法から抜け出せない経営者は、往々にして多角化の罠にはまる。隣の芝生はいつも青く見える。彼らは、今の市場では限界に達したと考え、何か新しいことに挑戦したくなる。そして他の大市場に目をつけては、甘い見通しをする。「あの市場ならシェア五％獲得は簡単だ。市場が大きいから、五％得られれば実入りも大きい」

もし、ことがそんなに簡単なら、とっくに企業が殺到して小さなシェアを奪い合っているはずだ。だがそんなことはない。「フォーチュン500」を見てほしい。もし、あらゆる業界に手を出すのが成功のカギだとすれば、リスト上位はコングロマリットがひしめいているはずだ。だが、上位一〇社のうち、三社は自動車メーカー、三社は石油会社、一社はコンピュータ会社、一社は化学会社だ。二つの事業を手がけているのはフィリップモリス（タバコと食品）だけ、古典的なコングロマリットと呼べるのは、GE一社のみである。

その巨大企業GEでさえ、現在は事業再編を行い、フォーカスし直している。過去一〇年あまりで、GEは何百という事業を売却したり廃業したりした。CEOのジャック・ウェルチは言う。「競争が厳しくなる一方のグローバル市場では、シェア一位か二位の事業にしか勝ち目はない。それ以下の事業は、見直しか廃業か売却だ」

一九八三年に三四万人だったGEの従業員は、一〇年後に二二万人に減った。フォーカスのし直しは功を奏し、再編が進むにつれ、フォーチュンリスト一〇位から五位へ、五つもランクを上げた。

同社は、一八七八年創立の歴史ある会社だ。競争が今ほど激しくない時代にコングロマリット化し、一一七年にわたりその名を人々の心に刻み込んできた。今日のような激烈な競争下でコングロマリットをねらうのとはわけが違う。GEには、フォーカスを失っても強力なブランドがある。これは軌道修正する際の利点となる。

甘い見通しは、必ずしっぺ返しを食らう。アメリカ経済は七兆円規模だ。あらゆる市場で五%のシェアを獲得できれば、売上三五〇〇億ドルの企業になる計算だ。だが現実には、売上三五〇〇億ドルの企業など存在しない。

小売業界は時代の鏡だ。消費者の嗜好の変化を最も敏感に、即座に反映する。今、小売業者は各社ともシェア拡大を目指し、目標達成のためにフォーカスを絞りはじめている。それだけではない。全国、あるいは世界チェーンを形成しようとしている。そのあおりで、小規模販売業者は、急速に絶滅危惧種になりつつある。

次々と、あらゆる分野で、小規模販売業者に代わって、フランチャイズや完全直営店を従えた全国チェーンが市場を支配しつつある。ファストフード、コンビニ、ホテル、モーテル、ドラッグストア、靴、オフィス用品、ペット用品、書籍、コンピュータ、家電、家庭用品、金属製品、音楽、レンタルビデオ、レンタカー、衣料、家具……、あらゆる小売市場で、全国規模のチェーン店が優位に立ちはじめているのだ。

サービス業も例外ではない。会計、広告、株式仲介、不動産、さらには法曹界も医学界も、全国チェーンによる支配が進んでいる。

こうした潮流を否定し、身のまわりで起こっていることを直視できない地元の小売業は、ひたすら守勢のまま、事態を切り抜けようとしている。だが、安く仕入れ、安く売り、市場で優位に立つ全国チェーンに対し、勝ち目はない。地元小売業が取り得る選択肢は二つしかない。全国チェーンの傘下に入るか、自分でチェーンを発足するか、だ。遅れてはならない。

第6章

二つのコーラの物語

世界最大の外食企業は問題だらけ

ペプシコとコカ・コーラ――、この二つのコーラ会社の物語ほど、フォーカスの力をありありと教えてくれるものはない。

ペプシコは、成長第一の企業である。つい最近も、CEOのウェイン・キャロウェイが「一五％成長という目標は決して捨てない」と言っていた。彼も前任のCEOたちも、この成長目標を達成しようと長年奮闘し、多数の会社を買収してきた。

現在同社は、世界最大のスナックメーカー、フリトレーに加え、アメリカの七大ファストフード会社のうち三社――世界最大ピザチェーンのピザハット、世界最大タコスチェーンのタコベル、そして、世界最大フライドチキンチェーンのKFC（ケンタッキーフライドチキン）を所有している。また、ホットン・ナウ、チェヴィーズ、カリフォルニア・ピザ・キッチン、ダンジェロ・サンドウィッチ・ショップ、イースト・サイド・マリオズも傘下にある。さらにその他二万四〇〇〇店の飲食店を抱えるペプシコは、世界最大の外食企業である。これに比べれば、マクドナルドは世界に一万四〇〇〇店しか展開していない。

そしてペプシコは、これらの店すべてで自社飲料を提供できるよう、ラインナップを揃えてきた。ペプシ・コーラ、ダイエットペプシ、ペプシマックス、ペプシXL、スライス、マウンテン・デュー、リプトンティー、オールスポーツ、セブンアップ（アメリカ国外）。加えてロシアのウォッカ、ストリチナヤも輸入している。

昔と変わらぬ商品を提供するコカ・コーラに比べ、ペプシコの企業規模のほうがはるかに大きくても、驚くことはない。昨年、コカ・コーラの売上が一六二〇億ドルだったのに対して、ペプシコは二八五〇億だった。

だが、二社の相対的な「価値」を比較すると、驚かざるを得ない。株式市場においてペプシコが四四〇億ドルなのに対し、コカ・コーラは九三〇億ドルと、二倍以上も上まわっている。売上一ドルあたりで見れば、コカ・コーラはペプシコの四倍価値がある。まさに、フォーカスの力だ。

過去には、コカ・コーラもバカな真似をした。一九八二年にはコロンビア・ピクチャーズを買収したし（一九八九年にソニーに売却）、テイラー・ワインを買収して、後に売却したこともある。しかし現在、コカ・コーラは飲料メーカー以外の何者でもない。

マクドナルドとペプシコを比較してみよう。マクドナルドは一万四〇〇〇店を擁し、売上七四億ドルの企業、ペプシコは二万四〇〇〇店を擁し、売上九四億ドルの企業である。だが、投資家に、どちらに投資したいかと聞けば、マクドナルドと答えるだろう。

理由のひとつは、純益の差だ。マクドナルドは売上七四億ドルのうち一一億ドル、つまり一五％というかなりの純益を上げている。対するペプシコは、売上九四億ドルのうち四億ドル、四％の純益しかない。

株式評価額も同様だ。マクドナルドは、外食チェーンとしてはペプシコよりずっと小規模だが、株式の価値額は三一〇億ドルだ。これに対して、ペプシコ傘下の外食チェーンであるKFC、タコベル、ピザハットを束ねた推計評価額は一〇〇億ドルである（ペプシコ全体の純益とそれぞれの純益を比較し、その割合をペプシコの株式総額に当てはめて計算）。

またしても、フォーカスの力に目を見張らざるをえない。売上七四億ドルのマクドナルドが三一〇億ドルなのに、売上九四億ドルのペプシコは、たったの一〇〇億ドル。小さくてもフォーカスを絞っている会社のほうが、大きくてもフォーカスを失っている会社の三倍の価値があるのだ。

いや、その差はもっと大きいかもしれない。株価は、投資家の動きを反映したものだが、もしその投資家がフォーカスの威力に気づいたら、当然フォーカスを絞った会社に殺到するだろう。そうなれば株価はもっと上がるはずだ。

ペプシコのファストフードチェーンは、二重の意味でフォーカスを失っている。第一に、同社のチェーン店は、競合ブランドの寄せ集めである。これに対して、マクドナルドは事業を一本化している。第二に、ファストフードのブランドが、ペプシコという飲料メーカーの傘下に入ることで埋もれている。マクドナルドには、これもない。

ペプシコの事業を危うくしているのは、ファストフードではない。これまでどれほど成功を収めたにせよ、ペプシコという会社そのものが、根本的にフォーカスを失っているという事実こそが原因なのだ。

フォーカスを失ったペプシコは、フォーカスを絞ったコカ・コーラに勝てない。

フォーカスを失うと、何よりもまず経営に問題が生じる。「プロの経営者ならどんな企業でも経営できる」という考え方は、もう信用を失っている。経営には、人材を動かす能力と、コンセプトを生み出す能力が必要とされる。これは、どんな業種であろうと共通だ。だがさらに、経営にはその業種に関する知識と経験も求められる。とくに経験は「プロの経営者」のアキレス腱である。わずか六ヶ月間のOJT（職場内訓練）で、二〇年の経験で得られるものを身につけることはできない。

ペプシコの本質的な弱点も、ここにある。飲料事業部門には飲料に通じた経営者、フリトレーにはスナックに通じた経営者、ファストフードには外食チェーン経営に通じた経営者を据えるべきなのに、有能な経営者を部門間で異動させることで問題を解決しようとしている。この方法では、ペプシコの経営者は、平均してコカ・コーラの経営者の三分の一の経験しか身につけられない。

事業に関する深い知識も経験もない人は、その事業にふさわしい経営者を選ぶこともできない。ことわざにもあるように、「蛇の道は蛇」なのだ。しかし、大企業の各部門の経営者は、自分の仕事にふさわしい経験も人格も備えていないことが多い。上司のご機嫌を伺い、目先の結果を出すことにばかり精を出している。

多角化した企業はしばしば、「視野が狭まるのを防ぐため」と称して、部門間で人材を異動させる。視野の狭い部長よりも、均整のとれた役員を育てたい、というわけだ。社内での出世に躍起となる者はこの考えに乗じて異動したがり、「エキスパート」というレッテルを貼られるのを嫌がる。

しかし、ビジネスの力は、まさにエキスパートになることで生み出される。フォーカスした企業から、その事業のフォーカスを理解した経営者が生まれる理由もここにある。

ペプシコの役員たちは、社長になることを目指している。だがコカ・コーラの役員たちは、飲料企業の社長になることを目指している。

昇進システムを見直す

フォーカスを失った会社が抱える最も重大な経営課題は、昇進システムだ。長年にわたって何百もの企業を詳細に観察してきたが、少なくとも半数は、不適切な人材が経営陣に加わっている。

バーガー・キングは、一九八〇年以来一〇回も社長が交代した。長続きしない理由のひとつは、同社が、食品会社ピルスベリーの一ファストフード部門にすぎず、ピルスベリーも現在イギリスのコングロマリット（グランド・メトロポリタン）の傘下だという点にある。グランド・メトロポリタンの主力事業はアルコール飲料であり、経営陣がハンバーガー事業を掌握できていないことは十分考えられる。

昇進させる人物を選ぶ際、社長が犯しがちな古典的なミスが二つある。「数字で判断する」と「人格で判断する」だ。どちらも、まずうまくいかない。

数字で昇進が決まる会社では、誰もが短期間での結果を求めるため、長期的な成果が損なわれる。グランド・メトロポリタンのCEOだったハロルド・ジニーンや彼の配下の「プロの経営者」

たちも、このいかにもコングロマリット的な発想を信じていた。ジニーンは、「経営者は経営ができればいい」と言った。裏を返せば、「数字に見える成果を上げられないならクビ」である。

短期間で数字を上げるには、新製品を送り出すのが最善策だ。それゆえ多くのコングロマリットは、あらゆる消費者を対象にしたあらゆる製品を手がけようとした。そして、自社のフォーカスを失ってきた。「長期的視野などどうでもいい、全速力で前へ進め」というわけだ。かつて、ある経営者に、「長期的に見て会社に害を与えるとわかっているのに、なぜラインを拡大するのですか？」と尋ねたことがある。彼は、こう答えた。「今年数字を出せなければ、私が長期的にこの会社に在籍することもかなわないですからね」

一方、数字ではなく「人格」で昇進を判断する会社は、他の社員に刺激を与えたり、士気を高めたりする能力の有無で人を見る。優れた人格それ自体は、悪いものではない。知識や経験を伴った偉大な経営者であるなら——。

偉大な経営者は、あらゆることに興味を持ち、一見、散漫にも見えるが、実はフォーカスしつづける術をちゃんと知っている。「ビッグチャンスをつかめ」と部下を刺激し、士気を高める方法を知っている。枝葉末節にとらわれることはない。

単に人格が優れているというだけでは、一流の経営者にはなれない。ビジネスに限らず、政治でも戦争でも、リーダーたる者は隠れた側面を持っているものだ。ウィンストン・チャーチルやジョージ・パットンがそのいい例だ。

偉大なリーダーは、外向的というよりむしろ内省的な人が多い。周囲の状況は観察するが、それに左右されることはない。彼らは内なる情熱にかり立てられているかのように見えるが、この情熱が、偉大なリーダーに必要な「ひとつにフォーカスできる」という能力を生みだすのだろう。

リーダーを選ぶには、「数字」でもなく「人格」でもない、第三の方法がある。それは、部下たちに「この事業に最もふさわしいリーダーは誰か?」と尋ねる方法だ。人気投票をせよと言っているのではない。そんなことでは、うまくいかない。今、すでにリーダーシップを発揮している人物を選び出せればうまくいく、と言いたいのだ。生まれつきのリーダーというものは、自ずと早くからリーダーシップを発揮するものだ。

ペプシコのジレンマとは?

フォーカスを失った会社は、昇進システム以外に「余分な経営層が必要になる」という問題も抱える。ペプシコには、飲料、スナック、外食チェーンそれぞれの部門に社長と副社長がいる。

彼らはただ座って数字を精査しているのではなく、積極的に口を出す。また、社員が頻繁に情報を求めるので、多くの時間を奪われる。アメリカ政府は各企業に山のような書類提出を押しつけてくるが、多角化した企業は、自社の各部門に同じことを要求する。そのうえさらに、業績検討や予算作成のための会議が繰り返される。

しかし、フォーカスを失った会社が直面する最も重大な問題は、多数の製品ラインが相乗効果を上げるどころか、逆に弊害になることだ。ペプシコの場合は、外食チェーンが飲料ビジネスに悪影響を与えている。ピザハットがペプシコ傘下である以上、ドミノピザやリトル・シーザーズがペプシコの飲み物を仕入れるはずがない。

コカ・コーラはこの機に乗じて、記憶に残る一連の広告キャンペーンを打った。「あなたの店の近くに、もうペプシコの外食店はオープンしましたか？　まだなら四時間待ちましょう。ペプシコは、四時間に一店の割合で新規オープンしています。そう、あなたのビジネスを脅かし、顧客を奪う外食店を、です」

ペプシコの外食チェーンは、財務面にも悲惨な結果を与えている。同社は、外食店の建設や買収に毎年一〇億ドルを費やしているが、これは外食店の営業利益をはるかに上まわっている。ペプシコはジレンマに陥っている。つまり、相当の資本投下を行わなければ、外食チェーンの長期的な未来はない。だが、その資本は、グローバル市場下でコカ・コーラと戦うために必要なものでもある。

かつてペプシコは、旧ソ連諸国の政界とコネがあったおかげで、ソ連で群を抜くシェアを獲得していた。このコネクションは、一九五九年に行われたニクソン大統領とフルシチョフ書記長のモスクワ対談に、ドナルド・ケンドール会長が同行したときからのものだった。

だが、時代は移り変わる。一九九一年暮れにコカ・コーラがルーマニアでの販売を開始し、現在ではペプシの二倍以上の売上がある。東欧その他の旧共産圏のほとんどの国でも、コカ・コーラに水をあけられた。現在ペプシが市場トップを占めているのは、ハンガリー、ウクライナ、そしてロシアだけだ。

中国では、コカ・コーラが一〇万もの販売店を展開している。この国でコカ・コーラといえば、日立に次いで有名な海外ブランドである。ノンアルコール飲料市場の一九%、ペプシの三倍のシェアを占めている。

コカ・コーラがグローバル市場で急速な成功を収めた理由のひとつは、その資本力である。これまでに、東欧に一五億ドル、ルーマニアだけでも一億五〇〇〇万ドルをつぎ込んできた。一九九五年度のコカ・コーラの国際資本投資予算は約七億ドルにのぼる。これに対し、ペプシコは三億ドルにすぎない。

しかし、これは当然だ。コカ・コーラは、今や純利益の八〇%を国外で稼いでいるのだから。ペプシコはわずか一五%だ。コカ・コーラは、ヨーロッパの消費財のナンバー1だ。今後もなお大きく伸びる可能性を秘めている。何しろ、ソフトドリンク消費量の国際平均は、アメリカ人の一〇分の一にすぎないのだから。

とっておきの起死回生策

ペプシコのように、フォーカスを失った企業が不利な立場に追いやられているのは明らかだ。では、どうしたらいいのか。

よくある回答は、「もっと頑張る」だ。「ペプシが国内と同じように国外でも成功すれば」「外食チェーンがマクドナルド並みに利益を上げれば」「ペプシマックスやペプシXLのようなヒット商品が出れば」……。だが、ただ頑張ってうまくいくことはまずない。三方向に向かって戦いつづけるのも無理がある。ひとつに絞ったほうがいい。私ならコーラを選ぶ。

コカ・コーラに対抗できる望みは、どこにあるか？　普通なら、海外市場だと答えるだろう。コカ・コーラがペプシに大きく水をあけている市場だ。しかし私の分析は、まったく逆だ。アメリカ人のコーラ消費は、なんと一人あたり年間一二〇リットル。スーパーは大量のコーラを売る。コカ・コーラ、ペプシ、レッド・クラウンという主要三ブランドに、プライベートブランドまで売っている。だが海外では、こうはいかない。

たとえばインドネシアの一人あたりのコーラ消費量は、アメリカの五分の一だ。ジャカルタのスーパーは一ブランドしか置かず、それは必ずコカ・コーラになる。世界の多くの国で、ペプシ・コーラを置いてもらうのが困難になっている。コートにすら入れないなら、ゲームに勝てるはずがない。

アメリカ国内には、飲料ビジネスが二種類ある。一方はスーパーやコンビニ、デリ、自動販売機などで売る。もう一方は外食店への卸売だ。スーパーでの販売では、ペプシは長年にわたりコカ・コーラに勝っている。国内でペプシがコートに入れないのは、外食ビジネスのほうだ。競争相手の会社から飲み物を仕入れる店はない。外食業では、コカ・コーラがペプシの二倍を売り、市場の二六％を占めている。

ペプシ・コーラの悲劇は、スーパーでの売上トップという地位を他に生かせなかったところにある。外食ビジネスに何らかの手を打たなければ、ペプシの状況は変わるまい。ピザハット、タコベル、KFCを売却し、傘下の他の外食店は別会社にするのだ（第11章参照）。そうすれば、ペプシコは飲料にフォーカスできるし、外食店への卸売の障害も取り除ける。ちなみに、コーラ戦争の資金をつくるためには、フリトレーも売却すべきだろう。

ファストフードチェーンを所有しているかぎり、ペプシコは国内市場で決して優位に立てない。アメリカで優位に立てなければ、海外進出の際にも不利になる。反対に、飲料にフォーカスすれば、ペプシコは二つのチャンスを手にできる。

最初に遂行すべき作戦は、国内シェアをコカ・コーラから奪うことだ。困難を伴うだろうが、それができれば、次の作戦はもっと簡単だ。「アメリカのナンバー1コーラです」と銘打って、海外に乗り出すのだ。ペプシ・コーラは、すでに南米の一部で「本物のアメリカの味」というキャッチコピーで売り出しているが、アメリカでトップになれば、より声を大にして、本物だと言えるはずだ。

マーケティングでは、「市場シェアトップ」に優るメッセージはない。近所のバーやレストランを覗いてほしい。そこにはおそらく、「バドワイザー」「バド・ライト」「ミラー・ジェニュイン・ドラフト」「ハイネケン」「アムステル・ライト」「ミシュロブ」「コロナ・エクストラ」「サミュエル・アダムス」などが揃っているだろう。つまり、全米一位のビール（バドワイザー）、一位のライトビール（バド・ライト）、一位のドラフト・ビール（ミラー・ジェニュイン・ドラフト）、一位の輸入ビール（ハイネケン）、一位の輸入ライトビール（アムステル・ライト）、一位のプレミアム・ビール（ミシュロブ）、一位のメキシコビール（コロナ・エクストラ）、一位のマイクロブリュー（サミュエル・アダムズ）が置いてあるのだ。取り扱うビールの種類が少ない店ほど、この傾向は強い。

たとえペプシコが外食産業を手放したとしても、コカ・コーラからコーラ市場のシェアを奪うのは容易でないだろう。しかし、少なくともこの戦略をとれば、状況を整理できる。ペプシコは、一社のライバル（コカ・コーラ）、一国の市場（アメリカ）、ひとつの目的（市場トップ）に的を絞って、すべての力をこれに注ぐことができるようになる。

それに、ペプシ・コーラはコカ・コーラに対抗できる強力な戦略を手にしている。一九六〇年代初期のコンセプト、「ペプシ世代」である。「親の飲んでいた飲み物なんて飲みたくない。そんなあなたは『ペプシ世代』です」

若年層に訴えるには、音楽が一番効果的だ。一九八〇年代、ペプシはマイケル・ジャクソンやライオネル・リッチーなど、若者の憧れのスターを起用して大成功を収めた。

アメリカでは、コカ・コーラはペプシの二倍の広告費を投じている。この戦略は金がかかるが、フリトレーや外食チェーンを手放せば、超一流アーティストを起用する資金も調達できるはずだ。コカ・コーラ以上の広告費だって投入できるかもしれないし、その結果、コカ・コーラに追いつけるかもしれない。この際、短期間の利益は犠牲にしてでも、市場で優位に立つという長期的利益をとるべきだ。

コーラは、アメリカを代表する商品だ。国内でトップになれば、世界でもトップになる可能性がある。最初は国内を、次は世界を目指すのだ。

フォーカスが、それを可能にしてくれる。

第7章

重要なのは、「よい品質」より「よいイメージ」

誰も疑わない「品質第一」

「売上を伸ばしたいなら、製品やサービスを改良する必要がある。なぜなら、よりよい製品やサービスが市場を制するからだ」。これは、誰もが知っていることだ。いわゆる「品質第一」は、ビジネスの基本中の基本である。あまりにも自明なので、これが真実であるかどうかなど、わざわざ証明する必要もないと思われている。とにかく、「よりよい商品が勝つ」のだ。

このように、自明でみなが知っていることは、誰も疑問を呈したり、論議したりしない。話題にする人もいない。だから時とともに目に入らなくなる。だが、突如として、誰かがその「真理」をひっくり返す。そしてそれが実は真理ではなかったことが明かされる。

かつて地理学には、「世界は平らだ」という原理があった。確かに世界は平らに見えた。だから誰も疑わなかった。だが今は違う。コペルニクスの発見以降、平らだった世界は丸くなった。

幾何学には、その昔「平行線は決して交差しない」という公理があった。平行線の無限の彼方をチェックできる人などいなかったから、誰もがそれを受け入れた。アインシュタインが一般相対性理論を打ち立てるまでは――。現在では、空間が曲がると、どこかで交差する、とされている。この公理が崩れた瞬間から、ユークリッド幾何学は、単なる理論体系のひとつと見なされるようになった。

そして、現在のビジネス原理は「よりよい商品が勝つ」。誰もが、よりよい商品やサービスが勝つと思っている。だからこそ世界中の企業は、自社製品の改良に余念がない。

経営者たちは、世代を問わず品質をあがめ奉っている。TQM（総合的品質管理）ほど人気のある経営戦略はない。アメリカ企業の八七％が、何らかのTQMを実施しているという。最近の調査では、経営者の八割近くが、「品質こそ、二〇〇〇年までに競争を勝ち抜く原動力になるだろう」と答えている。

また、電機メーカーの役員四五五人に、「ビジネスで勝ち抜くのに最も必要とされるものは何か」と尋ねたところ、六年連続して「品質」という答えが第一位だった。

今日、企業に与えられる最も名誉ある賞といえば、米国標準技術局が授与する国家経営品質賞（マルコム・ボールドリッジ賞）だが、世界三一ヶ国で、これと同様の品質賞が設立されている。

米国経営管理学会は、八種もの品質管理プログラムを展開している。

TQMを実施している企業にしか投資しない投資信託会社もある。

大型書店パウェルズ・シティ・オブ・ブックスには、「品質」関連書だけで一〇〇タイトル以上あり、棚を五列分も占拠している。

品質とは何なのか

品質とは何か？　いい質問だ。品質を決定するのは誰なのか？　これもいい質問だ。

テレビを物色しに家電販売店にやってきた客がいるとしよう。目の前に三種類のテレビが並んでいるとき、その客はテレビの裏側を開けて回路を比較したりするだろうか？　もちろんそんなことはしない。では説明書の仕様を一つひとつ比較しながら読み込むか？　もちろんしない。その客は、せいぜい三台のテレビを眺め、画像を見比べる程度だろう。だが、それで何がわかるというのか。素人には、十中八九、見分けられない。

誰もが品質にこだわるが、その実、違いはわかっていない――これが現実なのだ。ほとんどの製品は、製造コストも、見かけも、使用感もほとんど変わらない。

ベンツはBMWより品質がいいか。ホンダはトヨタより品質がいいか。コカ・コーラはペプシ・コーラより品質がいいか。ナイキはリーボックより品質がいいか……。

そう、実際には、「品質」ではなく「好み」で選んでいるのだ。スタイル、味、ルックスについては、とりわけそうだ。見た目、さわり心地、味わいこそが重視される。

では、「品質」はどこへ？　抽象的な意味での品質を定義するのは簡単だ。だが、個別の製品についてその品質を説明するのは非常に難しい。

家電販売店の話に戻ろう。品質を気にする多くの客は、店員に「どれを買ったらいいと思う？」「どれが一番品質がいい？」「おすすめはどれ？」などと尋ねる。運任せもいいところだ。もしそのとき、あるメーカーが「自社製品を一番多く売ってくれた店員にイタリア旅行をプレゼント！」という販促キャンペーンを実施中だったら、そのメーカーのテレビが「最高品質のおすすめ品」になってしまうだろう。

しかし、心配は無用だ。どうせ客は、店員の言葉を額面どおり受け取ったりはしないからだ。彼らが反応するのは、「そのブランド品だけの特別仕様」「お値打ち価格」「今週のセール品」といったこと。とくに客の購入意欲を刺激する言葉は、「これが今一番売れています」だ。メーカーはよりよい商品が勝つと信じ、消費者もまたよりよい商品が勝つと信じている。だから、「一番売れている商品は、よりよい品質に違いない」となるのだ。

だが、これが真実だという確たる証拠はない。

たとえば自動車は、毎年、消費者団体によって路上とオフロードで詳細な製品テストが行われている。信頼性レポートと修理依頼頻度のデータを精査したうえで、路上でのハンドル操作性、エンジンのパフォーマンス、シートの快適性、ブレーキの能力、燃費をチェックするのだ。そして、車種別に品質ランキングを作成する。

この消費者団体によるガイドを見てみよう。小型車は一六車種をリストアップしているが、品質第一位はVW（フォルクスワーゲン）のジェッタとなっている。二位はアキュラ・インテグラ、三位はVWのゴルフである。

では、同年の売り上げはどうだったか？　ジェッタは一二位、インテグラは九位、ゴルフは一六位だ。品質と売上には、何の関係も見出せない。

売上の一位はフォードのエスコートだったが、これは品質テストでは一一位だった。売上二位のサターンは品質テストで六位、売上三位のホンダ・シビックは品質テストで七位だった。以下、品質テストの順位に従って、売上の順位を並べてみると、一二位、九位、一六位、五位、七位、二位、三位、四位、一五位、六位、一位、一一位、八位、一〇位、一三位、一五位となる。

自動車の専門家でなくとも、この分析結果が何を示しているかわかるだろう。多くの人は、「車種」ではなく「ブランド」で車を決めているのだ。もし「品質のよい車が売上戦争に勝つ」のなら、テストのランキングと売上ランキングに何らかの相関関係があってしかるべきだ。だが、そうなってはいない。

他のさまざまな製品でも、品質テストのランキングと売上との間には、ほとんど相関関係がなかった。

こうなる理由の一端は、製品の著しい複雑化にある。自動車やテレビ、コンピュータのようなハイテク製品を厳密にテストするのは不可能である。何が重要で何が重要でないのか？　仮にそれを設定してテストしたところで、大きな違いを見出すのは難しい。それに、テストはどうしても主観的になりがちである。「乗り心地のいい車」といったとき、ブランド名がテストをする人の主観に影響を与えないと言い切れるだろうか。

人は「イメージ」で選んでいる

それでも、企業は品質を追求する。大企業から零細企業まで、何かというと「品質」を強調したがる。「フォーチュン」が「ひたすらTQMを追求する巨大企業」と呼んだモトローラは、国家経営品質賞を受賞した。エリート経営者によって構成される「ビジネス・ラウンドテーブル」も、モトローラこそ全米で最も真摯《しんし》に品質管理を徹底している企業であると認定した。ビジネス書やビジネススクールでも、シックス・シグマ品質（百万事例でミスが三・四例）を達成した同社の猛烈な品質追求姿勢をさかんに取り上げている。

しかし、これほどの品質へのこだわりも、同社のコンピュータ事業には役立たなかった。一九八五年に立ち上げたPC事業は暗礁に乗り上げ、一九九〇年にはメインフレーム・コンピュータ事業でも失敗した。一九九四年には、パワースタックと呼ばれるデスクトップ・コンピュータ・システムのラインを立ち上げると発表し、現在は、エンヴォイという名の個人無線通信機器を売り出しているが、見通しは明るくない。

マサチューセッツ州ケンブリッジにある戦略計画研究所も、品質の重要性を強調している。この研究所には、PIMS（市場戦略の利益効果）と呼ばれるデータベースがあり、四五〇社が三〇〇〇あまりの社外秘情報を匿名で提供している。

このPIMSで何がわかったか――。それをうかがい知ることができる比較がある。投下資本利益率を見てみると、商品やサービスの品質について評判のよい企業は平均二九％なのに対し、評判が悪い企業は平均一三％だった。二九％対一三％というと、やはり品質がものをいうのかと思われがちだが、その前に「評判」という言葉に注目してほしい。高品質の商品をつくるといわれる企業は、本当に高品質の商品をつくっているのか？　それを知る方法はどこにあるのか？　単に評判がよいというだけではないのか。

仮に「高品質の商品をつくりながら評判が悪い会社」と、「粗悪品をつくりながら評判がよい会社」があったとして、後者が市場で勝つ可能性はないと言い切れるか。評判のほうが品質そのものより重視されることはないのだろうか。

現実には、評判、すなわちイメージこそすべてだ。ビジネス界を動かす真の推進力は品質ではない。品質に対するイメージなのだ。

一九六〇年代、ビール業界では、シュリッツとアンヒューザー・ブッシュが首位を争っていたが、シュリッツは巨大企業アンヒューザー・ブッシュの後塵《こうじん》を拝した。

だが、一九七〇年代初期、シュリッツは伝統的原材料ホップの代わりにコーンシロップを使って醸造過程を半分に短縮し、売上比および資本比でアンヒューザーブッシュより高利益を得た。この結果に対して「フォーブス」は、「消費者が気づかないなら、品質は問題にはならないのだろうか」と書いた。そう、消費者は気づかなかった。シュルツは、一九七〇年には一二%だった市場シェアを、七六年には一六%にまで押し上げた。この時点で、首位のアンヒューザー・ブッシュとの差はわずか三%となった。

しかしこの後、シュルツは転落した。一九八〇年に市場シェアが八%にまで落ち込み、八二年にはストローに買収された。現在のシェアは一%以下だ。一方、アンヒューザー・ブッシュのシェアは四五%、アメリカビール業界の頂点に君臨している。

シュルツに何が起こったのか？　アナリストたちは、味が落ちたから客の怒りを買ったのだと言う。だが、アンヒューザー・ブッシュは、製造法を変えた後、売上が伸びている。

シュルツ凋落の原因、それはおそらく評判だ。味が変わったという評判が広がり、客がバドワイザーやミラーに移ったのだ。「ビール」そのものではなく、「イメージ」が現実を動かしたのである。

評判が浸透するには時間がかかる。それだけのことだ。とりわけシュルツの場合はそうだった。最初はビジネス関連メディア内だけにとどまっていた悪評が、何年もかかって一般消費者にまで到達した。消費者がもし本当にビールで判断していたら、一口飲んですぐ別ブランドに乗りかえていたはずだ。

シュルツと同じことは、「ニュー・コーク」でも起こった。ただし「ニュー・コーク」の場合は、味をもっとよくする目的で、甘味を強めるべくコーンシロップの量を増やしたのだった。コカ・コーラは、この決断を下すまでに、四億ドルを費やして二〇万回もの味覚テストを行い、「ニュー・コークはペプシよりもおいしい」という評価を得ていた。

しかし、ペプシも「コカ・コーラよりおいしい」という評価を得ていた。味覚はあてにならない。本当においしいということと同じくらい、おいしいというイメージが重要なのだ。消費者は、コカ・コーラが製法を変えたと知ると、「もう、おいしくなくなった」と思い込んでしまった。それで結局、オリジナルの製法に戻る羽目になった。

レッド・クラウン・コーラも例外ではない。一〇〇万回の味覚テストで「コカ・コーラよりもおいしい（五七％対四三％）」、「ペプシよりもおいしい（五三％対四七％）」という結果が出たが、その数字にたいした意味はなかった。消費者は、ブランド名で判断するのであり、中身で選ぶわけではないからだ。イメージが、現実を動かしているのだ。

「名前に何の意味がある。どう呼ぼうとバラは甘い香りがする」。これは「ロミオとジュリエット」の台詞だが、現実はそうではないらしい。人は、口だけでなく心でも味わう。おそらく香りも、鼻だけでなく心でも嗅ぐものなのだ。

企業が見落としがちなこと

では、このようにイメージこそが企業の成否を大きく左右するにもかかわらず、今でも「品質信仰」がはびこっているのはなぜか。その理由のひとつは、問題をばかげたレベルまで突きつめて考える傾向にある。

「新しい車を買って、ディーラーのショールームを出たとたんタイヤがはずれたら、そのブランドの車は二度と買わないだろう。ビジネスの成功に最も重要なのは品質なんだ」

新車を買ってショールームを出たとたんタイヤが落ちる、そんなことはまずあり得ない。競合する製品は似通っている場合が多い。品質の違いも判断しにくい。しかし、イメージなら主観的だし判断も簡単だ。そう、企業は品質よりもイメージを改善することを目標とすべきなのだ。

ときには、生産プロセスを変更することもあるだろう。本当に車のタイヤがはずれるのなら、何らかの改善策が必要だ。また、社内に向けて品質の徹底を促す必要もある。「経営サイドは品質を気にしていない」と社員が思うようになれば、生産面で問題を招くようになるからだ。

しかし、品質にばかりこだわってはいけない。品質は成功のカギではない。「ドライバーは見せ場だが、金がかかっているのはパット」というゴルフの格言があるが、ドライバーとは工場でつくられる高品質の製品であり、パットとは顧客の心に刻まれるイメージである。

誤解しないでほしい。品質を追求するのは悪いことではない。最高のものづくりを目指すことが悪いはずがない。だが、高品質の製品をつくることと、素晴らしいイメージを築くこととは別なのだ。

では、イメージを高めるにはどうすればいいか。答えは「フォーカスを絞る」である。フォーカスが失われた企業は、イメージも悪くなる。もっと具体的には、次の四つの方法がある。

イメージを高める方法①「専門」効果

病状が深刻なとき、人は内科医や町医者ではなく専門医に診てもらうだろう。心臓なら心臓の専門医、皮膚なら皮膚科医、眼なら眼科医に。専門家のほうが、町医者より専門知識があると誰もが考えているからだ。それが本当かどうかはわからないが、そういうイメージを抱いているのは確かである。

ビジネスでも同じことだ。消費者は専門化が品質を高めることを知っている。それなのに販売する側は、これを往々にして忘れてしまう。専門化こそ力の源泉なのに、万能企業を目指す企業が少なくない。

かつてＩＢＭがメインフレーム・コンピュータ専門だった頃、消費者は、ＩＢＭの品質は素晴らしいという確固たるイメージを持っていた。「やっぱりＩＢＭしかない」とよく言われたものだ。だが今日、ＩＢＭはあらゆるコンピュータを手がけるメーカーになり、その結果、「ＩＢＭしかない」というイメージは消えてしまった。

消費者は、業界トップの企業に「万全」のイメージを持つ。結局のところ、イメージこそ顧客を惹きつけるインセンティブになる。だからこそ、かつて人々は、ＩＢＭの製品を買いつづけたのだ。しかし事業を拡大し、優位に立てない分野にも進出すると、「他にはない」というイメージが損なわれる。ＩＢＭを万全の企業だと思っていた人々も、かつてのような成功はしないのでは？　と思うようになる。

実際、ＩＢＭは成功しなかった。

イメージを高める方法②「業界トップ」効果

真実であろうがなかろうが、消費者はよりよい品質の商品が勝つと信じている。だから、消費者の心に高品質だというイメージを刻むための、最も単純で簡単でダイレクトな方法は、業界トップになってその事実を広めることだ。

フォードは、従業員には「一番大事なのは品質だ」と訴え、消費者には「フォードこそ、アメリカで一番売れている車だ」と訴えた。矛盾ではない。「より多くの人が、他のブランドよりフォードを選んでいる。だから、フォードはいいに違いない」というわけだ。

業界トップ──、それは企業が手にすることのできる最強の力だ。業界トップという立場が、品質を保証する。最高のフィルムといえば業界トップのコダック、最高の輸入ビールといえば業界トップのハイネケン、最高のケチャップといえば業界トップのハインツだ。

業界トップは、高品質のイメージを高めるだけではない。地位そのものを強化してくれる。業界トップのブランドは、年を追うごとにその地位を揺るぎなくするのだ。

あるマーケティング会社が、二五の業界を対象に、一九二三年のトップと現在のトップを比較した。信じがたいかもしれないが、七〇年以上経っても、業界トップから転落したブランドは五つしかなかった。二五のうち二〇が、今も業界トップに君臨しているのだ。

品質が業界トップの地位を築くのか、それとも業界トップという地位が高品質のイメージを浸透させるのか？　歴史をひもとけば、後者のほうが現実に即していることがわかる。

とくに、変化の少ない業界を制すれば、大成功を収められる。コーラならコカ・コーラ、カミソリならジレット、タイヤならグッドイヤー。消費者に「なぜ業界トップのブランドを買うのか」と聞いても、「業界トップだからですよ」などとは答えない。たいていは「他よりものがいいから」と答える。消費者もまた、企業と同じく「よりよい商品が勝つ」という品質信仰に染まっているから、業界トップのブランド=《イコール》よりよい商品、となるのだ。

イメージを高める方法③「価格」効果

世界最高の車は、ロールスロイスだ。では世界で一番高い車は？　これもロールスロイスだ。高品質というイメージを広めたいなら、価格を上げることだ。ベンツがキャデラックよりも優れている理由のひとつは、ベンツの価格がキャデラックの二倍だからだ。

もちろん、価格が上がればそのぶんマーケットは小さくなる。一九九五年、アメリカでの販売台数は、キャデラックが一八万一〇〇〇台だったのに対し、ベンツは七万七〇〇〇台、ロールスロイス（ベントレー含む）にいたっては、わずか三〇〇台だった。

二兎を追う者は一兎をも得ず。「高品質な商品を低価格で」は成り立たない。消費者は、そんなことはあり得ないと思っている。心理学の専門用語では、これを「認知的不協和」という。人は、ものごとを正反対の視点で同時にとらえようとすると、心理的葛藤に陥る。だから、どちらかを手放すことでその葛藤を解決させる。

チリのワインは、世界的には「質がいい」というイメージが浸透しているが、アメリカで一番売れている「コンチャ・イ・トロ」は、スーパーや酒店で二ドル九九セントで売られている。アメリカでも高品質のイメージを確立したいなら、もっと高く売るべきだ（同時に名前も変えたほうがいい）。

「高い」ということは、悪いことではない。消費者にとっても、だ。ロレックスの時計が安ければ、身につけたところでステイタスにはならないだろう。


イメージを高める方法④「ネーミング」効果

高品質のイメージを高めるには、パッケージや商品名など、商品の「見た目」を変える方法もある。とくに重要な要素はネーミング。ポイントは、より専門性を訴える商品名にすることだ。

自動車用電池を買う場合、「シアーズ」と「ダイハード」のどちらを選ぶか？　全米で一番売れているのはダイハード電池だ。品質は関係ない。ダイハードのほうがよいネーミングだからだ。

ポロ・バイ・ラルフローレンも、その素晴らしいネーミングによって、高級衣料で見事成功した。ワンダーブラやスターバックス、イージーオフ、スーパー・グルー、オイル・オブ・オレイ、ハーゲンダッツ、デュラセル……、これらも強く印象に残るし覚えやすい。よいネーミングは、ライバルを寄せつけず、企業を守ってくれる。

反対にネーミングがまずいと、それが足かせになる。たとえばキウイ・インターナショナル・エアラインズ。この航空会社は、アメリカ東海岸で操業し、「全米一の航空会社」を自認しているが、実際には破産の危機にある。このネーミングでは、ニュージーランド近辺以外での成功はまず無理だ。社名のミスという根本的問題にメスを入れなければ、全米一の航空会社として認知されようがない。

航空会社には、かつて他にもひどい社名があった。アルゲニー、モホーク、そしてピエモント。なぜ航空会社に山脈の名前をつけるのか。まさか墜落したいのではあるまい。三社とも、今は飛んでいない。

時代の変化で不適切になるネーミングもある。「エイズ（Ayds）ダイエットキャンディー」は、エイズの流行とともに売上が半減した。また、フランスには「プシーット」という人気ソフトドリンクがあるが、これもアメリカでは撃沈間違いない。英語では、女性器を指す隠語を想起させるからだ。

名前のよし悪しを左右する最大の要素は、音だ。英語には、よくない発想をかきたてる音がある。とくに、母音で終わる言葉は要注意。A、E、Oで終わるのは問題ないが、IやUには危険が潜んでいる。とくにUは注意したい。

自動車のブランド名を例にとろう。Aで終わるものは高品質を連想させる。アキュラ、ホンダ、トヨタがそうだ。Eで終わる名前――ドッジ、イーグル、オールズモビル、ポルシェなども同様だ（このうち、一番弱いのはオールズモビル。「オールズ（古い）」という名の新車を買いたい人は多くない）。Oで終わる車の名前も問題ない。アルファロメオやボルボがそうだ。

Iで終わるのものは、危険をはらんでいる。アウディ、ヒュンダイ、インフィニティ、三菱、そしてスズキ――、いずれも、アメリカではあまり成功していない。

最悪なのはUだ。ダイハツ、いすゞ、スバルなどがこれにあたる。アメリカ人の耳に、Uはアルファベットの中で最も耳ざわりな母音である。ダイハツもいすゞもアメリカ進出に失敗し撤退したが、いすゞはトルーパーというブランド名で、軽トラックの販売を続けている。

もしも、レクサスの名前の最後にUがついていたら、成功はあり得なかっただろう。

ちなみに、いすゞというネーミングには、三つも短所がある。Uが二つあるうえに、イニシャルがIだ。大々的な広告キャンペーンにもかかわらず、いすゞの売上は低迷している。同社の全米市場での頂点は一九八七年だが、それでも乗用車三万九五八七台しか売れていない。同年、ビッグ3（トヨタ、ホンダ、日産。いずれも社名にUはない）は、一五九万七一五三台を売り上げた。

アメリカでは通用しない名前もある。ユーゴスラビアの「ユーゴ」や、韓国の「キア」がいい例だ。こうしたネーミングでは製造国のイメージが強く出すぎる。日本やドイツと違い、ユーゴスラビアや韓国は、自動車生産国としてそれほど高い評価を得ていない。

同じ業界で、自社より大規模で社名が似ているケースもよくない。たとえばタイヤメーカーには、BFグッドリッチという会社があったが、この社名は、消費者にタイヤ業界トップのグッドイヤーを思い出させてしまう。BFグッドリッチは、今はタイヤを製造していない。エンジニアリングと化学にフォーカスし直したのだ。

もし自社がひどい社名なら、思い切って変えることだ。社名変更は、実際、想像以上によく行われている。ニューヨークにあるコンサルタント会社、アンスパック・グロスマン・ポーチュガルが行った調査によれば、上場、非上場企業を併せた八二八六社のうち、昨年だけで一一%が社名を変更している。

もちろん、その多くは合併や買収、子会社化や売却などが理由だが、二%の一七〇社は、マーケティング上の理由だった。

第8章 言葉によるイメージ戦略

記憶に残る言葉を探す

一九九五年三月一二日付「ニューヨークタイムズ」の訃報欄は、次のように始まっている。「ビクター・ドーマンは、スライスチーズの間に紙をはさむことでアメリカ人のチーズの買い方を変えたことで有名な、ドーマン・チーズ・カンパニーの会長だった。三月四日、フロリダ州のデルレイ・ビーチの自宅で逝去。八〇歳」

ドーマン氏は、海軍将校、ビジネスマン、そして慈善家として八〇年を生きた。だが、新聞の訃報欄は、「スライスチーズの間に紙をはさんだ」という業績に、彼の人生を要約している。おそらく、「ニューヨークタイムズ」の訃報欄は、毎年一〇〇〇人前後の人生を記事にしている。その多くはすぐに忘れてしまうような内容だが、ごくまれに、「スライスチーズの間に紙をはさんだ人」のようなケースが登場する。

死後だけでなく、生きている間に有名になりたいなら、これと同じ戦略、つまり「人の記憶に残る言葉」を手にしなければならない。人も会社も——。

近所のスーパーでは、三万種類以上の商品が並んでいる。ドラッグストアでは一万五〇〇〇種類、デパートでは四万種類の商品がある。トイザらスの巨大店舗には一万八〇〇〇点のおもちゃ類、ブロックバスターには五〇〇〇種類のレンタルビデオ、大型書店のボーダーズには一三万種類の書籍がある。

それらの中からどれを買うかを決めるのは、何らかの言葉である。もちろん、スーパーのレタスはきれいに並べられている。客は一番新鮮でおいしそうに見えるものを買っていく。だが、多くの場合、何を購入するかは言葉による情報を元にして決めているのだ。

たとえば、キャンベルのスープやハインツのケチャップを手に取った人は、そこにある言葉を読んで、買うか否かを決める。レタスやオレンジやバナナですら、フォクシーやサンキストやチキータといった「ブランド名という言葉」が影響している。

「一番だから買う」という心理

重要なのは、言葉の洪水の中からひとつを選びとる基準は何か、である。誰かに「なぜコダックのフィルムを買うのか」と聞いてみよう。「コダックはT―グレイン技術を使っているからだよ」などと答える人はいない。多くは「これが一番」だと思っているからだ。では、これが一番だという根拠は？　よくある答えは、「みんな、これが一番だって言うから」だ。

プロの写真家なら、コダック製と富士フイルム製を試して、仕上がりを比較するかもしれない。だが素人はそんなことまでしない。人生はあまりに短い。まともにやれば一ヶ月もかかるような商品選びを誰がするというのだ。もしも富士フイルムが全米一の販売数を誇っているなら、迷わず富士フイルムの商品を買うだけだ。そして、なぜそれを買うのかと尋ねられたら、「それが一番だから」と答えるのだ。

多くの会社や商品で、これと同じ現象が起こっている。「一番だ」と認められているから、他の商品よりも好まれ、買われていく。

消費者の多くは、漠然とした購入理由しか挙げられない。「これが一番売れてるから」「味が好きだから」「肌ざわりが気持ちいいから」「見た目がいいから」「みんなが、これが一番いいって言うから」……。

ジレット、グッドイヤー、GE、ケロッグ、ハーシー、リグリー、コカ・コーラ、ゼロックス――、これらの企業も、「一番だから」という理由で商品が買われている。言いかえれば、これらの企業は、消費者の心の中に「品質がいい」というイメージを刻み込むことに成功しているのだ。この事実こそ、市場におけるパワーの源である。

一〇〇〇人のアマチュア写真家に、「フィルムメーカーと聞いて最初に頭に浮かぶのはどこか」と聞いて、「コダック」という回答が圧倒的に多くても驚かない。一〇〇〇人の経営者に、「コピー機メーカーと聞いて最初に頭に浮かぶのはどこか」と聞いて、「ゼロックス」という回答が一番多くても驚かない。ガムなら「リグリー」、チョコレートバーなら「ハーシー」だ。ケチャップといえば「ハインツ」が浮かぶ。これは、ハインツがもはやケチャップそのものとして消費者の心に刻まれていることを意味する。

企業名やブランド名を、ある製品の代名詞にしてしまうのは、人の習性だ。「ティシューをください」という代わりに、「クリネックスをください」と言ったりする。目の前に「スコット」があってもだ。ティシューといえば「クリネックス」というイメージが心に刻み込まれているからだ。

英語では、コピーすることを「ゼロックスする」とも言う。「この議案書をゼロックスして、ロサンゼルスへフェデックスしてくれ」と言ったりもする。だが、「この議案書をキヤノンして、ロスにユナイテッド・パーセルしてくれ」と言う人はいない。ゼロックスがコピー業界トップ、フェデックスが宅配業界トップだからこそ使われるのである。

同様に、ピザならピザハット、フライドチキンならKFC、ハンバーガーならマクドナルドだ。

では以下の商品ならどうだろう？　「コーラといえば？」「缶入りスープといえば？」「インスタントカメラといえば？」。それぞれ、「コカ・コーラ」「キャンベル」「ポラロイド」が思い浮かぶのではないだろうか？　いずれも市場トップの商品だ。

リトル・シーザーズ急成長の秘密

自社名が商品の代名詞として消費者の心に刻まれれば、底力となる。これは、オフィスや工場や倉庫や流通システムよりも、はるかに価値のある財産だ。火事で設備が焼け落ちれば、再建すればいい。だが、他のブランド名が消費者の心に刻み込まれてしまったら、それを覆《くつがえ》すのは容易ではない。

これまで私は、業界の二位、三位、四位といった企業とも一緒に仕事をしてきたが、その多くが、業界トップにひけをとらない、あるいはそれ以上の製品をつくっている。少なくともトップに匹敵する製品やサービスをつくり、しかもトップより安く売っているのである。だが、トップとの差を大きく縮めることはほとんどない。首位を覆すとなると皆無といっていい。

トップより優れた製品を安く売る――。有益だが、これだけでは不十分なのだ。後続企業がせねばならないこと、それは業界における地位を高め、全社をあげてそのイメージを人々の心に刻む戦略を構築することだ。

中でも有効な戦略は、フォーカスすることだ。他社が業界トップなら、フォーカスを絞り込み、市場シェアを増やすのだ。

ピザハットは、ピザ業界トップに立ち、業界を支配している。業界二位と三位のピザチェーンは、ピザハットと全面的には競争していない。どちらも、ある部分にフォーカスしている。二位のリトル・シーザーズは「テイクアウト」に、三位のドミノピザは「宅配」にフォーカスしているのだ。

何にフォーカスすべきかがわかっているなら、それをさらに絞り込むべきだ。これだけで戦略の効力は大いに高まる。ドミノピザは、かの有名な「必ず三〇分以内にお届けします」で、最高潮時には宅配ピザ業界の四五％を支配した。しかし配達人の事故が多発したため、安全上の配慮から、この約束を取り下げた。結果、たちまち売上が落ちた。ドミノピザがなすべきは、宅配サービスへのフォーカスを活かすべく、先の約束に代わる言葉やコンセプトを消費者の心に刻むことだ。

アメリカで急成長しているピザチェーンは、リトル・シーザーズだ。同社はテイクアウトにフォーカスし、そのぶん安価で提供するという手法をとっている。これなら、テーブルも店員も宅配用トラックも運転手も必要ない。リトル・シーザーズといえば「一枚の値段で二枚のピザを」。

広告でおなじみのフレーズは「ピザ、ピザ」だ。

同社の戦略は「二つのトレンド」と合致したこともあって、大成功した。第一のトレンドは、テイクアウト人口が劇的に増えたことだ。一〇年前、夕食をテイクアウトで済ませる人は、外食する人より三六％も少なかった。その後、外食派の割合はほぼ横ばいだったが、テイクアウト派は激増した。現在は、外食よりテイクアウトのほうが一二％も多い。

第二のトレンドは、テイクアウト・ピザの劇的な増加である。一〇年前は、ハンバーガーがテイクアウトの三〇％を占めていて、ピザは二位の二六％だった。だが今日、ピザはテイクアウト業界のトップである（残念ながら、リトル・シーザーズは最近、宅配ピザを始めてしまった。重大な誤りを犯したのだ。企業は、成功するとついラインを拡大したくなり、その代償としてフォーカスを失う）。

ボストン・チキンの教訓

ファストフード業界で「チキン」といえば、今も昔もケンタッキーフライドチキンだが、健康志向が高まる中、社名の「フライド」が大きなマイナスイメージになるとして、ＫＦＣに改めた。

しかし、ある会社のマイナスが、他の会社にはチャンスを与えることもある。一九八五年、マサチューセッツ州ニュートンで、二人の起業家がボストン・チキンという会社を始めた。彼らは、フライドチキンよりヘルシーなチキンとして、「ロティスリー（炙《あぶ》り）チキン」にフォーカスした。その後、一九九一年にブロックバスターの元役員三人が同社を買収、九三年には株式を公開した。この上場はこの年最も注目を集め、上場初日、株価は二倍に跳ね上がった。

目を見張るような成長ぶりを見せたボストン・チキンは、六〇〇のチェーン店を有するまでになったが、さらに一〇年後までに三〇〇〇店以上をオープンする計画である。実際、成長の余地はまだ十分ある。何しろKFCは五〇〇〇店以上あるのだから。

「ロティスリー・チキン」は、空前の健康ブームに乗った。今やどの食品関連市場でも、健康志向の新商品がかなりのシェアを占めるようになっている。カフェインレスコーヒーにスキムミルクと低カロリー甘味料を入れ、低脂肪クッキーを食べ、マルボロではなくマルボロライトを吸う、といった人も珍しくない。

冷凍ディナーのブランドでは、ヘルシー・チョイスが市場トップにある。コーラの全消費量のうち、三五％はダイエットコーラ、ビール市場の三〇％はライトビールだ。スーパーマーケットには、脂肪分や塩分カットのプレッツェル、あるいは低コレステロールの卵などがあふれかえっている。今日の食品市場の戦いは、健康志向の戦いといってもいい。

ボストン・チキンは今、社名から「チキン」をはずし、ロースト・ターキーやハム、ミートローフもメニューに並べている。マッシュポテトやコーンブレッドといった伝統的な「家庭の味」に加え、デリ風のサンドイッチもメニューに載っている。新社名は、ボストン・マーケットだ。

だが予言しておこう。この変化は、何ひとつよい結果をもたらさないだろう。ボストンという言葉から何が連想されるというのか？　マーケットという言葉はスーパーマーケットを連想させる。ファストフード店には結びつかない。

消費者の心に言葉を刻むことは、社内外に大きな推進力を与えることである。消費者にも社員にも、その会社が何にフォーカスしているかを伝えられる印象的な言葉を見つけるのだ。何時間もかけて企業理念を発表するより、短くてシンプルな記憶に残る言葉を見つけるほうがずっと効果的だ。

あるファストフード企業の企業理念を見てみよう。

- 新鮮さと便利さで食品業界トップであると認知されること。
- 消費者のニーズに応えて、よりよい商品とサービスを常に提供すること。
- 社員やフランチャイズ加盟者が目標を達成できる環境をつくること。
- 長期株式保有者の価値を最大化できるよう、企業の資産を活用し、フォーカスすること。
- 競争を尊重し、研究し、そこから学ぶこと。

さて、これがどこの企業のものかわかるだろうか。答えはボストン・マーケットだ。こういう方針を掲げておけば、どんな食品を扱っても、どんなタイプのチェーンを展開しても問題ない──、もちろん、それもひとつの考え方だ。おそらく経営陣は、特定の方向にとらわれたくないのだろう。「私たちは、消費者が欲しいと思っているものに合わせて変化します。こうした姿勢でなければ、今のビジネスに埋没しきってしまいますから」と副社長のナディールは語っている。しかし私に言わせれば、成功のカギはまさに「今のビジネスに埋没しきって」しまうことだ。絞り込んだ一分野に根を下ろすことによってのみ、企業は消費者の心をつかむ望みが出てくるのだ。成功の推進力とは、工場でも設備でも商品でも人材でもない。消費者の心をつかむことだ。

もしも明日、ロレックスの工場が焼け落ちても、同社は立ちゆかなくなったりしない。他の業者に製造を割り振るだけだ。販売店への納入は少々遅れるかもしれないが、ロレックスというブランドは、高級腕時計市場を支配しつづけるだろう。それればかりか、ロレックスの不足は、同社に利益をもたらすかもしれない。供給が乏しくなると、とたんに需要が高まるのが世の常だからだ。

これに対して、もしロレックスというブランドが存在しなければ、高級時計を製造する設備を完備したスイスの時計工場は、ピアジェやパテック・フィリップなど、他の高級時計ブランドが買ってくれないかぎり、その存在価値を失ってしまう。

実際、成功した企業の多くは自社製造していない。必要なものは自由市場、たいていは極東で買いつける。アメリカのスポーツシューズの三分の一を販売するナイキは、三八億ドルの巨大企業だが、靴製造工場は所有していない。その代わり、年間一億二〇〇〇万ドルを広告費に投じている。ナイキが所有しているもの、広告を通して守ろうとしているのは、消費者の心をつかむ言葉でありイメージだ。

ナイキは、スポーツシューズ業界のトップに君臨している。そもそも、スポーツシューズ業界を生み出したのがナイキである。ナイキのフィル・ナイトは、それまで、ケッズなどのカジュアルシューズブランドが単に「スニーカー」と呼んでいた分野に、ランニングシューズを登場させた。フィル・ナイトが開発したのは、アマチュアのためのスポーツシューズだった（テニスやバスケットボールなどのプロ用シューズブランドはすでに存在していた）。彼は、流行のデザインと高価格とで、スポーツシューズをファッションにまで引き上げたのだ。

業界トップのナイキも、業界二位のリーボック（売上三三億ドル）も、規模・利益ともに巨大なスポーツシューズメーカーとして、あらゆるスポーツシューズを揃えている。だが業界三位のLAギアは、五年間で売上二七億ドル、一億八六〇〇万ドルの赤字で苦況に陥っている。規模も利益も上位二社より小さいにもかかわらず、子ども用、婦人用、紳士用と、すべてのラインを手がけているのが原因だ。

最近、同社の経営陣は「原点に立ち返り、女性用のスポーツブランドに特化する」と軌道修正してきた。いい傾向だ。希望の光が見えてきた。だが、遅すぎたかもしれない。

業界トップ以外の企業は、フォーカスを絞る以上に有効な方法はない。

ジェームズ・クラークは、一九八一年にスタンフォード大学を卒業後、3Dコンピュータグラフィックの技術開発に取り組んだ。そして現在、彼が創業したシリコングラフィックスは、売上一五億ドルの企業となり、市場トップを占めている。今や「3Dコンピュータグラフィックといえばシリコングラフィックス」と言われている。

ストラータコムは、一九八〇年代後半にフレームリレーという複雑なコンピュータネットワーク技術を開発した。それまでは、離れたオフィスでコンピュータネットワークを構築しようとすると、何本ものラインが必要だった。だが、フレームリレーによって一本だけでよくなった。売上は絶好調で倍増しつづけている。そして「フレームリレーといえばストラータコム」になった。

フォーカスを言葉にできた企業の成功例

中には、自社のフォーカスを明確な言葉にできていない企業もある。一〇年前、売上五〇万ドル足らずの中小企業が、「アクト」という名の商品を携えてやって来た。アクトとは、いったいどんな商品なのか？　名前だけでは皆目わからなかった。その会社の創業者パトリック・サリヴァンは、「万能商品です」と説明したが、「それではあまりに漠然としている。フォーカスすべきです」とアドバイスした。その後、何度も議論した結果たどり着いたのが、「コンタクト・ソフトウェア」という言葉だった。

かつて、各地をめぐるセールスマンだったサリヴァンは、連絡リスト、スケジュール、問い合わせへの返信など、ビジネスマンが出張中にこなさねばならない雑用をすべて整理するソフトをつくったのだ。「アクト」はすぐに、コンタクト・ソフト業界のトップに立った。このコンセプト自体を開発したのがアクトだったのだから当然だ。しかし、さらにフォーカスを強化するため、私たちは社名をコンタクト・ソフトウェア・インターナショナルに変更するよう提案した。

ひとつのフォーカスは、多くの新展開を促す。コンタクト・ソフトを使うのは、ラップトップやノート型PCのユーザーと重なることに目をつけたPCメーカーが、「アクト」を自社製品に搭載したいと申し出てきた。また、このソフトを必要とする人は、おそらく頻繁に航空機を利用する。そこで、一般向けの広告をやめ、機内誌だけに絞った。

八年後、サリヴァンは自社を四億七〇〇〇万ドルでシマンテックに売却した。現在、「アクト」の利用者は八五万人、市場シェア七〇％である。

爆発的な急成長を遂げている企業は、ひとつの言葉、あるいはひとつのコンセプトにフォーカスしている。シリコングラフィックスは3Dコンピューティングに、ストラータコムはフレームリレーにフォーカスしている。

フォーカスとは、すぐにすたれてしまう一過性の現象ではない。長期間効力を発揮するものである。一九五七年、マックス・カールは、低所得者が銀行で住宅ローンを組めるよう「保証保険」を発明した。連邦の住宅管理公団のやり方に対して、私企業が応えたのだ。現在、彼が創業したモーゲージ・ギャランティ保険（MGIG）の契約高は一〇〇〇億ドルを超え、投資ポートフォリオは一三億ドルに達している。シェア二九％、市場最大の企業である。

ノーマン・ゴートは、「テレビ会議」という新市場を開拓すべく、一九八四年にピクチャーテルを立ち上げた。現在、同社はテレビ会議用設備の四九％を占めて市場を支配し、二億五五〇〇万ドルの収益を上げている。当初は、ソニーやIBM、アップルといったメーカー、あるいはテレビ局やケーブルテレビ会社などがこの市場を手中に収めるという声もあったが、そうはならなかった。

市場で力を持つのは、あらゆる製品を手がける大ブランドではなく、フォーカスを絞り込んだブランドだ。「テレビ会議といえばこのブランド」という定評を消費者から勝ち取った会社が勝つ。それがピクチャーテルだった。

ブランド名を浸透させるのに、電話番号を利用する方法もある。一九八七年、ジム・マッキャンは「1―800―FLOWERS」という電話番号を、二〇〇万ドル＋七〇〇〇万ドルの債務引き受けを条件に手に入れた。「たかが電話番号にこんな大金を払うなんて、ばかげていましたね」とマッキャンは語ったが、実は非常に安い買い物だった。同社は、この番号を熱心に広めたことで開花した。現在、年間売上は二億ドル、なお急成長中だ。次の目標は、ヨーロッパに電話マーケティングセンターを設置することだという。

これは重要なポイントを示唆している。成長に貪欲な企業は、海外進出のチャンスを見過ごし、国内市場向けの製品ラインを拡大することに躍起になりがちである。その結果、往々にして事業のフォーカスを失ってしまう。しかし本当は、製品のフォーカスを維持したまま、世界に打って出るほうが成功の確率は高いのだ。

アルパイン・レースは、ローファット＆ノーファットチーズにフォーカスし、創業一二年で売上一億三二〇〇万ドルに達したメーカーだ。スーパーのデリ部門では、シェア五〇％を獲得して市場トップに輝いたこともある。しかし、次にクラフトのテリトリーである乳製品市場に食い込もうと試みて、大失敗した。売上は二七％も落ち込み、二年連続で赤字となった。同社は、海外のデリ市場へ進出すべきだったのだ。ある国でうまくいけば、他の国でもうまくいくものだ。

市場を開拓した者が勝つ

ある市場のトップ企業は、どこも「その市場を最初につくった」企業だ。その製品ではない、その市場だ。オフィス・コンピュータを最初につくったのは、「ユニヴァックI」を製造したレミントン・ランドだが、オフィス・コンピュータ市場を最初につくったのはIBMだ。だから、IBMは市場トップに立った。

中級以上のホテルでは、どこでもミニボトル入りのシャンプー、コンディショナー、ボディローション、マウスウォッシュなどが揃っているが、これらのアメニティ市場を開拓したのが、ゲスト・サプライである。同社は、ゲスト・アメニティプログラムの市場トップとなり、売上は年間一億ドルを優に超えている。

ロケット・ケミカルは、三人で創業した航空機製造業用の潤滑油メーカーだったが、あるとき航空機の錆止め剤を開発してほしいと頼まれ、四〇回もの試作の末、「WD―40」という製品を完成させた。これが大成功、他の製品の生産をやめ、社名もWD―40に変更した。今では「よく滑るスプレーといえばWD―40」という定評を得て、全米で七七%の家庭に青、黄、赤でおなじみのスプレー缶がある。

同社のように、一商品しか製造しないメーカーの驚くべき点は、その収益性の高さである。過去一〇年間で、WD―40の総売上は八億六四〇〇万ドル、純利益は一億四四〇〇万ドル。純益は、なんと売上比一七％である。ちなみに、「フォーチュン５００」の企業平均は、売上比五％だ。WD―40よりよく滑るスプレーを開発することは可能だろう。だが、これほど売るのは無理だろう。

ビジネスで重要なのは、誰が市場をつくったのかということだ。自分、あるいは自社がこの市場を築いたのだというイメージをつくりあげること、そのために素早く展開することだ。

一九〇〇年代初頭まで、何百万人という親はみな、ベビーフードを手づくりしていたが、一九二八年、ダニエル・ガーバーがベビーフード市場をつくり出した。以来、同社がトップの座を明け渡すことはなかった。

市場トップに立つと、複数の利点がもたらされる。

まず、時を味方につけられる。たとえ明らかに自社より優れた商品が登場しても、反撃の時間がとれる。競争相手の商品をまねるだけでも、たいていはトップを維持できる。

次に、よりよい人材を雇える。スポーツシューズ会社で働きたい人の多くは、ナイキを第一志望にするだろう。同様に、ファストフード会社で働きたい人は、まずマクドナルドに、レンタカー会社で働きたい人は、まずハーツに応募しようと思うだろう。

複数の大学の調査によれば、市場トップの企業は、より能力の高い人材をより多く惹きつけている。トップ企業は、最初に優秀な人材をわしづかみにできるのだ。

さらに、流通面でもうまみが生じる。どのような流通経路でも、市場トップならことは簡単だ。コカ・コーラやキャンベルスープやハインツのケチャップを並べないスーパーはない。バイエルのアスピリンやタイレノールを置かないドラッグストアもない。

営業マンも優位に立てる。ゼロックスの営業マンなら、スムーズに備品購入担当者に会えるだろうが、他社の営業マンでは、そうはいかない。

つまり、市場トップになれば、消費者からも取引先からも定評を得られるということだ。ここが理解できれば、トップでない企業がどうすればよいかも見えてくるはずだ。

そう、トップでなくても、定評を得るための策を講じるのだ。その市場の代名詞になるような圧倒的なイメージは構築できなくても、一部にフォーカスし、その分野で定評を得ることはできるはずだ。

輸入車トップ、ボルボの戦略とは？

自動車産業を例にとってみよう。

ヘンリー・フォードの時代、フォードは自動車メーカーの頂点にあった。しかしやがて、色やスタイルで遅れをとり、シボレーにその座を明け渡した。一九三〇〜八〇年代までの約六〇年は、シボレーこそ、全米最大の売上数を誇る自動車メーカーだった。だがその後、新モデルを乱発してフォーカスを失い、再びフォードに首位を明け渡した。

シボレーは、ある時期には一二のブランド（バレッタ、カマロ、カプリス、キャヴァリエ、セレブリティ、チェヴェット、コルシカ、コルベット、モンテ・カルロ、ノヴァ、スペクトラム、スプリント）の下で、五一もの車種を抱えていた。また、二八八種のトラックも製造していた。

なぜ、GMほどの大企業の一部門であるシボレーが、これほど多くの車を導入したのか？ 実は、こうした「トップ企業の乱心」は、どこでも、いつでも起こりうる。企業は、市場を支配するブランドを手にすると、「万人に向けた」ビジネスができると考えてしまうのだ。短期間ならそれもうまくいくが、長期的には失敗し、ついには市場トップの座も失うことになる。

市場トップ企業の中には、万人を顧客にする策として、得意客とそうではない客に「二分化」させるところがある。そして、得意客には定価で販売し、そうでない客には割引や各種の特典をつける。なるほど、こうすればビジネスは拡大するだろうが、得意客は逃げてしまう。

航空業界は、数十年にわたって、この二分化を続けているが、惹きつけられるのは最も利益率の低い客層ばかりだ。デパートも、二分化を徹底した。一九八八年まで、シアーズはなんと全商品の五五％をセール価格で売った。しかし、ウォルマートやトイザらスのような「毎日低価格」をウリにする競争相手に敗れ、価格設定を一本化する戦略に変更した。

価格や特典や名声だけで、万人の支持を得る時代は去った。自動車業界でも、今最も成功しているのは、フォーカスする方法を学び、消費者に確固たるイメージを抱かせたブランドだ。たとえばボルボ。この車の所有者に「ボルボのどこがいいのか?」と聞くと、たいてい「安全性」という答えが返ってくる。偶然ではない。一九五九年に、世界で初めて三点式シートベルトを導入して以来、同社がとってきたイメージ戦略の成果である。

それ以前、ボルボは「耐久性」で売っていた。「スウェーデンのデコボコ道でも、ボルボの耐久年数は平均一三年です。これまでアメリカで販売されたボルボ車一〇台のうち九台が今も使用されています」。しかし、セールスポイントは次第に安全性へと移っていき、「ボルボに命を救われた人の会」が結成されるまでになった。

ボックス型の古風なボルボは今、全米一売れているヨーロッパの高級車だ。売上台数は、BMWやベンツを常に上まわっている。たとえばこの一〇年で、ボルボが八八万台売れたのに対し、BMWやベンツは七五万台だった。

だがボルボは、スウェーデン国内ではまったく違う戦略をとった。一九七一年、ペア・ジレンハマーがCEOに就任して以来、多角化を進めたのだ。一九九三年には、ルノーとの合併計画を発表した。これには経営陣の多くも驚き、株主は憤慨した。ルノーの業績がかんばしくなかったからだ。発表から三ヶ月もたたないうちに計画は頓挫、ジレンハマーは辞任した。しかし、すでに一億七〇〇〇万ドルを投じていた。

最近になってボルボは、「主力事業にフォーカスし直す」と発表した。二一年間のジレンハマー時代に五四億ドルを投じた非主力事業すべてを、一九九六年までに整理するという。滑り出しは上々で、一九九三年に四億七一〇〇万ドルの赤字だったのが、翌年には一八億ドルの黒字に転じた。

「常識」で考えると、フォーカスすることに抵抗を覚えてしまう。たとえば「フォーブス」は、「世界の自動車市場におけるボルボのシェアは一％しかない。成功の可能性は低い」と報じた。だが、たとえ一％でも、しっかりフォーカスしているボルボのほうが、シェアが一六％ありながら、何十も余分なブランドを抱えているGMより優れている。やがてわかるだろう。

ボルボは、何年にもわたって安全装置の開発を進めてきたが、こうした安全性へのフォーカス姿勢は、社外ばかりか社内にもいい影響を及ぼしている。同社のエンジニアは、他のさまざまな問題に労力を分散することなく、安全性だけに的を絞って開発できる。前輪駆動の開発などは他社に任せてしまえばいい。他社が何十億ドルもかけて確かな技術を証明してくれたら、それを採用するまでだ。実際、ボルボは一九九一年になってようやく、800シリーズに前輪駆動を投入した。

後発BMWが打った手とは？

他のヨーロッパの高級車メーカーも、それぞれにフォーカスを持っている。

ベンツは、伝統的に「名声が高い」。これは、時代を問わぬ素晴らしいイメージだ。

一般的に、名声のある製品というイメージを確立するには、市場に先発し、かつ高価格で売り出すという二つの条件が必要である。

ベンツの生みの親ダイムラー・ベンツは、世界最初の自動車メーカーだ。一八八五年にカール・ベンツが最初の三輪自動車を発明し、翌年、ゴットリープ・ダイムラーが四輪自動車を発明した。二人の会社は一九二六年に合併し、高級車にフォーカスした。そして二人が生み出したメルセデス・ベンツは、高級で威厳あふれる自動車として、世界中にその名を知られるようになった。

これに対してBMWは、自動車市場に最初に参入したメーカーではない。自動車と航空機のエンジンを製造していた同社が自動車製造を始めたのは、一九二八年。それゆえ、自動車業界で成功するには、高価格だけでなく、何かにフォーカスする必要もあった。

BMWが業界トップ3に躍り出る方程式を見つけたのは、一九六一年のことである。同社は、何にフォーカスするかを見つけるために、「まずは市場トップの企業の手法にならい、次にそれとまったく逆のことをする」という戦略をとった。市場トップのベンツは、大型高級車である。

そこでＢＭＷは、小型高級車とスポーツセダンにフォーカスした。ベンツは、ゆったりとした快適な空間（回転式ダベンポート）で有名だった。そこでＢＭＷは、ドライビングにフォーカスした。これは、アメリカ広告史で最も長期間展開された広告キャンペーン「究極のドライビング・マシン」というコピーに象徴されている。

運も味方した。ＢＭＷはヤッピー世代御用達の車になった。若く、都会的で、専門職に就いているヤッピー世代は、輸入車に乗りたがった。その輸入車は、むろん高級でなければならないが、あまりに高すぎてもいけない。運転していて楽しい車であることも条件だ。となれば、ＢＭＷ以外にはなかった。

しかし、ＢＭＷもベンツも、「ドライビング」や「名声がある」といったイメージだけでは満足しなかった。ご多分に漏れず、アメリカ市場でのライン拡大に踏み切ったのだ。ＢＭＷは、より大きく広々とした7シリーズと8シリーズを、六万九九〇〇ドルという高価格で発売した。ベンツは、小型で安い１９０シリーズを発売した（現在は、Ｃシリーズに変更し、三万九五〇〇ドルで販売）。

大型で高価なＢＭＷも小型で安いベンツも、さして成功しなかった。ＢＭＷのアメリカでの売上のうち、高級車種の割合は一七％にすぎない。同じくベンツの低価格シリーズの割合は、三五％どまりだ（高級ブランドの廉価版のほうが、廉価ブランドの高級版より売りやすい）。

臆測の域を出ないが、BMWは、比較的安いドライビング重視の車にフォーカスしていたほうが、ベンツは、高価で名声のある車にフォーカスしていたほうが、業績はよかっただろう。

論理的であるより、現実的であれ

アメリカで最もフォーカスを絞っている自動車は、「サターン」だ。プラットフォームもモデルもエンジンもトランスミッションも一種類のみ。顧客が選べるのは、ドアの数（2ドアか4ドアか）、バルブ（8バルブか16バルブか）、タイプ（セダンかステーションワゴンか）だけだ。それでいてサターンは、ディーラーあたりの販売数が全米一である。昨年、サターンのディーラーは平均九六〇台を売り上げた。二位のホンダは六五一台、トヨタは五六九台。サターンのディーラーは、二位のホンダのディーラーの一・五倍も売っているのだ。

しかしGMは、全米一フォーカスを絞ったこのブランドのライン拡大を計画している。オペル・ヴェクトラを元に大型サターンを、オペル・アストラを元に小型サターンを開発するという。電気自動車版のサターンも計画しているらしい。ラインを四つに拡大するのだ。

なぜ、逆にさらにフォーカスを絞らないのか。サターンのラインからステーション・ワゴンを撤廃してもいいほどだ。ワゴンの売上はサターン全体の五％にすぎないのだから。

論理的発想と現実がぶつかると、なぜか現実のほうが軽視される。論理的な発想からすれば、ディーラーが扱う車種が増えれば、売る台数も増えることになる。だからメーカーはライン拡大で車種を増やし、消費者の選択肢を増やす。だが、それではうまくいかない。少数車種にフォーカスしているディーラーのほうが、多数の車種を抱えてフォーカスを失ったディーラーより多く売る。それが現実だ。

フォーカスが絞り込まれていれば、販売員たちは何を売るべきかが明快になる。サービス担当者も、すべきことがはっきりする。誰もが、その製品に一心に情熱を注ぎ、同じ信念を持つようになる。

ボルボのショールームでは、販売員が「ご家族はおありですか?」と声をかけてくる。そして子持ちとわかると、「ボルボを買って、わが子の命を守りましょう」とたたみかけてくる。

シボレーのショールームでは、販売員が「何をお買い求めになりたいですか?」と聞いてくる。裏を返せば、自分たちの側から売り出したい車はない、ということだ。見渡せば、八〇〇〇ドルのジオのハッチバック、一万六〇〇〇ドルのシボレーのセダン、二万ドルのシボレーのブレイザー、四万ドルのコルベットが並んでいる。しかも、それぞれに中間車種がある。論理的発想では、このようにあらゆるラインを揃えるほうが売上は伸びるはずだ。だが、うまくいかない。

経営者は、事実ではなく論理的発想によって行動してしまう傾向がある。これが、彼らの第一の誤りだ。たいていの場合、事態はさらに悪化する。「戦略は間違っていない。うまくいかないのは実行方法に問題があるからだ」と考え、この誤りを繰り返すからだ。これが、経営者が犯す第二の誤りである。

フォーカスが重要である理由が、ここにある。フォーカスという概念は、ときに論理的ではないかもしれないが、現実にはうまくいく。フォーカスを絞り込めば、売上拡大への道が見えてくる。経営者がこれを理解すれば、素晴らしい成功を収められるのだ。

消費者に「本物」だと思われる条件

あらゆる産業には、それぞれ長い歴史でつちかった常識がある。これに反するのは容易ではない。従わなければ異端と見なされる。昇進できるのは常に体制派であって異端者ではない。前CEOの信任を得ていない新CEOなど存在しないのだ。

トップに異端者を迎え入れることはめったにない。だが役員会では、まれに新しい血、新しい発想を求めて異端の人材に目を向けることがある。あえて、その業界の歴史常識にうとい人を求めるのだ。そうした異端者は、市場トップに立つことの重要性を深く理解していることが多い。ここが理解されていれば、成功はほぼ約束されたも同然だ。

よりよい製品より、低価格より、効果的な販売戦略より、市場トップに立つことのほうが強力なパワーを手にできる。そうなれば、自ずと実力以上のイメージを持ってもらえるようになる。

市場トップの製品やブランドは、どれも「本物」、他はすべて「偽物」と見なされる。そして、消費者は偽物よりも本物を買うものだ。

コカ・コーラは、コーラ市場で本物だと見なされている。コーラ市場だけではない。あらゆる市場で、首位に立つ製品やブランドは本物とされる。AT&Tは本物の長距離電話サービス、IBMは本物のメインフレームコンピュータ、ハーツは本物のレンタカー、ヘルマンは本物のマヨネーズ、クリネックスは本物のティシュー、スコッチテープは本物のセロテープだ。それ以外は、みんな偽物だ。

コカ・コーラの広告コピーに使われた「ザ・リアル・シング（本物）」という言葉は、消費者心理の急所を突いた。このコピーが使われたのは、一九四〇年代の数年と一九六〇年代末～七〇年代にかけての一年半だけだ。それなのに、「ザ・リアル・シング」は、コカ・コーラの同義語になった。

興味深いことだが、「ザ・リアル・シング」という言葉を消費者の心にねじ込んだのは、コカ・コーラではない。「調査をするたびに、この言葉が出てきたんですよ」と広告を担当するマッキャン・エリクソンのニール・ジリアットは語る。「だからキャンペーンに使ったのです」

「本物」のイメージを強化するには、視覚に訴えるのも有効だ。コカ・コーラのあの曲線的ボトルや、ロレックスの腕時計バンド、これらが本物の証となっている。セイコーやシチズンの時計にロレックスのバンドをつけても何かが違う。「これはロレックスじゃない。本物じゃない」と思ってしまうのだ。

航空各社浮上のカギは？

市場トップといえば、国内市場を指すのが普通だが、それも変化しはじめている。たとえば、「ビッグ・シックス」と呼ばれるアメリカの六大会計事務所の中でも最大規模を誇るアーサー・アンダーセンは、ビジネスのグローバル化に伴って、国内市場トップから世界市場トップをねらう戦略へシフトしつつある。

現在、会計事務所の世界トップは、ＫＰＭＧピート・マーウィックだ。アメリカでは四位だが（一位はアーサー・アンダーセン、二位はアーネスト＆ヤング、三位はデロイト＆トウシュ）、世界ではトップだから、「グローバル・リーダー」と銘打ったマーケティングを展開できる。「あなたのビジネスがグローバルなら、グローバルな会計事務所が必要です」。これがＫＰＭＧの売り文句だ。今の時代、グローバルでないビジネスなどない。

同社は今後も、「世界の頂点」というイメージをさらに強化すべきだろう。多くの人々は、全米トップのアーサー・アンダーセンが、世界でもトップだと思っているからだ。これから各国間の貿易障壁が崩れるにつれて、国内での評判よりも、世界での評判のほうがものをいう時代になるだろう。

海外で製品やサービスを売り出す際は、それらのイメージもワンセットにせねばならない。こちらのほうが重要ですらある。もし自社が国内市場トップでなければ、イメージづくりは困難だが、対策ははっきりしている。一市場を我がものにすべく、フォーカスを絞り込むのだ。

航空業界を例にとろう。トップ3（アメリカン航空、ユナイテッド航空、デルタ航空）は、あらゆる分野（ビジネス用、バカンス用）、あらゆる価格帯（エコノミー、ビジネス、ファーストクラス）、あらゆる地域（南北アメリカ、カリブ地域、アジア、ヨーロッパ）に展開している。だがその結果、各社とも課題を抱え込んでいる。

この業界には、図抜けた企業が存在しない。上位三社は、いずれも独自色を確立できていない。ユナイテッド航空だけは、「世界を友好《フレンドリー》に結ぶユナイテッド航空で空を飛びましょう」というコピーで一貫してきたが、同社の客室乗務員が他の二社より親切《フレンドリー》だと思っている人は誰もいない。どの航空会社も全方位展開で独自色がないとなれば、私たちは、旅行代理店に電話して、いつどこに行きたいかを伝え、一番安い航空会社にするだけだ。

この四年間で、アメリカの航空業界は一二億八〇〇〇万ドルの赤字となったが、業界は、この原因を客、競争、政府、空港運営者など、自分たち以外のほぼすべてのせいにしようとしている。たとえば、「人々の変貌が、現在の苦境をもたらした」と理由づけている。「以前より貧しくなって、飛行機でもレストランでもホテルでもお得感を重視するようになった」と。こんなことを言うのは、この業界ぐらいだ。

これに対し、これまでの業界の手法に何の思い入れもないアウトサイダーは、自分の思うとおりに采配をふるい、天才だと賞賛される。賞賛されてしかるべきだ。パラダイムの転換は、簡単にできることではないのだから。

ハーブ・ケラーは、クラスも価格も一種類のみのサウスウエスト航空を創業した。所有する航空機もボーイング737のみ。おかげで乗組員の訓練やスケジュール調整、機体の維持が著しく簡略化できた。

結果として、同社は強力なフォーカスを得た。「サウスウエストは、低料金の航空会社」というイメージが人々の心に刻み込まれた。実際には、他社が対抗策として一時的に料金を下げてくるので、一番安いわけではない。だが、サウスウエストの料金は常に低く抑えられているから、客が食われることはない。

ライバルが赤字に苦しむのを横目に、サウスウエストは一貫して黒字を計上している。創業して二四年になるが、そのうち二二年は黒字だった。他の大手航空会社ではありえない記録だ。

サウスウエストでは、航空券の四五%を直接販売している。この直販率は、大手の中で最も高い。他社はせいぜい一五%である。乗客はサウスウエストを信頼している。他の多くの航空会社のように、新聞で格安航空券の広告を見て旅行代理店に電話をすると、「格安航空券は売り切れました」「曜日が違うので、その値段では売れません」「ノース・ダコタ州ファーゴで一泊していただくことになります」となる詐欺まがいの料金設定をしないからだ。

乗客にとって、料金が常に変わるのは、わずらわしいことこのうえない。収益の最大化のために、各航空会社は価格を細かく変動させる「イールド・マネージメント」を採用し、一時間ごとに料金を変更できる。実際、アメリカの航空会社は毎日二五万種もの料金設定をしている。一〇〇万種類に達する日もある。航空会社にしてみれば、イールド・マネージメントは、常に収益を上げられる素晴らしいシステムだ。だが、乗客にとっては最悪だ（しかも航空券の変更もできない）。こうした航空会社が低い評価しか得ていないのも当然だ。十大サービス業に関する調査で、航空会社は顧客満足度が最低だった（これに次いで低いのは米国郵政公社だった）。

現在、乗客のほとんどは、格安航空券を利用している。大企業の社員ですら、三〇～五五％の割引料金で購入している。近年では、定価で国内線に乗る人は一％にも満たない。こうなると、いくら安く買っても、それよりもっと安く買った人が必ずいると思ってしまう。乗客にとって、これは決して愉快ではない。

航空業は非常に難しいビジネスだと言われる。だがそれは、既存の会社と同じやり方をするからだ。もしフォーカスが絞れれば、開花できる。

たとえば、明らかなチャンスとして、ビジネスクラスのみの航空会社にするという手がある。食事やサービスだけでなく、泣き叫ぶ乳児や騒ぐ子どももいないことを約束する。座席や料金も、ファーストクラスとエコノミーの中間を設定すれば、きっと魅力的な会社になるだろう。ビジネスクラスの利用客は全乗客数の四五％だが、収入の六〇％を占めている。

これで実際に成功しているのが、キンバリー・クラーク傘下にあるミッドウエスト・エクスプレスだ。同社には、ファーストクラスもエコノミークラスもない。座席は二席ずつで中間席がない。ただし食事には一〇ドルをかけている（他の大手航空会社の平均は五ドル以下）。この戦略で、一九八七年以来毎年利益を上げ、最近の「コンシューマー・レポート」の調査では、サービスと快適さの点で、他を大きく引き離して一位を獲得した。

決め手は、「何に」フォーカスするかである

ライン拡大で財務危機に陥る企業がある一方で、フォーカスによって成功する企業がある。戦場では、攻撃の前線拡大は自殺行為に等しい。成功をもたらす唯一の戦略は、前線を狭めることだ。軍隊は、呪文のように「前線を絞り、深く潜入せよ」と繰り返す。集中は力を生む。分散は力を弱める。

フェデックスは、集中の威力を示す一例だ。一九七三年四月に創業したこの会社は、「直販で、

よりよいサービスをより安く提供する」という戦略の下、メンフィスにある本部（ハブ）から輸送機やトラックを直接動かす、独自のハブ＆スポークシステムを構築した。ライバルは、業界最古参で最大手、そして最大の利益を上げていたエメリー・エア・フライトである。フェデックスは、対抗策として、エメリーと同じく「プライオリティー・ワン」（翌日配達）、「プライオリティー・ツー」（翌々日配達）、「プライオリティー・スリー」（三日後配達）という三つのサービスを設定し、どれもエメリーより料金を安くした。

しかし、業界トップでないかぎり、「よりよいサービスをより安く」は、うまくいかない。フェデックスも、最初の二年間で二九〇〇万ドルの赤字になった。

注目すべきはここからだ。フェデックスは、翌日配達の「プライオリティー・ワン」にフォーカスし直し、同時に、「クーリエ・パック」を導入した。二ポンド（約九〇〇グラム）までの書類を送れるこのパッケージは、「フェデックスは翌日配達」というイメージを、消費者の目に見える形で表現してくれた。

さらに、取引先の配送担当者だけでなく、管理職レベルにも訴えかけるよう、広告もフォーカスし直した。新たなキャッチフレーズは、「絶対に、確実に、一夜にしてお届けします」。そこに安さをうたう言葉はなかった。

「一夜にして」という言葉が鬨《とき》の声となり、フェデックスは一夜にして変貌した。一九七五年七月には赤字を解消、以後、業績が下がることはなく、一九七八年四月に、一株二五ドルで株式を公開した。三年後、二回の株式分割を経て、株価は一八〇ドルにまで上昇し、八〇年まで毎年五〇〇〇万ドルの利益を上げている。

戦略転換でエメリーより高い料金にしたことで、同社はより多く儲けたばかりか、企業イメージも高めることができた。「料金が高いなら、それだけ質がいいに違いない」というわけだ。

フェデックスの躍進によって苦境に立たされたエメリー・エア・フライトは、挽回策として、「重量便の」翌日配達に戦略を切りかえた。しかし一九八七年、「書類便の」翌日配達を専門に手がけるピュロレーターを買収した。M&Aを手がける人々は、この買収を賞賛した。エメリーは大型便に強く、ピュロレーターは小型便に強い。二社を組み合わせたら、あらゆるニーズに応えられるだろう、と。

だが、現実は机上論どおりにはいかない。エメリーはフォーカスを失い、ひどい赤字に陥った。一九八七年一二月、創業者の息子で意志強固な人物として知られたジョン・エメリー・ジュニアが解任され、八九年、ついにコンソリデーテッド・フライトウェーズに四億八九〇〇万ドルで売却された。それでも、事業はさらに悪化した。合併によって改名したエメリー・ワールド・ワイドは、年間約一億ドルの損失を出しつづけ、一九九〇年には経営陣が刷新された。

エメリーの建て直し策も、フォーカスだった。新経営陣は、書類便、小型便の翌日配達事業から撤退し、七〇ポンド（約三二キログラム）以上の中・大型便、重量便に資本を集中した。

歴史は繰り返す。フェデックスに起こったことが、そのままエメリーに起こったのだ。フェデックスが軽量便にフォーカスしたように、エメリーは重量便にフォーカスした。エメリーは現在、七〇ポンド以上の重量便マーケットで二四％のシェアを占め、トップに立っている。二位のバーリントン・エア・エクスプレスは、シェアわずか一三％。昨年のエメリーの営業利益は七七〇〇万ドルだが、九〇年代のフェデックスの純益が平均六六〇〇万ドルであることを考えれば、悪くない。

その後この業界では、レイ・サーストンが「即日配達」の航空貨物ビジネスを開拓すべく、ソニックエアを創業した。そして即日配達市場の四〇％を獲得した後、自社を六五〇〇万ドルで売却した。

映画「シティ・スリッカーズ」では、ジャック・パランスがビリー・クリスタルに問いかける。「人生の秘訣は何か知っているか？」。ビリーが「いや、知らないな」と言うと、ジャックが答える。「秘訣はひとつ、たったひとつさ。あとのことはどうでもいい」

「なるほど。で、そのひとつってのは何だ？」

「それは、自分で見つけるのさ」

第9章

「万人ウケ」をねらうな

消費者の心の動きをキャッチする

消費者の心に自社の好印象を植えつけるのに、必ずしも新製品の開発は必要ない。ときにはビジネス範囲を絞り込むだけで、それと同じ成果が得られるものだ。

どんな戦略であろうと、その展開上、最大にして唯一の障害がある。それは、「非顧客層を取り込むために、万人にアピールしなければならない」という企業の思い込みだ。この頑迷な信念のために、多くの企業がはかりしれないほどの無駄金をつぎ込んでいる。

「新たな顧客を開拓せずに、どうやって成長するというのか?」。確かに理にかなった質問だ。基盤を広げれば事業も利益も拡大する、と考えるのはたやすい。これに対して、フォーカスを絞り込めば事業も利益も拡大する、とは想像しにくいだろう。

ビジネス基盤は、広げるより狭めろ――、この戦略の威力を知るには、まず市場全体にアピールすることの無意味さを知ることだ。

競争が存在している以上、どんな市場でも一〇〇%の完全独占はできないが、顧客の移り気な性分も、業界での完全独占を防ぐ要因である。

客には二種類いる。他人と同じブランドを買いたがる客と、他人と違うブランドを買いたがる客だ。これは、個性の違いがなせるわざではない。同じ客でも、状況によって、商品によって変化する。「他人と違う」個性を出すためにひげを伸ばしている男性でも、「みんなが飲んでいるから」コカ・コーラを飲むかもしれない。

世界の安定にとってはありがたいことだが、世の中には、他人と違っていたいと望む人より、人と同じでいたいと思う人のほうが多い。人気のブランド、人気の映画、人気の演劇がより大きなシェアを占め、人気のないブランドや娯楽のシェアがより小さくなるのは、このせいだ。

人が一番人気のあるブランドを買うのは、「人気があるのは、よりよい品質だからだろう」と推測しているからだ。反対に、一番人気の商品を買わないのは「他人との違いを出したい」からだ。よい商品をとるか、違いをとるか――、消費者は、日々この選択を行っているともいえる。

違いを志向する消費者は、実は「自分以外の多数は間違った選択をしている」と考えて、自分の選択を正当化している。公正に評価すれば、トップブランドを買うはずはない、言いかえれば、彼らは「よりよい品質の商品が勝つとはかぎらない」と思っているのだ。

　こうした心理的要因を考えれば、あるブランドなり商品なりが市場を一〇〇％支配することは不可能だとわかる。トップブランドは、他人と同じものを欲しがる人を惹きつける一方、他人と違うものを欲しがる人を遠ざける。となれば、一ブランド、一企業、一会社がすべての消費者にアピールすることは無理である。

　体制派か反体制派か？　守旧派か改革派か？　民主党か共和党か？　コカ・コーラ派かペプシ・コーラ派か？　政治であれビジネスであれ、人生は常に二者択一の連続だ。優位に立つ者と、それに挑戦する者があり、そのどちらかを選択する。

　全米史上最も人気のあった大統領は、おそらくフランクリン・D・ルーズヴェルトだが、彼が圧勝を収めた一九三六年の選挙でさえ、一般投票では六一％しか得ていない。彼は唯一、大統領を四期務めたが、その絶頂期でさえ六一％の支持しか得られなかった。

　これから考えれば、市場での八〇～九〇％もの支持など望むべくもない。そんな妄想は捨て去ることだ。そして現実と向き合うのだ。ある意味で、あらゆるビジネスはニッチ（隙間）ビジネスである。市場トップでも、他よりその幅が大きいだけで、ニッチであることに変わりはない。問題は、どんなニッチをねらうかだ。品質？　価格？　安全性？　ドライビング？　宅配？　テイクアウト？……。

犠牲のない戦略はない

競争が存在する以上、市場を一〇〇％獲得することはできないという現実を受け入れれば、消費者の心に刻み込む言葉も格段に見つけやすくなる。「市場全部を手にしなくては」とささやきつづける悪魔と決別できるからだ。

一部を切り捨てて犠牲を払う――、これは企業戦略の真髄である。犠牲のない戦略はない。犠牲のない会社や組織は、弱体化する。

シアーズは、小売マーケットのいかなる部分も犠牲にしたくないと考えた結果、どんどん弱体化し、低価格志向の客をウォルマートとホームデポに、高級志向の客を専門店チェーン（GAP、トイザらス、ザ・リミテッド、ビクトリアズ・シークレットなど）にとられた。

IBMも何ひとつ犠牲を払いたくないと考えた。その結果、PC専門メーカー（コンパック、パッカード・ベル、ゲートウェイ、デルなど）、ワークステーション専門メーカー（サン、ヒューレットパッカード、シリコングラフィックスなど）、ソフトウェア専門メーカー（マイクロソフト、オラクル、ノーヴェル、ロータスなど）の格好の餌食となった。

犠牲を払うことは、すべてをあきらめることではない。それは、自分のポジションを「定義」することなのだ。自分のポジションを定義するとは、自分と関わりのないものは何かを見極めることでもある。

ウィンストン・チャーチルとは何者か？　イギリスの元首相チャーチルは、ヒトラーの最大の敵として知られていた。しかし第二次世界大戦後は、ヒトラーに代わる敵が出現せず、彼はまたたく間に存在意義を失った。イギリス国民は、チャーチルの外交政策は支持したが、国内政策は支持しなかったのだ。

犠牲の法則は、政治の世界ではすっかり確立されている。自分の立場を明確にし、反対派を激しく攻撃するには、有権者たちに「自分が何者で、何を代表しているのか」をしっかり伝えねばならない。もし、すべての有権者に受けようとすれば、優柔不断な人物と見なされ、わずかな票しかとれないだろう。政界で成功するには、手にできない票はいさぎよくあきらめること。そうすれば、勇気と決断力にあふれたリーダーというイメージが生まれる。

企業は、政党から学べることがいくつもある。何かに賛成すれば、何かに反対することになる。たとえば中絶反対運動は、「中絶」という敵にフォーカスしている。ビジネスでも、敵がいなければ、市場におけるポジションを得られない。

エメリーは、重量便と書類便の両方を手がけていたときには敵がいなかった。明確なポジションもなかった。フェデックスとUPSが支配している業界で、ひたすら生き残りをかける企業でしかなかったのだ。しかし、七〇ポンド以上の重量便にフォーカスし直すと、フェデックスが格好のライバルとなった。「なぜフェデックスと取引なさるのですか？　あちらは書類便や軽量便には長けていますが、重量便のスペシャリストは私どもですよ」

たいていの場合、人々は、ジェネラリストよりスペシャリストと取引したがる。心臓に異状があれば、ホームドクターではなく心臓内科医に診てもらう。靴を買うなら、デパートではなく靴店へ。歯磨き粉を買うなら、スーパーではなくドラッグストアに行く。

オイル交換も、ガソリンスタンドや車のディーラーから独立し、今やジフィー・ルーブやオート・スパといった専門会社が手がける新たな業界として成立しつつある。

「オイル交換は一〇分で」が、新興オイル交換業界の推進力になっている。ジフィー・ルーブは、ガソリンスタンドやディーラーからビジネスを奪っただけでなく、消費者の手からもそれを取り上げようとしている（これまで、オイル交換の半分以上はドライバーが自分でやっていた）。

共稼ぎ世帯が増え、修理工場の数が減り、熟練整備士がいるガソリンスタンドが減りつつある中で、素早いオイル交換を提供するこの業界の未来は明るい。

「セグメント」「専門化」「分離」……、呼び方はいろいろだが、これが今日のビジネスの実態だ。業界は統合しない。どんどん専門化し、新たな業界が出現し、そこにトップとそれに続く企業が生まれる。成功のカギは、独立しつつある分野を感知し、その分野で最初にビジネスを興すことにかかっている。そして、消費者の心に浸透するブランド名をつけるのだ。

オイル交換専門業の特徴とは何か？　素早いサービスだ。業界トップのジフィー・ルーブは、このコンセプトを完全に我がものにした。

保険代車にフォーカスして成功したエンタープライズ

レンタカー業界のトップはハーツだと誰もが知っている。だが、二位は？　エイビスではない。エンタープライズ・レンタカーだ。一九九四年の売上は、ハーツが二一億ドル、エンタープライズが一八億五〇〇〇万ドル、エイビスは一七億ドルだった。

二位のエンタープライズは、二三万台のレンタカーを所有している。ハーツの二一万五〇〇〇台よりも多い。事業所数もハーツより多い（エンタープライズは二〇〇〇、ハーツは一一七五）。エンタープライズは、売上はエイビスより多く、所有車数はハーツより多いのだ。

これを可能にしたのが、「専門化」だった。エンタープライズは、保険代車に特化した。売上の三分の二は、ハーツ不在の市場、すなわち車が故障したり盗まれたりした人々へのレンタルによって稼ぎ出されているのだ。

保険代車にフォーカスした同社は、テレビCMを減らし、そのぶん保険代理店と損害査定人を接待し、客をまわしてもらった。こうして、委託ビジネスの道も拓けたのだ。

エンタープライズは、車のディーラーや修理工場、整備工場とも緊密な関係を維持している。ディーラーの敷地内に、ブースを借りていることもある。客をまわしてくれる担当者には、朝食を届けることすらある。CEOのアンディー・テイラーは、冗談めかして「我々の最も重要な販促ツールは、ドーナツです」と言う。

ハーツやエイビスが、地代の高い空港や繁華街に事業所を置きたがるのに対し、エンタープライズは、地代の安い商店の店先や商店街の中に事業所を置く。また、半年で新車に買いかえたりせず、最低一年半は使う。

エンタープライズの数字は、別の読み方もできる。

売上の三分の二は保険代車から、残りは従来型のレンタカーからだとしたら、チャンスはどこにあるか？ 保険代車市場ではすでに圧倒的首位を占めているが、従来型レンタカー市場では小さなシェアしかない。もし従来型レンタカーのシェアを二倍にできたら、ハーツを上まわれるのではないか――、これこそ幾度となく繰り返された罠である。

簡単に収益の上がる保険代車市場から、簡単には収益の上がらない従来型レンタカー市場へ資本を移せば、全体の収益に損害が出る。ビジネスとは、シーソーのようなものだ。どちらか一方に力を加えれば、もう一方は浮き上がる。あるいは、ビジネスとは政治のようなものだ。右派に傾けば左派の票を失い、左派に傾けば右派の票を失う。

これは単なる理論上の話ではない。自社のシェアが低いビジネスを拡大しようとすると、企業は例外なくフォーカスを失い、逆にもっとシェアを減らす。ただし、それはゆっくりと進む。なぜなら、得意客が「あの会社は市場拡大を優先して、私たちの利益をないがしろにしている」と気づいて離れていくまでには、多少の時間がかかるからだ。

「ビジネス」にフォーカスして成功したLDDS

全米四位の長距離電話会社LDDSコミュニケーションズも、鋭くフォーカスして成功した企業である。

同社は、売上三二億ドル、市場シェア五%だが、AT&TやMCI、スプリントなどと違い、家庭用固定電話からの収益は五パーセント以下。ほとんどがビジネス向けなのだ。だから、AT&TやMCIに対抗するようなテレビCMも打つ必要がない。

この会社の成功のカギは、単に専門化しただけでなく、それを言葉でも表現できた点にある。成長する市場を開拓するには、顧客や一般消費者にインパクトのあるメッセージを伝えられなければならない。

LDDSの営業マンが会社を相手にセールスする際に発する「ビジネス」という言葉には、パワーがある。相手は、LDDSのようにビジネス用に特化した会社なら、特別料金やサービス、割引などがあるだろうと考える。

自社の中核となる顧客を言葉にすれば、強力な市場ができるのだ。たとえば、アメリカ中西部だけで販売しているなら、その製品を「中西部の誇り」と銘打ってみる。これだけで、地元での吸引力が増すだろう。

コンパックとパッカードベルの勝因

フォーカスの力を確認したいなら、PC業界を観察すればいい。初期の頃、PCといえばすなわち家庭用であり、アップル、ラジオシャック、コモドア・ペットなど、市場で優位にあるブランドは各家庭に広く浸透していた。だが、市場は変化した。ビジネスパーソンがホームPCを購入し、それを会社の規則に違反してまでオフィスに持ち込むようになったのだ。

IBMは、一九八一年にPCを導入した時点では、しっかりフォーカスしていた。他社が家庭用とオフィス用の両方に手を広げる中にあって、オフィス用だけを提供、当然ながら大成功を収めた。一九八三年にはナンバー1ブランドになり、市場シェア二一%を獲得した。しかしその後、家庭用の「PCジュニア」を導入し、大失敗した。

メインフレームからソフトウェアまでフォーカスを広げているIBMは、早晩、PC市場における立場が危うくなるだろう。フォーカスしたライバルの出現も、これに追い打ちをかけるはずだ。

たとえばコンパック。オフィスPCにフォーカスした同社は、ワークステーションにもソフトウェアにもホームPCにも手を出さない。

この会社は、もともと高級志向の顧客をねらって、「コンピュータ業界のベンツ」を目指していた。理論的にはなかなかよい戦略だったが、たとえ高品質でも高い金を出す人は少なかった。コンピュータは寿命が短いからだ。自動車なら一〇年以上乗れるかもしれないが、コンピュータは三年もすればもっとスペックの高い機種に取って代わられる。ジャンクになりうる商品に大金は出せないというわけだ。

そこでコンパックは価格を下げはじめた。と同時にIBMの調子も下がりはじめたのだ。コンパックは、二年間で市場シェアを五％から一四％に拡大し、業界トップに立った。

現在、PCメーカーで最も急成長しているのは、パッカード・ベルである。コンパックがオフィスPCで実践したことを、パッカード・ベルはホームPCで実践している。同社は、ホームPCだけにフォーカスすることで、市場の約五〇％を支配した。IBMやコンパックでさえ、オフィスPC市場でこれほどの勢いは出せなかった。

フォーカスを絞ることで、強いブランドがつくれる。万人を満足させる必要がないから、デザインやパッケージ、価格や流通の面でも妥協せずにすむ。

パッカード・ベルは、家庭用に特化し、CD－ROMドライブやスピーカーが搭載されたPCを初めて売り出した。ソフトウェアもインストール済み、ナビゲータープログラムがあるので、誰でも扱いやすかった。

同社はまた、パソコンマニアの間で「計算ミスをしやすい」とバカにされていたペンティアム製のチップにも飛びついた。現在、パッカード・ベルの売上の約半分は、ペンティアム搭載機だ。ホームPCの購入者は、たぶんペンティアム以外のチップの名前は聞いたことがない。

雑誌「PCワールド」が九万六〇〇〇人を対象に行った調査によれば、パッカード・ベルの製品の信頼性は平均的であり、顧客サービスは四二ブランド中最下位だった。だが幸運なことに、同社の一番の顧客は一般消費者であり、PC雑誌を読むようなマニアではない。

直販にフォーカスして成功したデルとゲートウェイ

あらゆる製品を扱うフルラインのメーカーの経営者を、専門化志向へと改心させるのは至難のわざだ。彼らは言う。「何だって？　我々のビジネスの一部をあきらめろというのか？」。そのとおり。ビジネスの成功の秘訣は、犠牲から始まるのだ。創業間もない企業は、この秘訣を素早く把握するが、いったんフルラインの果実を味わった経営者は、「フォーカスすることは後戻りすること」と思ってしまう。経営陣は、売上が小さくなることには何にせよ抵抗する。

しかし、成功に必要とされているのは、フルラインではなくフォーカスだ。フルラインによっても達成可能だが、それはどこかで犠牲を払っている場合に限る。

たとえば流通。PC市場でかなりのシェアを占めるデル・コンピュータとゲートウェイ2000は、どちらもフルラインのメーカーだが、小売流通部門と営業部門をカットしている。直販にフォーカスし、流通経路をひとつにすることで、大きな収益を上げているのだ。

PCの直販に最初にフォーカスしたのは、デルだった。二四時間受付の無料電話で注文をとり、販売員には手数料を払う。小売店の設置を省略することで、IBMの約四割の値段で売ることができた。

しかしその一方で、事業のフォーカスを失う間違いも犯した。一九八八年に顧客サービスの拡大のためと称して営業部を設置し、一九九〇年には、コンピュータ販売チェーンのソフト・ウェアハウス・スーパーストア（現・コンプUSA）の通販での販売を受け入れ、小売市場に参入したのだ。翌九一年、オフィス用品チェーンのステイプルとも同様の取引を開始、九三年には家電チェーンのベスト・バイでの店舗販売も始めた。だが結局、九四年に突然「今後は店頭販売をしない」と一八〇度方向転換の発表をした。

デルが流通戦略で揺れ動く間に、ゲートウェイは直販にフォーカスしつづけた。今日、ゲートウェイの年間売上は二〇億ドルに達し、デルと互角の勝負になっている。

もし、コンピュータ大手（IBM、コンパック、アップル、ディジタル・イクイップメント）がPCの直販に乗り出したらどうなるか。たぶん事態はたいして変わらない。他業界でも、小売流通経路を持つ大手ブランドの直販は、大きな成果を上げていない。現在、ゲートウェイとデルが通販ビジネスの四七％を獲得しているが、通販の成熟とともに、彼らのシェアがさらに伸びる可能性は高い。

フォーカスは、どんなことからでも始められる。またそのフォーカスは、必ずあなたのビジネスの推進力となる。

「通販」も、フォーカスのひとつである。一般に、製品知識がある人ほど通販を利用する。だから、ゲートウェイとデルは高級モデルにフォーカスすることができたのだ。通販なら、売れるかどうかわからない在庫を抱え込んだりせず、注文に応じて生産できる。コンパックが一一〇日分の在庫があるのに対し、デルは三五日分しかない。

流通経路がひとつしかないというように、普通なら否定的に受け取られることが、実際には企業のフォーカスとなり成功要因となる。デルもゲートウェイも、強力なフォーカスがなかったら、一九七五年以来誕生しては消えていった何百というPCメーカーと同じ運命をたどっていただろう。

ユニークな流通にフォーカスしている企業の代表格は、アムウェイだ。同社は信じられないほど幅広い製品を扱っている。家具、鞄、オーディオ、腕時計、百科事典、健康・美容補助食品、ホームケア製品……。一歩間違えば破滅への道になるところだ。だが、ここには強力なフォーカスがある。それが、「マルチレベル・マーケティング」である。同社の製品は、世界約六〇ヶ国で、二〇〇万人以上にのぼる独立したディストリビューター（代理人）を通して売られているが、彼らディストリビューターたちは、自分の売上だけでなく、自分がリクルートしたディストリビューターの売上からも、手数料を取れる仕組みになっている。

規模拡大は慎重に

皮肉なことに、往々にしてダメな企業よりも成功した企業のほうがフォーカスをし直し、さらに利益を得る。人も企業も、一度成功すれば、「自分たちは何をやってもうまくいく」という自信が生まれ、新たなことにも意欲的に取り組める。逆に失敗続きだと、何をやってもうまくいかないと絶望してしまいがちだからだろう。

フォーカスは、他のどんな戦略よりも、企業を高みへと押し上げてくれる。しかし、なかなか実行に移せない。うまくいっているときはそのままでいいと思ってしまうし、うまくいっていなければあれやこれやといくつもいじくりまわしてしまうのが、人間の性だからだ。

経営陣のなすべきことは、うまくいくことをひとつ見つけ出し、そこにフォーカスして、全社一丸となってそれに邁進することだ。

オレゴン州ポートランドのビール会社、ウィドマー・ブリューイングの例を見てみよう。同社は、毎年五〇～六〇％の成長を遂げている。ドイツスタイルのビール八種とドラフト・ルートビアを製造しているが、売上の八割は「アメリカン・オリジナル・ヘフヴァイツェン」という名の小麦ビールだ。少し濁った金色で香り高いこのビールは、ポートランド名物である。レモンスライスを一切れ加えると、色も味も変化する。ウィドマーは、鉱脈を掘り当てたのだ。

当然、次のステップは他のビールをラインナップからはずし、ヘフヴァイツェンに絞ることだ。そして、ヘフヴァイツェンでアメリカ全土を席巻することだ。言いかえれば、小さな市場でフォーカスを広げるのではなく、大きな市場でフォーカスを絞り込むということだ。アメリカのバーやレストラン、スーパーには、ドイツスタイルのビールを何種類も揃える余裕などない。だが、他と違う「ユニークな小麦ビール」一種類なら加えられる。

しかし、ウィドマーはこうした策をとりそうにない。他の多くの企業同様、フォーカスよりも成長、利益よりも規模の拡大、専門化よりも多角化を考えている。

規模の拡大は、必ずしも成功や利益に結びつかない。全米最大規模の「企業」は、従業員七〇万人を抱える米国郵政公社だが、過去一〇年間、売上三六八〇億ドルに対し、五億ドル以上の赤字である。資本調達が楽なうえに独占状態だったにもかかわらずである。もし、ビル・ゲイツが郵政公社を運営していたら、赤字の大部分を穴埋めできる金を稼ぎ出しただろう。

だが、企業の最高幹部たちは、規模拡大という妄想にとりつかれている。元財務長官のW・マイケル・ブルーメンソールは、一時、売上五〇億ドルのコンピュータ会社、バロウズ・コーポレーションを経営していたが、「他の市場なら、我が社は怪物のごとき巨大企業だと見なされるでしょう。しかし、メインフレーム分野では、象を目前にしたウサギ同然なのです」と語った。そして、スペリー・コーポレーションの買収に乗り出し、一九八六年六月に二社は合併、社名をユニシスとした。

ユニシスは、「一プラス一＝一・五」タイプの合併の典型だ。合併前、バロウズは金融業界で強力な立場を維持していた。現在でもユニシスは、世界の大手銀行五〇行のうち四一行で小切手処理業務を請け負い、世界の小切手の半分を処理している。だが、合併前の九年間、バロウズの総売上は二九五億ドル、総純益が一九億ドルだったのに対し、合併後の九年間、ユニシスの売上は七二九億ドルで、総純益は四億九四〇〇万ドルのマイナスとひどい数字だった。これでは、ユニシスも郵政公社と同じ類の組織と言わざるを得ない。

企業は、自社の得意分野から離れないかぎり損はしない。

例として、全米最大の鶏肉メーカーで、市場シェア一八％を獲得しているタイソン・フーズを見てみよう。

ドン・タイソン会長は、同社の客の半数が、鶏、牛、豚、魚、七面鳥のすべてを提供する企業を求めていると言い、一九九二年、二億四三〇〇万ドルで全米最大の漁業会社アークティック・

アラスカを買収した。その二年後には、自社の立て直しに二億一四〇〇万ドルを投入。そのうえさらに、養豚場、豚肉加工工場などに一億ドルを投じ、豚肉市場にも参入しようとした。

実は、同社の売上と利益の四分の三は、主力事業の鶏肉分野から上がっている。鶏肉業界では絶好調で、日本向けの米国産鶏肉の七〇%は同社が販売していた。

マクドナルドと組んでマックナゲットを、KFCと組んでロティスリー・ゴールドを開発したのもこの会社だ。こうした独自のチキンメニューは、ファストフード各社が世界進出する際に大きな力となる。過去数年間で、タイソンの粗利益率は一九%、業界平均の約二倍に達している。

では、なぜ鶏肉に一本化しないのか？　同社のキャッチフレーズ「食卓の中心となるタンパク質を」に惑わされているのだ。役員会では素晴らしいフレーズに聞こえるだろうが、賢明な策ではない。消費者が「あらゆるものを提供してくれる会社があればいいのに」というのは、言ってしまえば単なる口癖のようなものだ。真に受けて実現しても、うまくいくことはない。

ためしに、IBM製品の愛用者に、「どうしてPC製品をすべてIBM製にしないのですか？」と聞いてみればいい。理由を説明できる人などまずいない。「あらゆるものを提供してくれる会社があるといいのに」という言葉の裏には、「どれも同じだから」という本音が潜んでいる。

タイソンは、鶏肉業界の王者であり、品質、価格、サービス、技術革新のどれにおいてもリーダーだと評価されている。だが、もし「食卓の中心となるタンパク質」をフルラインで提供する企業になれば、評価は大幅に下がるだろう。「タンパク質供給会社」という中途半端なイメージの会社に成り下がってしまうだけだ。

メーカー、保険、医療分野も、フォーカスで成功

フォーカスを絞って損することはない。

一九九二年、ヨルマ・オリラは、フィンランドのコングロマリット、ノキアの会長に就任した。当時、同社はテレビの受像管からトラックタイヤ、トイレットペーパーまで、あらゆる製品を手がけていたが、年間一億四〇〇〇万ドルもの赤字を出していた。そこでオリラは、トイレットペーパーメーカーなど数十社を売却し、携帯電話にフォーカスした。その結果、同社はモトローラに次ぐ世界第二位の携帯電話メーカーに成長した。ヨーロッパではトップである。低迷していたフィンランドの会社が、今や前途洋々だ。

保険業界にも一筋の光が差しはじめている。「ニューヨークタイムズ」は、「巨大保険会社にあらゆる保険を求める時代は終わった」と書いたが、エトナ保険の経理担当重役ウォルター・フィッツギボンも、同様の発言をしている。「全米五〇州であらゆる保険の販売を目指した時代もあった。だが、今は違う」

先頃エトナは、動産および損害保険部門をトラベラーズ・グループに四〇億ドルで売却し、健

康保険と生命保険にフォーカスした。この業界では、フォーカスした会社の多くが成功している。A・L・ウィリアムズは、掛け捨て保険にフォーカスして成功した。サンアメリカは年金保険で、プログレッシブは自動車保険にフォーカスして成功した。

他の業界の経営者も、専門化がもたらす力を認めつつある。世界的な巨大医薬品会社グラクソPLCのトップを務めたバーナード・テイラーは、一九九〇年に同社を退職し、まだ創業して四年というイギリスの医薬品会社メデヴァPLCに移った。彼には、大企業が売上が低すぎるという理由で手放した医薬品やワクチンを買い取れば成功する、という確信があった。

どんな薬でもよかったわけではない。インフルエンザやぜん息など、気管支疾患の薬に絞って買い集めたのだ。「ターゲットをごく少数の疾患に絞れば、我が社の営業マンは、その疾患を担当する医師に集中してセールスできる。それに、あれもこれもと勧めるより、種類を絞ったほうが営業もうまくいく」とテイラーは説明した。

この戦略は正解だった。一九九四年、メデヴァの売上は前年比三〇%増の約四億ドル、課税前収入は九〇〇〇万ドルに達した。テイラーいわく、「メデヴァは、医薬品会社の新しい形を実現したのです」

どんな企業にも、同じようなチャンスはある。ビジネスパワーは、製品や工場が生み出すわけではない。会社のあり方やイメージを考えるところから生まれるのだ。何でも屋より、専門家としてフォーカスした企業のほうが、ずっと強い企業イメージを築ける。

サリック・ヘルス・ケアは、ガン治療にフォーカスし、病院内で二四時間ガン治療センターを運営している。このセンターでは、患者の都合で受診時間が決められる。夜でも週末でも治療を受けられるのだ。売上は急速に伸び、一九九四年には売上一億三二〇〇万ドル、純益一〇〇〇万ドルになった。

クオンタム・ヘルス・リソーシズは、血友病治療にフォーカスした。五年間で売上四〇〇万ドルから二億ドルに成長し、売上に対する純益率は平均八％になった。また、サーナーは、医療情報をデジタル化して、コンピュータ画面に表示するサービスを手がけ、五年間で売上が三倍、一億五五〇〇万ドルになった。

病院でさえ、専門化が進んでいる。一〇年前、地域の総合病院だったニューヨーク州のサン・フランシス病院は、「心臓病専門病院」に路線変更し、素晴らしい成果を上げている。「ベッドは常に空きがない状態です。昨年の充床率は一一四％でした」と、病院長のパトリック・スコラードは語る。

その近隣にあるセント・チャールズ病院は、リハビリにフォーカスしている。病院長のバリー・ジーマンは、「ニューヨークでは、ベッド数を減らして管理の行き届いたケアが求められていると感じていました。ロング・アイランドには、リハビリ用の入院施設が切望されていることもわかっていました」と話す。同病院は現在、ロング・アイランドで最大のリハビリ施設だ。七五〇〇万ドルをかけて増築し、ベッドを一〇〇床近く増やすという。

教育界、法曹界のフォーカス力

フォーカスの重要性は、教育界も例外ではない。アメリカでは、教育はヘルスケアに次ぐ大規模ビジネスだ。教育関連支出は二七〇〇億ドル近くにのぼり、GDPの四%に達している。

教育界には専門家が少なく、何でも屋がはびこっている。たとえば単科大学の学長の多くは、自分の大学を総合大学にして総長になることばかり考えている。学部レベルの専門教育機関は、数えるほどしかない。ざっと挙げても、音楽のジュリアード音楽院、デザインのロード・アイランド・スクール・オブ・デザイン、ファッションのファッション・インスティテュート・オブ・テクノロジー、起業家養成のバブソン・カレッジくらいだ。中には、ジョンズ・ホプキンス大学の医学部のように、偶然が重なった結果、専門分野で高い評価を得ている大学もあるが、同大学でも、新入生のうち医学部に進むのは二九%にすぎない。

大学院には、専門分野で世界的名声を得ているところもある。有名なところでは、金融のウォートンやマーケティングのケロッグがあるが、これらもほとんどは偶然のたまものだ。教育機関は、もっと意識的にフォーカスして、世界的名声を得る努力をすべきだろう。

フランスの欧州経営大学院《インシアード》などは、見習うべき好例だ。ここは、三五年前に国際ビジネスのマネジャー育成にフォーカスし、世界的名声を築いている。毎年二〇〇人もの企業のリクルーターが、こぞってここの卒業生の獲得を目指し、平均初任給七万五〇〇〇ドルの仕事を提示している。

アメリカでも、アリゾナ州のアメリカン・グラデュエイト・スクール・オブ・インターナショナル・マネージメントというマネジャー養成大学院がある。別名「サンダーバード」と呼ばれる非営利教育機関の同校は、過去五年間で売上が九〇〇%も伸びた。しかしアメリカには、こうした専門教育機関は数えるほどしかない。二〇〇〇校以上の大学が、ジェネラリストを志向している。これまでは需要拡大の恩恵を受けてやってこられたが、もう限界だ。今後は、大学間の競争が厳しくなり、教育機関の専門化が進むだろう。商品やサービスの市場では、起こるべくして起こることだ。

法曹界でも、ゆっくりと専門化が進行しつつある。かつてはどこも総合法律事務所、つまり、どんな案件でも引き受けていた。だが今では、小さな田舎町以外は専門化している。事故、破産、ビジネス、雇用、婚姻、社会保障、税金……、どの法律事務所も何らかの分野を専門としている。

スカッデン・アープス・スレート・ミーガー&フロムは、八〇年代のバブル期に一世を風靡《ふうび》したニューヨークの法律事務所である。シニア・パートナーのジョセフ・フロム率いるこの事務所は、八〇年代には大型買収案件をいくつも手がけた。給与の手取額もけた違いだった。一九八九年、パートナー一人あたりの利益は、年間一二〇万ドルに達していた。

フロムは常々、「稼いだ金を投入して、フル・サービスの法律事務所にしたい。いかれていると思われるかもしれないが、それが私の夢なんだ」と語っていた。そして、夢を追って一五都市に事務所を設置し、多分野を手がけるようになった。海外にも、四年間で九ヶ所も事務所を開いた。こうして、一九八五年に五二六人だった弁護士が、一九九〇年には約一〇〇〇人になっていた。

しかし、利益は規模拡大とともに低迷した。一九九三年、パートナー一人あたりの利益は六九万ドルに減った。最大の打撃は、買収関連案件の減少だった。

スカッデン・アープス事務所は、「今日はリンゴが二個ある。明日オレンジを一個手に入れたら、果物は三つになる」と考えていた。しかし現実は、そうはいかなかった。まず規模の計算を誤った。八〇年代半ば、ここには約五〇〇人の弁護士がいて、手がける案件の三五%は買収ビジネスだった。九〇年代初期になると、弁護士の数はほぼ二倍になったが、買収案件は全体の二〇～二二%に減った。広い範囲にアピールしようとすると、往々にして主力ビジネスにおけるフォーカス、そして売上を失う。リンゴ二個とオレンジ一個を足しても、種類としては二つのままなのだ。

同事務所のパートナーたちは、さらなる痛手も被《こうむ》った。原因は、長年のライバル、ウォクテル・リプトン・ローゼン&カッツ法律事務所の躍進だった。この事務所は、買収案件にフォーカスしつづけ、規模もそのままだった（事務所は二都市のみ、弁護士数は一〇三人）。利益率はずっとハイレベルを維持した。パートナー一人あたり利益は、スカッデンが六九万ドルまで落ちた年、一三五万ドルだった。

映画スターでさえフォーカスが効く

ウォールストリートと同じことは、ハリウッドでも起こりうる。同じような役を繰り返し演じる俳優が大スターになるのだ。BMWが「究極のドライビング・マシン」だとしたら、ジョン・ウェインは「究極のマッチョなカウボーイ」、マリリン・モンローは「究極のセックス・シンボル」、そしてクリント・イーストウッドは「究極の物静かな男」である。

要するに、ハリウッドの大スターも、しっかりフォーカスを絞っているのだ。自分らしい役を演じていれば、仕事内容もシンプルだし、大金を稼げる。かつてサラ・テイラーは、娘のエリザベスにこう言った。「舞台女優はいつも食うや食わずだけれど、映画スターは何でも自分のものにできるのよ」

ハンフリー・ボガードはハンフリー・ボガードを演じ、キャサリン・ヘップバーンはキャサリン・ヘップバーンを演じた。ケーリー・グラントも、フレッド・アステアも、往年のスーパースターはみんなそうだ。フォーカスが、彼らをトップに押し上げ、そのおかげで彼らは、トップに君臨しつづけられたのだ。

次世代のスーパースターも、ウェインやモンロー、ボガード、ヘップバーン、アステア、グラントらと同じ道を歩んでいる。自分らしい役を演じることで、大スターになろうとしているのだ。シルベスター・スタローンとアーノルト・シュワルツェネッガーは「究極のタフガイ」だし、ブルース・ウィリスは「究極の生意気な男」、ジュリア・ロバーツは「究極のプリティ・ウーマン」だ。

マッチョなスターが、そうでない役を演じるとどうなるか？　シュワルツェネッガーは映画「ジュニア」で妊婦を演じ、スタローンは「刑事ジョー／ママにお手あげ」で臆病な男を演じたが、全くヒットしなかった。あるラジオのトークショーで司会者が言ったように、「ＡＫ―47を持っていないスタローン映画なんて、観たくないね」なのだ。

だが、誰もがそう思うわけではない。ハリウッドにも、ビジネス界と同じく、わざわざフォーカスを失う方向へ進みたがる性癖の持ち主がいる。演技の幅を広げたい、ファンを増やしたい、マンネリな役はやりたくない、というわけだ。こうしてメル・ギブソンは「ハムレット」に出てしまった。

大手事務所ウィリアム・モリスのアーノルド・リフキンは、自分の担当俳優であるブルース・ウィリスについてこう語っている。「ウィリスのイメージは固まり、ポジションも確立した。映画産業のお偉い方は、よろしくないことにウィリスを今のままで売りたいと思っている」。こうしてウィリスは、ウサギの着ぐるみを着て、予算七二〇万ドルの映画「ノース／ちいさな旅人」に出演した。

リフキンによれば、ウィリスは、ギャラがいつもよりずっと少なくてもかまわないから、違う種類の映画に出たいと考えているらしい。目的は明らかに、ファンを増やすことであり、単なる「タフで生意気な男」という役から脱皮することにある。ただの買収専門法律事務所では満足できないと考えた、スカッデン・アープス法律事務所を思い出さずにはいられない。

ハリウッド・スターでも、経営者でも、たったひとつの揺るぎない人格を維持しつづけるのは、とても難しい。いくつかの顔があってもいいではないかと考えてしまうのも無理はない。だが、人生においてもビジネスにおいても、注意深く取捨選択し、深く研ぎすまされたフォーカス以外に、成功への道はないのだ。

第10章
市場の変化に合わせてフォーカスする法

変化に逆らっては生き残れない

あらゆる企業の戦略は、技術、社会、トレンドなどの変化に足元をすくわれる。こうした変化を事前に読みとり、未来に向かって調整していくのが経営の極意である。

変化に合わせて企業も変われ、というのではない。問題を抱えている企業はどこも、十分な速さで変化に対応できていないと批判される。ＩＢＭ、ディジタル・イクイップメント、シアーズなどが、その古典的な例だ。しかし、彼らが間違えたのは変化のスピードではない。変化の方向だ。もしかしたら、急ぎすぎたために、どの方向に変化すべきか十分思慮していなかったのかもしれない。

技術の変化は、企業を激しいジレンマに陥れる。変化にあらがうか、それとも流れに乗るか——

――。ビジネス書をひもとけば、答えは一目瞭然だ。そこには、変化に抗したがために灰燼《かいじん》と帰した企業の逸話があふれている。変化が起こったら、戦略を調整するしかないのだ。

調整の方法には、次の五つがある。このうち四つは概して有効だが、ひとつはそうではない。①新旧両方に二股をかける。②完全に新技術に乗りかえる。③あえて旧事業にとどまる。④新しい名前に変えたうえで、完全に乗りかえる。⑤新旧の分野に別々の名前で参入する。

さて、変化に対処する際に、最も効果がない方法はどれだろうか？　順に見ていこう。

戦略調整法①新旧両方に二股をかける

これは、変化への対応策として最も人気があるが、実は最も効果のない方法でもある。こうも人気が高い理由は、わかりやすい。由緒ある対処法だからだ。「既存のラインと併行して新技術も導入し、どちらがいいか顧客に決めてもらおう」というわけだ。

経営陣は、製品の種類や選択肢を増やせば、顧客の利益になると考えたがる。この「フルラインの哲学」は、長年にわたって経営者に受け入れられてきた。一九六〇年にセオドア・レビットは、「ハーバード・ビジネス・レビュー」で「マーケティングの近視眼」という論文を発表し、「新旧二股戦略」の論拠を、次のように力説している。

「鉄道会社の成長が止まったのは、旅客や貨物輸送の需要が減ったからではない。需要は増えている。それなのに鉄道会社が今日苦境にあるのは、需要が鉄道以外の輸送手段（自動車、トラック、飛行機、あるいは電話）によって満たされたからだ。鉄道会社は、他の輸送手段が顧客を奪うのを放置していた。自分たちは鉄道ビジネスを手がけているのであって、輸送ビジネスを手がけているわけではないと考えていたからだ。では、なぜこのように業種の定義を間違えたのか。それは、彼らが輸送会社ではなく鉄道会社であることを望んだからだ」

この説によれば、一九三〇年代最大の鉄道会社にして、ニューヨーク証券取引所の花形銘柄だったニューヨーク・セントラル鉄道は、ニューヨーク・セントラル航空を興すべきだったことになる。もし、鉄道会社と航空会社の両方を経営したら、結果はどうなるか？　企業のフォーカスは失われる。

悪影響は、しばらくしてから現れる。はじめのうちはみな、「ニューヨーク・セントラルは素晴らしい企業だから、航空会社もきっと素晴らしいだろう」と考えるが、それは続かない。しばらくすると、乗客はスペシャリストに流れる。「空のことは、鉄道会社よりもアメリカン航空のほうが熟知しているはずだ」と。

こうした変化には、心理的側面も影響している。人は技術的変化を察知すると、企業やブランドを変えることに抵抗がなくなる。経済的変化でも同様だ。家庭の収入が大幅に増えると、より大きな家を買いたがるが、そのとき、たいていは同じ地域ではなく「より高級な」地域に引っ越していく。もし愛車がシボレーだったら、今度はシボレーの高級版ではなく、オールズモビル、ビュイック、その他より高級なブランドに買いかえる。

客は、買うものを変えようと思うと、会社も変えがちだ。技術的変化や経済的変化が起きたときは、とくにこの傾向が強まる。コピー機メーカーでPCを買おうとは思わない。安物腕時計メーカーで高級時計を買おうとは思わない。

過去と未来に二股をかけようとするのは、悲劇のもとだ。成功への道は、過去にも未来にもない。問題は製品そのものではなく、顧客のイメージである。しかし多くの企業は、第7章で述べたように、よりよい製品やサービスを開発することに問題解決の糸口があると考えている。それによって、品質競争には勝てるかもしれないが、心理競争には負けるかもしれない。

コピー機メーカーの雄だったゼロックスは、PCの急速な普及を目の当たりし、この事業に参入した。だがそのとき、名前を変えなかった。何十億ドルも投入したのち、同社は賢明にもコピー機事業へ戻った。もし新しい名前をつける勇気があったら、結果は違っていただろう（新旧事業に別の名前をつける戦略については、⑤を参照）。

実は、ゼロックスがPC業界に参入したのは、IBMより数ヶ月早かった。だから優位に立てるはずだったのだ。しかし、IBMの一大広告キャンペーンの陰に隠れてしまった。何より、ゼロックスはコピー機メーカーだと認識されていた。ユーザーは、コピー機メーカーがPCの何を知っているのかと思った。

イーストマン・コダックは、写真業界の雄であるが、市場はデジタルに移行している。かつては、八ミリや一六ミリフィルムの市場も大きかった。だが今ではそのほとんどがビデオテープになってしまった。

テレビCMは、フィルムで撮ってビデオで編集したのち配給する。ハリウッド映画もフィルムで撮るが、ブロックバスターなどではビデオでレンタル、販売される。テレビ番組の中には、今もフィルムで収録しているものもあるが、編集や放送にはビデオテープが使われる。ビデオでの番組収録は年々増えている。

抵抗の最後の拠点は、三五ミリフィルムだが、キヤノン、カシオ、ミノルタ、コダックなどのメーカーは、すでにデジタルカメラを導入している。従来のカメラは確実に時代遅れになっていくだろう。

新旧両方に二股をかけようとすると、どちらの市場でも勝者になれないことが多い。大きな溝を跳び越えようとするのと同じだ。片方の足を手前の地面においたままでは、向こう側にジャンプできない。コダックは、「従来型の写真」を意味するブランド名はそのままにし、「デジタル」を意味する別のブランド名をつけるべきだ。

ホンダは、高級車市場に参入したとき、ホンダ・ウルトラ、ホンダ・スーパー、ホンダ・オートモーティブ・サイエンスなどという名前はつけなかった。ホンダという名前は手元においたまま、アキュラという新ブランドを設立したのだ。同様に、トヨタはレクサス・ブランドを立ち上げた。

ディジタル・イクイップメントも、二股で失敗した。凋落のきっかけは、一九七〇年代後半のアップルIIとホームPCの台頭だった。

ディジタルは、PC市場を無視した。一九六五年に開発した「PDP―8」以来、「ミニコンピュータといえばディジタル」という定評を確立していたからだ。要するに、才能を過信したのだ。それに、せっかく開発した素晴らしい製品も手放したくなかったのだろう。

創業者で社長のケン・オルセンによれば、「PCなどというものは存在しない」。何年もの間、ディジタル社内では「PC」は禁句だった。しかしこの言葉はじわじわと浸透し、やがて彼らに襲いかかってきた。

オルセンは、「業界に先がけてオフィスPCを開発しましょう」という社内からの提案を、IBMのPC導入前に一一回も却下したという（そのうちの一回は、私も同席した。オルセンは「業界初になどなりたくない。IBMが先発しても、彼らのスペックを上まわる商品で追い越せる」と言った）。

その後、一九八二年五月になってようやく、ディジタルはPC製造に乗り出した。しかし、一機種ではなく、三機種（レインボー、プロフェッショナル、DEDメイト）だった。失敗は目に見えていた。明らかにフォーカスが欠如していたからだ。

人生と同じくビジネスでも、常に前触れがある。脚本家たちが言うところの「伏線」だ。ディジタルは、一九七五年一月に「MITSアルテア8800」を導入した後、一九八一年にIBMがPCを導入するまで、六年半にわたる絶好のチャンスを見送ってしまっていた。

自分の犯した間違いに気づくには多少の時間がかかる。ディジタルは、ミニコンピュータのVAXラインの人気のおかげで、一九八〇年代はおしなべて好調だった。しかし一九九〇年、売上は一三〇億ドルで収支はとんとん。さらにその後四年間は、五五〇億ドルを上まわる売上を出しながら、五〇億ドルの赤字になった。根本的な間違いは、金を失ったことではない。フォーカスを失ったことにある。

もうひとつの二股の失敗例は、アタリである。テレビゲーム界のパイオニアだったアタリは、PC業界にも進出しようとした。

フィリップモリスの元エース・マーケターで、一九八三年にアタリのCEOに就任したジェームズ・モーガンは、次のように話していた。「アタリといえば、テレビゲームの同義語になっている。PCを買いに来た人も、このブランド名を見るとテレビゲームを思い浮かべてしまう。このブランド名の強さは、弱さにもなりうる」。そして、これに対する解決法として、「イメージをつくり直し『家庭用電化製品』に拡大すべきだ」と語った。言いかえれば、新旧両方に二股かけるということだ。これでは決してうまくいかない。

アタリにとって、一九八〇年代は悲惨だった。一九九二年は、一億二七〇〇万ドルの売上に対し、七四〇〇万ドルの赤字。一九九三年は、二九〇〇万ドルの売上に対し、四九〇〇万ドルもの赤字だった。このままでは、もはや存続不可能だった。一企業がPC市場ではコンパックやアップルやIBMと戦い、テレビゲーム市場ではセガや任天堂と戦うなど無理なことだ。フォーカスし直すときだった。

一九九四年の同社年次報告書には、次のように書かれている。「我が社は、大手ライバル企業との競争が激化し、利益が減少しているPC分野から撤退し、インタラクティブ・メディア・エンタテインメント企業としてフォーカスし直すことにした」

とうとう、アタリはひとつにフォーカスした。しかし、すでにセガと任天堂の勢いが強くなっていた。遅すぎたかもしれない。もし、アタリがテレビゲームへのフォーカスを失わず、PCへと拡大したりしなければ、どんな展開になっていただろうか。

ポルシェは、フォーカスの威力を示す好例である。「ポルシェ911」は、唯一の六気筒空冷式リア・エンジン車だが、同社はこの他に、水冷式フロント・エンジンの分野にも着手し、四気筒では「924」「944」「968」を、八気筒では「928」を開発している。

当初、水冷式モデルは大成功を収めた。とくに比較的手頃な「924」「944」がよく売れた。「悪貨は良貨を駆逐する」という「グレシャムの法則」で知られるトーマス・グレシャム卿がもし経営コンサルタントだったら、「低額商品は高額製品を駆逐する」と言うことだろう。そしてまさにポルシェに、それが起こった。アメリカでポルシェの勢いが最高潮に達した一九八六年までに、その売上の六四％は、手頃な「924」と「944」が占めるようになっていた。「924S」が二万三九一〇ドルで買えるのに、わざわざ六万三二九五ドルも払って「911」を買う人はまずいない。

だが、グレシャムの法則は長くは続かない。安いポルシェは、しょせん本物のポルシェではないからだ。

ポルシェとは？　リア・エンジン、空冷式、そして「猛スピードで走る」スポーツカーだ。一九五〇年代なら「356スピードスター」が、現在なら「911」が、ポルシェを象徴する車である。ジェームズ・ディーンが「944」を運転したとは思えない。

ポルシェの購入者は、年を経るごとに本物、つまり「911」にフォーカスするようになった。現在、ポルシェの米国市場での売上の七七％は高価な「911」だ。ではなぜ、メーカーは「9

11」にフォーカスし直さないのか。答えはいつも同じだ。「我々は、他の車種が稼ぐ二三％の売上を切り捨てることはできない」

ビジネスの一部を切り捨てる余裕がある企業など、どこにもない。フォーカスする際には、何かを犠牲として差し出さなければならないのだ。

一九八六年、ポルシェはアメリカで「911」を八〇〇〇台以上販売していた。これは、売上全体の二七％にすぎなかったが、それでも「911」にフォーカスする意味は十分あっただろう。もしそうしていたら、同年の「911」の売上台数はどうなっていたか？　他の車種を購入した二万二三八七人の顧客のうちの何割かは、「911」を購入したはずだ。二〇〇〇台、三〇〇〇台、あるいは四〇〇〇台……、少なくとも計一万二〇〇〇台は売れただろう。

現在、ドル安の影響でポルシェの価格は上昇している（「911」ターボの「クーペ」が九万九〇〇〇ドルだ）。もし、ポルシェが「911」にフォーカスしつづけていたら、現在の販売台数四四七一の二倍は確実に売れていたと思われる。つまり、ポルシェ全体の販売台数五八一九台を大きく上まわっていたはずなのだ。

この推論を証明するすべはない。だが、フォーカスすると、短期間では売上が減少しても、長期的には増大するという証拠なら多数ある。逆にフォーカスを広げれば、短期間は売上が増えるが、長期的には減る。ここが、フォーカスをめぐる論議の要であり、フォーカスすることが極めて難しい理由でもある。たとえ長期的にはよい効果を生み、力を与えてくれるとわかっていても、売上高を減らすのは嫌だ――。この壁を超えねばならない。

劇的な技術変化が生じたとき、多くの企業は決断を迫られる。

通常の亜鉛炭素電池から、より長持ちするアルカリ電池へと移行したとき、エバレディは懐中電灯用電池（亜鉛炭素）とアルカリ電池の二股をかけた。一方、PRマロリーは、「デュラセル」というアルカリ電池のみに絞った。フォーカスしたこともさることながら、このネーミングが優れていた。そもそも、フォーカスとネーミングは関連している。フォーカスすれば、それだけパンチのある名前をつけるチャンスが増える。逆に、いくつもの製品を包括するブランド名は、おしなべて弱い。

エバレディという一ブランド名では、新旧両方の製品をカバーできないと悟ったエバレディは、アルカリ電池を「エナジャイザー」と名づけたが、遅すぎた。今では、エバレディの亜鉛炭素と「エナジャイザー」を合わせても、「デュラセル」の売上のほうが勝っている。

戦略調整法②完全に新技術に乗りかえる

変化に対応する第二の方法がこれだ。近い将来、新技術が旧技術にとって変わると確信が持てるなら、完全に乗りかえない手はない。

社員の気持ちに配慮し、彼らの心をフォーカスさせようとする場合も、この戦略をとることになるだろう。旧来の製品ラインを残していると、新製品に対する意気込みがそがれる。引き返したほうがいいのだろうか、と後ろ髪をひかれるからだ。

ヘルナン・コルテスは、一五一九年にメキシコのユカタン半島に上陸したとき、すべての船を焼き払って退路を断った。もう引き返せないとわかれば、兵士たちが必死で戦うだろうと考えたからだ。新技術に完全に乗りかえるなら、これと同じメッセージを社員に伝えねばならない。

フィリップモリスは、一九三七年にマールボロを女性向けタバコとして導入した。広告のキャッチコピーは「象牙色のタバコは、あなたの唇を守ります」「五月のようにマイルド」だった。しかし一七年経っても、マールボロの市場シェアは、〇・一%にも満たなかった。そこで、広告会社をシカゴのレオ・バーネットに変え、男性向けにチェンジした広告をつくらせた。女性はもういらない、マールボロは男性だけをねらっていく、と決めたのだ。

最初の広告キャンペーンでは、カウボーイを起用した。調査会社は、「今やカウボーイは国内に三〇〇〇人しかいない」と警告するレポートを持ってきたが、このキャンペーンはうまくいった。男性向けに衣がえしたマールボロブランドは、最初の年だけで二%のシェアを獲得、翌年には四%になった。その後もじわじわとシェアを伸ばし、一九七六年には、当時最も売れていたウインストンを抜いた。

ベル・スポーツは、かつてアメリカ最大のバイクのヘルメットメーカーだった。だが今は、バイクヘルメットから撤退し、自転車ヘルメットの専門メーカーになっている。同社のテリー・リーは言う。「乏しい資産を最大限に有効利用するには、カミソリのように鋭くフォーカスを絞り込む必要があったのです」。この決断によって、売上も利益も大幅に伸びた。市場シェアも五〇％を獲得した。一九九四年時点で、売上一億一六〇〇万ドル、純益一〇五〇万ドルである。

GAPは、若者向けの衣料メーカーだ。薄利多売の安売りジーンズメーカーから出発したが、手頃な値段で流行にも敏感なブランドへと変貌した。ただひとつだけ変えなかったのは、ターゲット層だ。GAPは、今も昔も若者にフォーカスしている。だが実際には、若づくりをしたい大人にも大量に売れている。売上は一〇年連続で伸び、今では三三億ドルにのぼる。過去一〇年で、純益は売上比七・三％になった。小売業としては特筆すべき成果だ。

チャンスがめぐってきたときに自問すべきは、「従来の業態に固執するか、それとも新たな業態に移るのか？」である。多くの企業が逡巡する。そして、今までの事業の確実性を手放すことなく新事業に手を広げようとし、最悪の成果をもたらす。新事業に飛び込む思い切りのよさがないうえに、旧事業の信頼も失ってしまうからだ。

新事業へ大胆に転換して成功を収めた企業例に、インテルがある。メモリチップの製造から、マイクロプロセッサの製造へと転換し、現在ではこの分野を支配している。しかしどの業界を見渡しても、これほど大胆に移行できる企業は多くない。

戦略調整法③あえて旧事業にとどまる

「変化は素早いほうが望ましい」という考え方は、経営神話のひとつである。しかし、企業は変化しつづけねばならないわけではない。

幾多の同業者の中で抜きん出た独自ポジションを築くには、「戦略的観点から、あえて変化に抵抗する」という方法もある。流行遅れの商品が逆に利点になることだってあるのだ。ジャック・ダニエルズのバーボン、リーバイスの501、ジッポーのライターなどがこれにあたる。

ジッポーは、「風が吹いても消えない」ライターだ。一九三二年、ペンシルヴァニア州ブラッドフォードのジョージ・ブレイスデルが発明した。これまでに三億個が販売されているが、今でもブラッドフォードのブレイスデル家が製造し、昔と変わらず永年保証をしている。「ジッポーのライターは、つかなくなったら無料で修理いたします」

ジッポーには、プラスチック製も銀製も金製もない。デザイナーが手がけたものもない。流行のブタンガスライターもない。最近のジッポーの広告にはこうあった。「常に変化する世界にあっても、私たちは変化しません。最も耐久性の高いライターを、どうして変えなければならないのでしょう?」

こうした姿勢でジッポーの売上が損なわれたことはない。たとえばこの八年間で、平均年間売上の伸び率は二〇%を超えている。

ビジネス界では、ジッポーのように、定評のある製品にフォーカスし、それを極めるのではなく、何か別の新しいものに手を出したがる傾向がある。すでに手中にあるドル箱を育てるよりも、新規事業に莫大な資金を投じて賭けに出たがるのだ。イノベーションを唱えつづけるコンサルタントの言葉を真に受けるのだ。こうして、「ニュー・コーク」やアップル社の「ニュートン」といった「人災」による大失敗がもたらされた。

クアーズも、同じ誤りを犯した。創生期の同社は、コロラド州ゴールデンの一工場で醸造する「クアーズ・バンケット」というブランドだけを、西部の一一州に出荷していた。他とは違う特徴(ドラフト)、それにユニークな原料(ロッキー山脈の自然水)が、このビールのウリだった。缶には、誇らしげに「アメリカのさわやかなライト・ビール」とあった。

一九七五年、クアーズ・バンケットは、出荷している一一州のうち一〇州で、ビール売上トップになっていた(例外はテキサス州だったが、この州は、どんなブランドでも手こずる)。また、西部のみでの販売だったにもかかわらず、売上は全米四位だった(一位バドワイザー、二位シュリッツ、三位パブスト）。

「ニューヨークタイムズ」は、このビールを「アメリカで一番シックなビール」と賞賛し、クリント・イーストウッドやポール・ニューマンのような有名人も好んで飲んだ。

しかしその後、クアーズは急速にフォーカスを失っていった。全米五〇州に販売を拡大し、キリアン、キーストーン、シュラーといった別ブランドを次々と導入したのだ。そこからさらにラインを拡大し、風味の異なるクアーズを次から次へと発売した。ライト・ビール、アイス・ビール、ドライ・ビール、レッド・ビール、エクストラ・ゴールド・ビール、ノンアルコール・ビール……。ビール界に何か新しい流行の兆しがあると、すぐに自社ブランドに取り入れていった。

製造も拡大した。一九八七年にヴァージニア州エルクトンに工場を設置したのだ。さらにまずいことに、この工場ではコロラドの水にヴァージニアの水も加えた。これは、クアーズの「本物のビール」という定評に打撃を与えた。一九九〇年には、ストローのメンフィス工場も買収した。

現在クアーズには、販売トップの州がひとつもない。地理拡大、製品拡大、生産拡大、ライン拡大と、あらゆる拡大戦略がクアーズを骨抜きにした。フォーカスの欠如が、クアーズを打ち砕いてしまったのだ。

クアーズのウリは、ビールそのものだった。二〇年ほど前、ミラーは「ライト革命」をスタートさせたが、クアーズはそのときすでにライト・ビールだった。地元の客たちは、クアーズを注文するとき、バーテンダーに「コロラドのクール・エイドをくれ」と頼んだものだ。

クアーズには、神秘的な雰囲気があった。勢いもあった。ヘンリー・キッシンジャーは、デンヴァーから東部に戻るとき、いつもクアーズを持っていった。

しかし、こうした利点を活かしたフォーカスができなかった。もしオリジナルのライトビールだけにフォーカスしていれば、全米ナンバー1のビールにだってなれる可能性を秘めていただけに惜しまれる。

戦略調整法④新しい名前に変えたうえで、完全に乗りかえる

このタイプの変化の典型が、ハロイド・カンパニーだ。ニューヨーク州ロチェスターの小さな写真現像紙メーカーだったハロイドは、チェスター・カールソンが発明した「電気写真技術」の権利を買った。そして一九五八年、初の普通紙コピー機「914」の発売に備え、ハロイド・ゼロックスと社名変更をした。その後一九六一年に再び改名、ゼロックスになった。

もし社名変更を一度で済ませていれば、もっと安く簡単だっただろうが、たいていの企業は、これまでの社名の確実さを手放し、先行き不透明な新社名に変えるのを嫌がるものだ。

しかしフォーカスの視点からすれば、中途半端な社名変更は、不必要なばかりか、企業イメー

ジをもあいまいにしてしまう。元の名前にとどまるか、思い切って新社名に変えるか、どちらかにすべきなのだ。どっちつかずは誰のためにもならない。あらゆる人を混乱させるだけだ。

ゼロックスと同じ道を歩んだのが、パワーソフトだ。創業は一九七四年、ミッチェル・カーツマンが、コンピュータ・ソリューションズという社名で始めたコンサルティング会社だった。同時に、ヒューレット・パッカードのコンピュータ「HP3000」用の経理ソフトも開発していた。しかし、ヒューレット・パッカードが「HP3000」を縮小・廃止したので、新たなフォーカスを模索しはじめた。そして、現社長であるデイヴィッド・リトワックとCEOカーツマンは、クライアント・サーバー・ソフトウェア・ツールに集中することにした。

一九九〇年、初のクライアント・サーバー・アプリケーション・ツール製品である「パワービルダー」の導入に備えて、コンピュータ・ソリューションズは社名をパワーソフトに改めた。「パワービルダー」は順調に売れ、一九九三年には株式を公開した。翌年、サイベースがパワーソフトを買収。当時の株式総額は九億四〇〇〇万ドル。戦略の軌道修正は、悪くない見返りをもたらしてくれた。

経営者の多くは、社名変更は難しいと思い込んでいるが、正しい手順を踏めば、簡単に達成でき、素晴らしい成果ももたらしうる。

一九七一年一〇月、ワーナー・アーハードは、サンフランシスコのマーク・ホプキンス・ホテルで、「ｅｓｔ（アーハード・セミナーズ・トレーニング）」という自己啓発セミナーを開催した。まもなく、ｅｓｔは人気を呼び成長したが、一九九〇年初頭に幕を閉じた。新聞が「アーハードはとても暴力的で、妻や子供を虐待している」と詳細に報じ、ＣＢＳの報道番組「60ミニッツ」も、虐待疑惑を取り上げるというスキャンダルが発生したからだ。本人は否定したが、評判は地に落ちた。人々は「もはやアーハードも会社も救いようがない」と思った。

だが、これで終わりではなかった。社名はたたきつぶされたが、会社自体は生き延びたのだ。「60ミニッツ」の放映前に番組内容をつかんだアーハードは、自社資産をある元社員に売り、自分はコスタリカに移住、そこで新社名で起業したのだった。それがランドマーク・エデュケーション・コーポレーションだ。

今日、ランドマークは世界に四〇支社を抱え、年間売上は約四億ドル。毎年六万人が同社の自己啓発プログラムに参加している。ランドマークは、かつての会社より大きくなった。社名を変えることには、これほどの効果がある。広報面で重大な問題が生じた場合は、改名以外の解決策はないほどだ。

反対に、名前を変えずにフォーカスを変えようとすると、難題にぶつかる。ナショナル・キャッシュ・レジスターがいい例だ。同社は、かつてレジ市場で九〇％ものシェアを持っていた。だが、レジもタイプライター同様小型コンピュータにとって変わられた。そこで一九七四年、コンピュータ事業に参入したが、社名はNCRとしただけだった。

このように、イニシャルに変えるだけでは、真の意味での社名変更にはならない。NCRだと、多くの人は今までの「ナショナル・キャッシュ・レジスター」を思い浮かべてしまう。この場合、新社名には「コンピュータ」を思わせる名前が必要だった。ナショナル・コンピュータ・カンパニー、またはNCCとするのが一番簡単だ。NCRは、時代遅れな製品と時代遅れな名前から抜け出せなかったのだ。

しかしその後、ATMというニッチな市場を開拓したおかげで、海外進出も果たした同社は、売上の半分を海外から得るほどに成功した。そして賢明にも、メインフレーム事業から撤退した。


戦略調整法⑤新旧の分野に別々の名前で参入する

既存事業は手放せないが新規事業にも参入したいというのなら、別々の名前で展開するのが最善策だ。

リーバイ・ストラウスは、年間売上が五〇億ドルを超える世界最大の衣料メーカーである。その企業理念には、リーバイスという名前への信頼がうたわれている。「リーバイ・ストラウス社の使命は、リーバイスというブランドの下、ジーンズと上質なカジュアル衣料を売り出し、収益の高い、責任ある事業を維持することだ」

しかし近年、同社に最も成功をもたらしたのは、リーバイスではなくドッカーズだ。一九八六年にカジュアル衣料として導入したこのブランドは、全米だけで一〇億ドル（卸売り価格）に達している。チャンスをもたらしたのは、職場の服装のカジュアル化だ。小売コンサルティング会社のNPDグループによれば、ほぼ九〇％の人が、何日かはカジュアルスタイルで出勤している。また、会社員の七四％は職場でカジュアルスタイルを許可されている他、カジュアル・フライデーの導入もはやっている。

こうした流れの中で、同社は「リーバイスという名前では、ブルー・ジーンズの印象が強すぎて、カジュアル衣料は売れない」と判断した。それを裏づける事実が過去に複数あったからだ。

一九七九年、同社は一大スポーツ衣料メーカーを目指して「リーバイス・アクティブウエア」という新ラインを導入し、スキーウエアやトレーニングウエアを売り出した。だが三年後、売上はわずか九〇〇万ドルにしかならなかった。一九八〇年代半ばには、「リーバイス・アクション・スーツ」と銘打って、紳士用スーツ事業に進出したが、この新ラインもぱっとせず、すぐ撤退するはめになった。その後も靴、帽子、バッグに手を出したがどれも失敗。「ビジネスウィーク」は、「経営陣は、リーバイスというブランド名を過信している」と書いた。

名前はパワーを生む。だがそれは、信頼性を得ているジャンル内での話だ。そこを離れてフォーカスを失えば、名前もまた力を失う。ひとつのブランドの下で多数の製品を扱えば、フォーカスは失われ、力も失せてしまう。

ロレックスは、より手頃な値段の腕時計を発売したとき、その商品にロレックス・ジュニアなどという名前はつけず、チュードルという別の名を与えた。

アップルコンピュータは、アップルⅡのラインで、ホームPC市場に盤石の地位を築いた。だが、オフィスPC市場に進出する際には、アップルではなくマッキントッシュという別のブランド名をつけた。

新旧の両分野に参入するには、別々の名前が必要なのだ。

第11章

「分割」で業界トップに躍り出る

スピンオフの時代がやって来た

数十年にわたるM&Aや敵対的買収、企業提携の繰り返しの結果、頭がいくつもある怪物ヒドラのような企業が生み出された。こういう企業は、いったいどうやってフォーカスすればよいのか？　スピンオフすればいい。「分割して征服せよ」である。

だが、言うは易く行うは難しである。多くの経営者は、企業の規模こそ重要であり、それがパワーや満足感を生み出すと信じている。そして、スピンオフの実行には強い抵抗を示す。自ら進んでその職や権力、満足感を手放したがるCEOは、決して多くない。利益についてどれほど議論されようが、たいていの場合、企業の財務状況は、売上高を中心に判断される。

IBMは、ジョン・エイカーズがCEOだったときに何十億ドルもの赤字を出したが、売上六〇〇億ドルの業界トップ企業だった。GMが二三〇億ドルの赤字だったときも、「フォーチュン500」のナンバー1企業だった。

実際の経営に携わるのは社内の人間であり、社外取締役ではない。CEOが真に独立した役員会に雇われた「プロの刺客」でもないかぎり、経営陣は利益ではなく事業規模を追求する。経営に携わる人間は、どちらが自分にとってうまみがあるかを知っているのだ。

しかし、こうしたスピンオフへの抵抗も、徐々に変化しつつある。一九九五年六月一五日付「ウォールストリートジャーナル」は、「投資家からの圧力が、企業分割を後押ししている。分割すれば、隠れた価値を掘り起こせるし、節税にもなる。何より、元の企業も分割された新企業も株価が上昇するからだ」と報じた。

この記事が書かれたのは、その二日前に行われたITTによるスピンオフの発表がきっかけだった。同社のランド・アラスコッグは、自社を三社に分割すると発表したが、アナリストたちはこれを一九八四年のAT&Tの分割以来最大の企業分割だと語り、企業史における分水嶺となった。

この年は企業分割が相次ぎ、その額は三〇〇億ドルに上った。ITTの分割は、その中の一案件にすぎない。三年間で、スピンオフは記録を更新しつづけていた（一九九三年一七〇億ドル、一九九四年二七〇億ドル）。

ITTは、ハロルド・ジニーンがトップだった時代に企業買収を続け、典型的なコングロマリットになった会社である。一時は毎週一社を買収し、最大期には二五〇社以上を傘下に置いていた。「各部門の総計より、全部をひとつにして多角化したほうが、より多くの価値や収益をもたらす」という発想がなせるわざだった。だが、現実はうまくいかなかった。たとえば、一九七九~九一年にかけて、同社の株価は「スタンダード&プアーズ500」の指標で三六%も下がっていった。

こうした状況下でのスピンオフ、それは戦略の一大転換だった。かつてのランド・アラスコッグは、一九八九年に出版した自著『ITTの闘い』(ダイヤモンド社)の中で、コングロマリットを解体して、これまで築いてきたものを破壊し、そのことで利益を得ようとする人々を非難していた。「彼らは、よりよいヴィジョンも、より生産性の高い積極的計画も持っていない」と。

新生ITTは、分割した三社で構成されている。保険会社のITTハートフォード・グループ、自動車、軍事、電気関連のITTインダストリーズ、そしてホテル、ギャンブル、エンタテインメント、情報サービス事業のITTディスティネーションズだ。よりよい、より生産性の高い積極的計画に聞こえる。

三ヶ月後、AT&Tも三社に分割すると発表した。コミュニケーション関連企業、コミュニケーション・ハードウェア企業、そしてコンピュータ企業の三つである。「規模縮小が目的ではない。フォーカス、スピード、そして多くのビジネスチャンスを追求するのが目的だ」。このAT&Tの発表について、マイケル・ポーターは次のように語った。「我々が何度も繰り返し学んでいることがある。それは、多角化や複雑化よりも、フォーカスが大切だということだ」

さらに四ヶ月後、ダン&ブラッドストリートの分割も発表された。売上五〇億ドルの巨大情報企業が、三社の株式公開企業に分割された。CEOのロバート・ワイスマンは「次世紀に移ろうとする今、勝つために必要なのは、フォーカスとスピードだと考えている」と話した。

スピンオフは、市場でもよい結果をもたらすことが多い。一九八五~九五年にかけて実行された七七件のスピンオフについて、J・P・モルガンが行った研究では、分割した企業の株価は分割していない企業に比べ、分割後の一年半で平均二〇%上まわっていた。

耳目を集めたもうひとつスピンオフに、GMによるエレクトリック・データ・システムズ(EDS)の分割がある。GMが一九八四年にEDSをロス・ペローから買収したときは、なかなかよい買い物だった。EDSには競合企業がほとんどないうえに、市場はブームを迎えていたからだ。だが、今は事情が違う。IBM、ディジタル・イクイップメント、ユニシス、コンピュータ・サイエンシズなど、多数のライバルがいる。加えて、コンピュータ・サービス産業は、メインフレームからクライアント・サーバーへと技術革新した。EDSは、独立企業になったほうが、ずっとうまくこの変化に対応できると思われた。

これからの企業は、GEから学ぶな

コングロマリットでも、優れた経営と並はずれたエネルギーをつぎ込めば、ある程度まではうまくいく。ITTですら、初期はうまくいっていた。だが巨大化すると、「フライホイール効果」、つまりホイールが大きくなるほど周縁のスピードが上がり、トラブル発生の可能性が高くなってしまう。そしてついには限界に達する。

ITT（「フォーチュン500」の二三位、一九九四年の売上二四〇億ドル）とドーヴァー（「フォーチュン500」の三六一位、一九九四年の売上三〇億ドル）を比べてみよう。

ドーヴァーは、傘下に五四社を擁し、エレベーター、廃棄物運搬トラック、バルブ、溶接用トーチまで、七〇種類以上を製造する古典的コングロマリットだが、継続的に一五%以上の株式利益を出し、株主に対する過去一〇年の年間総利益率はほぼ一四%と、これまではうまくいっている。だが今後はどうか？　たぶん、うまくいかない。このままいけば必ず問題が生じるだろう。

同社は、多角化やコングロマリット化が経営の常道だった時代に、昔ながらの既存ビジネスに専念しつづけた。この戦略が、今日のドーヴァーに恩恵をもたらしている。エレベーターや廃棄物運搬トラックのビジネスノウハウが、コンピュータやソフトウェアに通用するとはかぎらない。

ドーヴァーは、競合他社もまたほとんどがコングロマリットである。ライバル企業がすべてコングロマリットなら、勝者は当然、コングロマリットになる。スペシャリスト型企業がジェネラリスト型企業を打ち負かすのを見れば、スペシャリスト型の企業になる価値もわかるだろうが、その機会もない。

勝者になったコングロマリットは、たいていコストカットや人員削減を重視する。ドーヴァーの従業員は二万二〇〇〇人だが、本社社員はわずか二二名だ。こうしたコングロマリットが重視しているのは、経営管理。それがライバルのコングロマリットと差をつける唯一の方法だからだ。

しかし、だからといって「勝つためには結局、経営管理が一番大事なのだ」などと誤解してはならない。規律やチームワーク、TQMなどがあれば、どんな会社でもどんな状況でも好転できるなどと考えてはならないのだ。

GEのジャック・ウェルチは、「最も生産性の高い企業が勝つ」と言う。「最高品質の商品を最安値で売ることができなければ、市場から敗退してしまうだろう」と。

GEは、世界で最も成功しているコングロマリットだ。「フォーチュン500」の五位にランクインし、売上六四七億ドル、利益は四七億ドル。世界中で手本とされている企業であり、コンサルタントや企業経営者は、こぞって懸命に同社の経営手法を学んでいる。

しかしGEには、他社がまず真似できない特徴が二つある。第一に、同社は一八七八年に創業されたということ。第二に、アメリカで最もよく知られ、尊敬されているブランドだということだ。ブランドが確立されるには、それなりの時間がかかる。この二つの特徴は連関しているのだ。

自社ブランドがまだ浸透していない新興企業に、GEを真似すべき点があるとすれば、検査システムの手法くらいだろう。GEのライバル企業も、そのほとんどがコングロマリットだ。GEは、これまで成功を収めてきた。だが今後は、「フォーチュン500」の順位も落ちていくだろう。もし、フォーカスを絞ってスピンオフを決断しても、もう最後発かもしれないが、それでも意外に早めに実現するかもしれない。中でも可能性が高いのは、GEキャピタルだ。売上二〇〇億ドルのこの事業は、自社の伝統である製造事業からかけ離れている。

実践例とその効用

フォーカスの一手段としてスピンオフをする企業は、加速度的に増えている。投資家たちにとって、すぐスピンオフできそうな部門を抱えている企業は「おいしい果実」である。実際、多くの果実がもぎ取られた。

マリオットは、不動産の所有や取引のみで経営にはタッチしないホスト・マリオットと、ホテルの経営はするが所有はしないマリオット・インターナショナルとに分割された。そしてその結果、目ざましい成功を手に入れた。

一九九二年にスピンオフが発表されたとき、マリオットの普通株の評価額は約二〇億ドルだったが、現在では、二社の普通株を合計すると約六〇億ドルになる。また、ホスト・マリオットは、低料金ホテルの大部分と、一四の退職者用住宅を処分し、三億二〇〇〇万ドルを調達したと言われる。さらに、低料金モーテルのフェアフィールド・イン一一四軒とビジネスホテルのコートヤード五四軒のうち二一軒も売却した。ただし、それらの多くはマリオットが引き続き経営している。最近では、空港と有料高速道路にある売店をスピンオフする計画も発表した。

これら一連の行動は、豪華ホテル買収という戦略にフォーカスするのが目的だが、必ず勝利をもたらすだろう。欠けている要素があるとすれば、ホスト・マリオットとマリオット・インターナショナルの差別化を促す新たな社名だ。

複雑化しすぎた企業を整理するには、うまくいかない事業を売却するかスピンオフするしかない。

ゼネラル・ミルズのブルース・アトウォーターは、一四年かけて同社を二つに分割した。そして各社にはっきりとした定義づけをし、鋭くフォーカスを絞った事業を展開させることに成功した。

ゼネラル・ミルズは、一九八一年当時、関連性のない事業をたくさん抱え込んでいた。アクセサリーのモネ、ブラウスのシップン・ショア、おもちゃのケナー、ボードゲームのパーカーブラザーズ、アパレルのイゾやエディ・バウアー、その他に靴会社が一社、化学会社が一社、そしてウォールペーパー・トゥ・ゴーがあったが、今はすべて手放している。「フォーカスを絞るたびに、我が社の成長率は上昇しました」とアトウォーターは語った。

その彼が、フォーカスの仕上げとして取り組んだのが、外食チェーンのレッド・ロブスターとオリーブ・ガーデンをスピンオフし、ダーデン・レストランツとすることだった。レッド・ロブスターの創業者であるダーデンの名を冠したダーデン・レストランツは、またたく間に世界最大のカジュアル・ダイニング企業になった。

残る一社のゼネラル・ミルズも、チェリオに代表されるシリアル食品に特化し、売上五五億ドルの会社になった。分割によって同社は、「シリアル市場でケロッグを抜く」という大目標に集中できるようになった。現在のシェアは二七％、三六％のケロッグは射程圏内だ。

金融業界の生き残り策

金融業界でも、さまざまなスピンオフや売却が進められている。これは、メディアのおだてにのって金融サービスに手を出して失敗した企業が多数にのぼったからでもある。

「ウォールストリートジャーナル」は、一九八一年に、「消費者は将来、銀行、保険、投資、クレジットカードなど必要なサービスを、すべてひとつの巨大企業から受けられるようになる」などと書き立てた。だが、そんなことを望む人はいなかった。だから、アメリカ最大の生命保険会社メトロポリタンライフは、センチュリー21（世界最大の不動産販売業のフランチャイズチェーン）を売却したのだ。消費者は、ジェネラリストではなく、スペシャリストを求める。家を買ったのと同じ会社の生命保険や損害保険に加入するとはかぎらないのだ。同様に、靴下（ソックス）を買ったからといって、同じ会社を通して株式（ストックス）を買うとはかぎらない。だから、一九九三年六月、シアーズはディーン・ウィッター・ディスカバー社の株式八〇%を売却した。車のバッテリーを買ったからといって、同じ会社の自動車保険に加入するとはかぎらない。だからシアーズは、一九九六年にオールステート・コーポレーションの株式八〇%を売却した。オールステートは、独立すればうまくいくはずだ。自動車保険というフォーカスと、その知名度が相まって、大きな力を発揮するだろう。

金融サービスの手を広げたといえば、アメリカン・エクスプレス（アメックス）以上の企業はない。同社は、クレジットカードやチャージカードに加え、生命保険、損害保険、傷害保険、年金保険、投資ファンド、金融アドバイザリー・サービスまで扱っている。さらには、三七ヶ国八一ヶ所にアメリカン・エクスプレス銀行のオフィスがある。

同社の「金融スーパーマーケット戦略」の中心に位置していたのが、シェアソン・リーマン・

ブラザーズ。二社の株式仲買業者（シェアソン・ローブ・ローデスとE・F・ハットン）と投資銀行（リーマン・ブラザーズ）が合併してできた会社である。だが、シェアソン・リーマンは、四〇億ドルもの資本を食い尽くした後、一九九四年に株式仲買事業をプリメリカ・コーポレーション（現・トラベラーズ）に売却し、リーマン・ブラザーズも、独立の投資銀行としてスピンオフされた。

アメックス社内で金融サービスの多角化が混乱を招いている間、経営陣はチャージカード事業を見過ごしていた。現在アメックスは、クレジットおよびチャージカード業界で三位に甘んじ、苦境にある（一位はビザ、二位はマスターカード）。市場シェアは確実に下がりつづけ、一九九〇年に二五％だったのが、今では一六％。この業界で挽回する道は長く険しい。

プルデンシャルも、金融サービスブームの犠牲になった企業だ。同社は、アメリカ最大の生命保険会社であり、全米二位のローン会社であり、全米三位の医療保険会社であり、全米四位の証券会社であり、全米六位の家財保険会社である。まるで、「ゆりかごから墓場まで、すべての金融サービスを提供します」と言わんばかりである。しかし、この幅広い金融サービスの相乗効果はほとんどない。いや、マイナスの相乗効果なら起こっている。

プルデンシャル証券は、一九九三年にスキャンダルを起こし、顧客との和解に一〇億ドル以上かかるのではと推測されているが、主力事業である保険業でも、一九九四年の新規加入が二〇％

も下落した。これをスキャンダルの影響と見るアナリストもいるのだ。

プルデンシャルは、アメリカで最大にして最も有名な生命保険会社だ。もし生命保険だけに特化していれば、相互会社である同社と保険契約者との関係はもっと良好だったのではないだろうか？

どんな業界でも、支配的立場にある企業は、長期にわたって安定した巨額の利益を手にできる。だが、プルデンシャルはそうなっていない。スタンダード＆プアーズの生命保険アナリスト、デイヴィッド・ヘイヴンズは「思いどおりの利益を上げている事業は、ほとんどありません」と言う。相乗効果を求めて関連事業に手を広げるうちに主力事業のチャンスを見逃し、気がつけば、主力事業が苦境に陥っている。そしてやっと「基本に戻れ！」という号令が発せられる。プルデンシャルは一例にすぎない。

最初から主力事業にフォーカスしていれば、尻ぬぐいなどする必要はない。だが、なぜかこうなってしまう。CEOは、概してすべてを担当幹部のせいにする。「目を離したすきに事業を傾かせたな」と責め、彼らをクビにして新任者を迎える。しかし人材を変えても問題は解決しない。真の解決策は、主力事業にフォーカスし直すことしかない。自社の力を主力戦線に結集させるのだ。

もし、各事業のトップにふさわしい人材を置けばビジネスがうまくいくというのなら、経済界はコングロマリット全盛になっているはずだ。だが、これほど真実からかけ離れた話はない。GEを除けば、「フォーチュン500」の中で最大のコングロマリットは二三位のITTしかなく、そのITTでも分割が進行中なのだ。

コングロマリットが支配しているのは、日本、韓国、マレーシア、インドネシアなど、効率性や国益の名の下に政府が企業社会に干渉している国々だけである。今後、各国間の貿易障壁がなくなれば、これらの国のコングロマリットも消滅していく可能性が高い。フォーカスした企業の威力は強烈だ。フェアな戦いになれば、コングロマリットではたちうちできなくなる。

多業界に広がるスピンオフ戦略

他にも、さまざまな分野の企業が大規模なスピンオフを計画している。

USウェストは、法規制のある電話事業を手がけるUSウェスト・コミュニケーションズ・グループと、ケーブルテレビ、携帯電話、エンタテインメントなど規制を受けない事業を手がけるUSウェストメディア・グループとに分かれる予定だ。株価を上げるのが目的とされているが、この目的は感心しない。各事業体のフォーカスの見直しをこそ目標に掲げるべきだろう。そうすれば、株価も後をついてくる。

加えて、二社それぞれに異なるアイデンティティを創出する必要もある。USウェスト・コミユニケーションズとUSウェスト・メディアでは混乱を招く。どちらが電話会社なのか？　メディアもコミュニケーションのひとつでは？　二つに分かれただけでは、以前よりよいとは言えない。

レスリー・ウェクスナー率いるザ・リミテッドも、大規模なスピンオフを計画している。現時点では、三社に分割する予定だ。ひとつは、ザ・リミテッド、エクスプレス、ラーナー、ヘンリ・ベンデル、レーン・ブライヤントを擁する婦人衣料のグループ。もうひとつの下着事業グループには、ヴィクトリアズ・シークレット（店舗とカタログ販売）、キャシク、バス&ボディ・ワークス、ペンハリガンズが入る。そして親会社が、アバクロンビー&フィッチ、ストラクチャー、ザ・リミテッド・トゥなど、その他の事業をすべて引き受ける。

ウェクスナーは、事業を手放さず、三社すべての会長にとどまるという。それでも、広げすぎた衣料品小売ビジネスに、幾ばくかのフォーカスを取り戻す第一歩にはなる。少なくとも、彼の直属幹部が二四人もいた不健全な時代に比べれば、ましである。

同じく小売業界で、三社分割計画を発表したのがメルヴィルだ。売上一一〇億ドル、従業員一一万七〇〇〇人の同社は、あまりにも所帯がふくれすぎて、もはや経営不可能になった。計画実行に際しては、まず、おもちゃ会社のケイビーのスピンオフが提案された。続いて靴メーカーのトム・マッキャンもスピンオフし、ドラッグストア・チェーンのCVSは主力事業として維持することになった。他の資産や小売チェーンは、三つの会社に振り分けられるという。

最近では、健全経営の企業ですら、財務パフォーマンスの改善のためにスピンオフを検討している。ヴァージニア州最大のシグネット銀行は、全米で三八位、売上一四億ドル。財務状況は極めて良好で、一九六三年以来、毎年普通株に配当を出しつづけている。しかし、クレジットカード事業をスピンオフし、キャピタル・ワン・ファイナンシャルとした。

これは、類似ビジネス（銀行とクレジットカード）を分割し、それぞれがさらに強くフォーカスした企業を目指す好例である。シグネットの場合、クレジットカード部門が親会社の利益の三分の二を占めていたが、それが、銀行が成長し繁栄するのに必要な資産を消耗していた。「カード部門があまりにも急成長したので、そこに人材や金融資産をすべて投入してしまっていたのです」とロバート・フリーマン会長は言う。分割は、両社の益となる実に賢明な解決法だった。

アメリカ最大のクレジットカード会社のひとつとなったキャピタル・ワンは、自社の急成長とそれに伴う株価の上昇を利用して、金融市場から追加資本を得ることができた。シグネットも、もう資産や人材を奪われることなく、主力の銀行事業に注力できるようになった。

このようなスピンオフの成功例を見た鋭敏な投資家たちは、他行にも同じ行動を促した。

投資信託マネジャーのマイケル・プライスは、チェース・マンハッタン銀行の株六%を購入し、分割したほうが同行の価値が上がると主張した。

大手金融機関のひとつであるチェース・マンハッタン銀行は、大都市のライバルに遅れをとっている。一〇年前は全米三位だったが、現在は六位。資産は、過去一〇年で四〇％上昇したが、これは同時期の消費者物価指数の上昇率（四二％）を下まわっている。これらからすると、マイケル・プライスの主張には一理ある。いくつかの事業をスピンオフすれば、チェースはもっと成長するかもしれない。同社の最高財務責任者アルジュン・マタラニは即座に反論したが、おそらく間違っている。

これまで多くの銀行が、こうした間違った方針の下で事業展開をしてきた。今後はチェースのような大手金融機関でも、為替取引や証券保管業務を行いつつ、小口預金客から大企業まであらゆる顧客層を追うといったことはやめるべきだ。

結局、一〇年間にわたる業績低迷の末、チェース・マンハッタンは、ケミカル銀行に買収された。この統合で、資産は業界一位のシティコープを上まわったが、それも一時的なことだろう。個人向け銀行としてフォーカスが定まっているシティコープは、すぐにトップの座を取り戻すと思われる。

シティコープとその子会社であるシティバンクの顧客は、企業が三〇％、個人が七〇％である。個人向けは、さらに世界中に急速に展開している。現時点で九〇ヶ国に支店があるが、とくに発展途上国に浸透している。アメリカの銀行で世界的なブランドを築いているのは、シティコープだけだ。フォーカスを定め、それから世界へ乗り出すことがいかに効果的な戦略かが、ここにもよく表れている。

家電チェーンの未来はどこに？

企業がフォーカスを失う古典的ケースに、「自社製品の販売も手がけはじめる」というのがある。少なくないメーカーが「自分たち以上に自社製品を知り抜いている者はいない。だから、自分たちで売れば成功する」と考える。IBM、ディジタル・イクイップメント、ゼロックスなども、自前の販売チェーンをつくろうとした。だが、どれも失敗した。

これとは逆に、小売業者がメーカーになろうとするケースも多い。タンディ・コーポレーションは、PCの大手販売チェーンだったが、製造にも手を出した。大間違いだった。

最初につくった「ラジオ・シャックTRS–80」は、史上初のラップトップ型PCのひとつだった。一九八〇年代初期、タンディは全米最大のPC販売業者にしてPCメーカーとなった。しかし一九八六年には、IBMに抜かれ二位になった。

二兎を追う者は一兎をも得ず、ということわざは実に正しい。一九九四年一〇月、「ウォールストリートジャーナル」は、「タンディはかつて、PCの小売と製造、両方のトップだった。同社は、PCの二つの市場を支配するまたとないチャンスをつかみ損ねた、という向きもある」と書いた。だがそうは思えない。タンディは、小売か製造のひとつを支配するチャンスがありながら、両方をつかみ損ねたのだ。

一九九三年、タンディは製造事業を売却し、フォーカスをし直した。あとは、純粋な小売業者として生まれ変わるだけだった。

同社の主力チェーン店であるラジオ・シャックも、コンピュータビジネスから撤退し、「安売り家電チェーン」という元のフォーカスに戻った。しかしこのチェーンではPC販売店として認知してもらえない、と気づいたタンディは、新たに、コンピュータ・シティ・スーパーセンターというチェーンをつくった。コンプUSAと対抗し、巨大PC市場で確固とした地位を築こうとしたのである。そしてこれとは別に、PCの他に、家電、ゲーム機などの娯楽機器も販売するインクレディブル・ユニヴァースを設立した。

インクレディブル・ユニヴァースの店舗面積は、約一万七〇〇〇平方メートル、平均的なラジオ・シャックの七五倍という想像を絶するものだ。二億一〇〇〇万ドルを投じ、同様の巨大店舗を一九九五年暮れまでに一七店、二〇〇〇年までに五〇店増やす計画だという。

その一方で、フォーカスを絞り込むべく、ヴィデオ・コンセプト計二三三店と、家電販売店のマクダフ九三店のうち六〇店を閉店するとも発表した。今後は、ラジオ・シャック、コンピュータ・シティ、インクレディブル・ユニヴァースの三つにフォーカスするということだが、まだチェーンがひとつ余分に思える。

同社はラジオ・シャックの六七〇〇店が主力事業で、ここが未来に投資するためのキャッシュフローを稼いでいる。だが、未来とは何だろう？　コンピュータ・シティかインクレディブル・ユニヴァースのどちらかにフォーカスするほうが、理にかなっているのではないか。どちらにより大きな可能性があるのか判断しきれないなら、コインを投げてでも決めることだ。

全米史上最高のカムバック物語

重要事項を優先せよ――。まずはフォーカスを見出すことだ。極端な話、そのフォーカスが利益を生んでいなくてもかまわない。これから利益が上がるようにすればいいのだ。フォーカスして力強い事業を育めれば、利益が上がるようにするのは簡単だ。しかし、利益が上がっているからと、無関係な事業を寄せ集めて一組織にまとめようとすれば、いずれ必ず成功への道からはずれていく。

一九八一年、ハーレー・ダヴィッドソンは、ＡＭＦコーポレーションの子会社だった。ＡＭＦは売却先を探していたが、バイク市場のシェアはわずか三％、大した利益が上がっていないこの会社に、買い手はつかなかった。結局、ハーレーの経営陣一三人からのＬＢＯ（レバレッジド・バイアウト。Ｍ＆Ａの手法のひとつ）を受け入れ、八億一五〇〇万ドルで手放した。だが現在、ハーレーは全米バイク市場の二〇％を占め、株の評価額は二〇億ドルを超えている。

このハーレーの歴史は、「全米史上最高のカムバック物語」として今も語り継がれている。その中で成功要因としてしばしば取り上げられるのが、日本型経営の採用、製造法の刷新、品質管理システムの改善、そして現代的モデルラインへのチェンジである。どれも正しい。だが、もしそうならば、なぜAMFはこれを実行できなかったのか？

ハーレーの本当の成功物語は、まずフォーカスしたことから始まる。バイクにフォーカスし、それからバイクで成功するための努力をした。

経営陣がLBOである部門をスピンオフさせた場合、たいていは利益を生む事業になる。ときには大成功を収めることさえある。その理由は三つある。①経営陣がその事業を熟知している。②成功することが経営陣に大きなインセンティブをもたらす。③経営陣がフォーカスを持っている。「知識」と「インセンティブ」と「フォーカス」、この三つの組み合わせが力を生むのだ。

しかし今日、大企業にこの組み合わせを見出すのは難しい。経営陣の一人か二人は成功によるインセンティブがあるが、たいていは知識に欠ける。部下は、知識があってもインセンティブがない。マネジャーにはインセンティブがあるが、それも基本給に歩合がつく程度。部下が素晴らしい仕事をしたからといって、「よくやった」と一億ドルもの巨額小切手をあげたなどという話は、ウォールストリート以外、まずあり得ない。

これに対して、CEOの多くは多額の報酬を受け取っている。ロータス・デヴェロップメントのCEOジム・マンジは、一九八七年に給与とストックオプションで二六〇〇万ドルを受け取った。マッコー・セルラーのクレイグ・マッコーは、一九八九年に報酬とストック・オプションで五四〇〇万ドルを受け取った。コカ・コーラのロベルト・ゴイズエタは、一九九二年に一〇〇万株（評価額八一〇〇万ドル相当）を受け取った。ウォルト・ディズニーのマイケル・アイズナーは、一九九三年に給与とストック・オプションで二億三〇〇万ドルを受け取った。

スピンオフをすると、経営陣の数が増える。そのぶん業績を伸ばそうというエネルギーも増す。スピンオフした企業が成功する理由のひとつはここにもある。

「生き残り」のための戦略と「勝つ」ための戦略の違い

アドルフ・クアーズ・カンパニーは、禁酒法時代を乗り切るため、セメントとセラミック事業を始めた。生き残りのためにはいい方法だったが、フォーカスにとってはよくなかった。何年間もいくつもの事業を傘下に抱えたが、その多くは主力であるビール醸造業との関連が薄く、あまり儲かっていなかった。一九九一年、同社の売上は二〇億ドル以上あったが、総利益は一八〇〇万ドル、売上のわずか一％だった。

そこで一九九二年、同社はビールと無関係のハイテク・セラミック、アルミ、包装事業といった資産をすべてスピンオフし、ＡＣＸテクノロジーズを設立した。こうして、アドルフ・クアーズはめでたくビール会社になった。一件落着である。両社の売上は、一九九四年までに計二四億ドル、総利益は七〇〇〇万ドルで売上の三％になった。大進歩である。

株主たちも、以前より幸せになった。分割以来、ＡＣＸの株価は一六ドルから四二ドルに上がった。株式は、経営陣にも大きなインセンティブとなった。セラミック事業のトップ、ジム・ウエイドは「ビール事業と一緒だった頃には、株価を気にしたことなどなかった。でも今は、一日四回はチェックしているよ」と言う。

ただし、クアーズのほうは株価に変化がない。スピンオフの直後も現在も一六ドルのままだ。原因は、フォーカスの欠如である。同社は、あらゆるビールを手がけている。「クアーズ・レギュラー」「クアーズ・ライト」「クアーズ・エクストラ・ゴールド」「クアーズ・エクストラ・ゴールド・ライト」「クアーズ・ドライ」「クアーズ・レッド・ライト」「クアーズ・カッター」「クアーズ・アーティック・アイス」……。「クアーズ・ロッキー・マウンテン」という炭酸水まで売り出している。このライン拡大が同社に問題をもたらしているという事実を、関係者の多くが見逃している。そして、次々と新製品を出すたびに、拍手喝采《かっさい》で迎えている。

ある著名なアナリストは、「アンヒューザー・ブッシュが成功したのは、安いものから高いものまで、客の欲しがるものは何でも揃えたからだ。競争で生き残るには、あらゆる種類の商品を揃えねばならない」と言う。「生き残り」のためには、そうかもしれない。だが、ビール業界の王者アンヒューザー・ブッシュに「勝つ」ためには、フォーカスが必要だ。

もしも自社が業界トップなら、第二のブランドが主力ブランドを守り、将来への保険となるかもしれない。だが、クアーズのような業界三位の企業に必要なのは、トップを追い抜くための資産の集中だ。他への資金投資は無駄である。業界トップなら、機を見て現在の稼ぎ頭に代わりうる新製品に投資してもいい。だがトップ企業以外は、主力事業にすべての資産をフォーカスすべきだ。クアーズは、「バドワイザー」を抜くことを目標に、その差を縮める方法を探さねばならない。

この法則は、先頃CEOのジョセフ・アントニーニを解雇したKマートにもあてはまる。一九八七年にアントニーニが同社を買収したとき、Kマートの売上は二六〇億ドルでウォルマートの一六〇億ドルを上まわっていた。ただし、危険な兆候はすでにあった。ウォルマートが純益の差を急速に縮めていたのだ。案の定、翌年ウォルマートは純益でKマートを上まわり、一九九〇年には業界トップとなった。

その間、Kマートは、書籍、スポーツ用品、オフィス用品、ドラッグストア、倉庫型ディスカウントストアなど、多角化に励んでいた。そして一九九一年、同社は株を売って捻出した一〇億ドルを、主力のディスカウントストアではなく、これらの専門店事業に投資した。その結果、K

マートの多くは活気を失い、ついに「安物ばかり売る特売の店」というイメージが定着してしまった。

こうして、ウォルマートはディスカウント戦線でKマートに完勝した。ある試算では、現在の市場シェアは四二％、Kマートの二三％の二倍である。株価も、ウォルマートは八年間で四倍になったが、Kマートは横ばいだ。

専門店事業は、Kマートの火付け役にならなかった。一九九三年までは、専門店の売上がKマート全体の三〇％に達していたが、それでも利益は一五％に過ぎなかった。

ナポレオンからヒトラーまで、歴史上の軍師たちが学んだように、二つの戦線で同時に勝利を収めるのは不可能なのだ。企業のトップだろうが国のトップだろうが、成功への道は同じ、ひとつの敵にフォーカスすることしかない。Kマートが専門店戦線から撤退したのも当然である。

そのKマートが、ウォルマートとの戦いに勝つべく次にしたことは、三〇億ドルを調達することだった。まず一九九四年に、スポーツ・オーソリティーとオフィスマックスを株式公開し八億九六〇〇万ドルを用意。そして、オーストラリアの小売業コールズ・マイヤーの株二一％を売却し、九億二八〇〇万ドルを用意した。さらに、ペース・ウェアハウス・クラブとペイレス・ドラッグを九億ドルで売却。一九九五年には、ボーダー・グループ（書籍とCDショップのチェーンで、ウォールデン・ブック・カンパニーも傘下に収めている）を株式公開して五億ドルを調達した。それでもなお、日曜大工用品チェーンのビルダーズ・スクエアがあった。

ウォルマートは手ごわいライバルだ。スリムになったとはいえ、全社が一致団結して戦わねば勝ち目はない。フォーカスを進めれば、結束力が増すのは言うまでもない。シアーズでも、同様の戦略が功を奏しはじめているが、Kマートも、新CEOフロイド・ホールの下でうまくいく兆しを見せている。

「フォーカスがフォーカスを生む」という現実

テネコもまた、スピンオフがプラスにはたらいた企業である。

ガスパイプラインで高利益を上げている同社は、かつて農業・建設機械のJ・Iケースを抱えていた。ケースは、一九八二〜九二年のうち八年も赤字だった。九一年にリストラで四億六一〇〇万ドル、翌年も九億二〇〇〇万ドルの課税控除を受けたことで、九三年には三九〇〇万ドル、九四年には一億三一〇〇万ドルの黒字に転じたが、リストラは麻薬のようなもの、やがて効かなくなる。

そこでテネコは、一九九四年に絶妙のタイミングでケースの株式六六％をスピンオフした。残りも順次スピンオフしていく計画だ。今のところ結果は上々、株価は一年で三〇％以上も上昇した。

同社は、他の事業も分割している。一九九〇年代には天然ガス事業をエンロンに、パルプ化学事業をスターリング・ケミカルズに、石灰プラントをソルヴェイに売却した。これにより総計で一三億ドルを手にした。さらにイギリスに拠点を置く化学メーカー、オルブライト&ウィルソンの株式を、約六億七〇〇〇万ドルで売却。次は全米最大の造船会社ニューポート・ニュース造船と、ドライ・ドックを分割するだろう。

フォーカスは、そのプロセスでさらなるフォーカスを生み出していく。フォーカスは、絞り込むほどに加速される。結果がどんどん目に見えてくるからだ。

低迷している事業を切り離す効果は大したものではない。むしろ継続する事業がよくなる効果のほうが大きい。

ピーター・ドラッカーが見抜いたとおり、「問題」よりも「チャンス」にフォーカスするほうが、効果的なビジネス展開ができる。うまくいかない事業をスピンオフ、あるいは売却すると、これまでどれほど無駄な時間を費やしてきたかがわかる。そして、残されたチャンスに邁進するようになる。たいていの場合、結果は目に見えて現れる。ビジネスは一人歩きしない。それをうまく進めるものが必要だ。

スピンオフの多くがアメリカで行われているのは、この国の企業が、フォーカスの価値に気づきはじめたからである。極東や南米では、今も旧式のコングロマリットが幅をきかせている。しかしヨーロッパでは、スピンオフの潮流が生まれつつある。今後EU内の競争が過熱すれば、スピンオフはさらに増えるだろう。

スピンオフは、フォーカスを促すという効果以外にも、次の三点で企業の業績を改善する。①経営範囲を小さくする。②社員の意欲をかき立てる。③「取引先とライバル関係になる」という問題を解消する。

スピンオフの効用①経営範囲を小さくする

もし、あなたが二つの製品ラインを抱える会社のCEOで、ライバル社のCEOは製品ラインをひとつしか持っていないとしたら、不利なのはあなたのほうだ。ライバル社のCEOは目前の問題に集中できるが、あなたは半分の力しか注げない。

複数製品を扱う会社は、一見うまくやっているように見える。だがそれは、他社より効率がよいからなのではない。たいていの場合、業界トップの製品を持っているというような、スタート時点で有利な条件があったからだ。ラルストン・ピュリナは、「エバレディ」を一番売れる電池に「育てた」わけではない。一九八六年にユニオン・カーバイドからエバレディを買収したとき、このブランドはすでに市場シェア五二%でトップだった。

エバレディ買収劇の直後、あるアナリストは、「電池はドッグフードみたいに売るわけにはいかないよ」とラルストン・ピュリナに警告した。彼はその助言に従って努力したが、やはりうまくいかなかった。「エバレディ」のシェアは四三％に落ち、もはやトップではない。

現在の首位は「デュラセル」だ。勝因のひとつは、デュラセル・インターナショナルが一製品しか生産していないことにある。一九八八年にLBOでクラフトからスピンオフされたデュラセルは、一九九一年に一株一五ドルで株式公開をした。現在の株価は五〇ドル以上である。

スピンオフの効用②社員の意欲をかき立てる

この事実だけでも、これまでのスピンオフが成功した理由のほとんどを説明できる。

ハリー・トルーマンは、「すべての責任は私にある」という言葉を座右の銘として机に飾っていた。企業の場合、最重要人物は言うまでもなくCEOである。このことは、CEOの椅子を目指す野心家たちにとって強い動機づけとなる。金だけでなく、権力も手に入る。成功へとかり立てられる。リーダーになれば、社内外で注目の的になる。

この数年間で、最もメディアの注目を浴びた企業は、マイクロソフトかIBMだろう。マイクロソフトのCEOビル・ゲイツやIBMのCEOルー・ガースナーのことは誰もが知っている。だが、マイクロソフトの次席CEOは？　IBMの次席は？　社員以外はおそらく知らない。もしもあなたが社内のヒエラルキーのずっと下のほうにいるなら、いや次席であっても、CEOとは大違いだ。うまくいかなくても自分のせいではない。うまくいっても自分の手柄にはならない。もちろん報酬もけた違いだ。大手企業三〇〇社への調査によれば、CEOの給与やボーナスは、次席よりも平均で五四%多いという。これにストック・オプションを加算すれば、両者の差はさらに開く。

CEOになれば、絶大なる権限と莫大な報酬を同時に手にできる。そしてスピンオフは、CEOの椅子を増やす。そのぶん、社員のビッグチャンスも増えるのだ。

スピンオフの効用③「取引先とライバル関係になる」という問題を解消する

GMは、レンタカー会社のナショナルを所有していた時代、自車をハーツやエイビス、アラモに販売するのに苦戦した。多角化した企業が直面する最大の問題のひとつが、この「取引先とライバル関係になる」である。

もちろん取引先のほうは、表立っては何も言わない。そんな狭量な判断で仕入れをしていると思われたくないからだ。しかし完全に独占しているのでないかぎり、取引先がライバルになるのは重大な戦略ミスである。ペプシが、スーパーマーケットではコカ・コーラと互角に勝負していながら、ピザ・ハット、タコベル、KFCを傘下に抱えているがゆえに、リトル・シーザーズやデルタコ、ポパイズ・フェイマス・フライド・チキンといった外食産業に入り込めず苦戦しているのもこれが理由だ。

営業マンに聞けば、ライバル社に販促するのがどれほど困難かすぐわかる。ドミノ・ピザに売り込みに行くペプシ・コーラの営業マンの気持ちになってほしい。口には出さないだろうが、ドミノ・ピザが最大のライバルであるピザ・ハットのオーナー企業からコーラを買うはずがない。

ソニーやモンブラン、リズ・クレイボーン、ナイキ、リーバイス、スピードなどは、最近、自社直営店を展開する動きを見せているが、これも危険が大きい。当分はうまくいくかもしれないが、いずれブーメランのように我が身に返ってくる。

直営店開店当初は、バーゲンや値下げはしないはずだから、セール販売できる他店はありがたがるに違いない。もしかしたら客に、「マジソン・アベニューにあるソニーの巨大直営店で買いたい物を選んで、うちの割引価格でお買いくださいとでも言うかもしれない。しかしこうなると、直営店は一向に売れない。ついには割引せざるを得なくなり、他店との醜い戦いが始まる。安売り量販店は、直営店が値引きで客引きをするのを激しく嫌がる。商品コストを考えれば、メーカー直営店は一般小売店より有利であり、不公平だからだ。

メーカーが、直営の小売店を出したいという誘惑にかられるのはわかるが、それをやってしまったら、取引先との関係を悪くするだけでなく、自社のフォーカスも失ってしまう。「直営店は、たとえ採算はとんとんでも、広告やディスプレーが無料で出せるのだから、うまみがある」と計算するメーカーは少なくないが、こういう発想は、事業拡大を目指す企業特有のものだ。フォーカスを絞ろうとする企業からは生まれない。

これまで私は、各社の会議に何百回も参加し、製品や流通経路や店舗の拡大を検討する議論を何度も耳にした。しかし、ごく少数の例外を除いて、フォーカスのための論議はほとんど耳にしなかった。企業がフォーカスしたいと考えるのは、拡大で損失が出はじめたときだけだ。だが、それでは遅すぎる。そのときはもう、主力事業も傾きはじめているからだ。

スピンオフは、企業のフォーカスを絞る最も簡単で早い方法である。現実に、スピンオフは増えている。アメリカ企業が再びフォーカスしはじめている証拠だ。スピンオフと売却は、多角化の時代、コングロマリットの時代がついに終焉を迎えた証でもある。ついに、フォーカスの時代に突入したのだ。

第12章

「複数ステップ」という手法

スローン時代のGMの戦略

企業がフォーカスする際は、複数のステップを構築したほうがうまくいく場合もある。その最も顕著な例が、GMだ。

一九二一年にアルフレッド・スローンがトップに就任したとき、GMはひどい混乱状態で、製品ラインが多種多様に分かれていた。

- シボレー（七九五〜二〇七五ドル）
- オークランド（一三九五〜二〇六五ドル）
- オールズモビル（一四四五〜三三〇〇ドル）

●スクリップスブース（一五四五～二二九五ドル）
●シェリダン（一六八五ドル）
●ビュイック（一七九五～三二九五ドル）
●キャデラック（三七九〇～五六九〇ドル）

これに加えて、ちょうどアメリカが不況期に入ったときで、値下げ競争が進んでいた。フォードT型の基本価格が三六〇ドル、小型が三九五ドル、最上位ランクのセダンも七九五ドルに値下げされた。ひとつのブランドだけで勝負しているフォードが市場の五〇％を占め、七ブランドを抱えるGMが一二％しか占めていないのは、当然のことだった。

こういうとき、経営者の多くは、社員数をカットし、パーツやサービスの合理化を行い、資産を売却し、値下げをする。つまり管理面から手をつけていく。だが、問題は管理態勢ではなく、フォーカスの有無にあった。

フォーカスを失った企業には、どんな策を講じても劇的成果は望めない。写真と同じだ。肝心のフォーカスが合っていなければ、拡大しても、コントラストを強めても、色をつけても、高品質な紙にプリントしても、決して劇的な仕上がりにはならない。

では、スローンはどうしたか？　彼は感情を排して徹頭徹尾冷静に、複数のステップでひとつのフォーカスを築く戦略を実践していった。フォードと対抗して市場シェアを拡大できるブランド開発を進めたのだ。キャッチフレーズは、「どんな予算にも、どんな目的にも応えられる車を」。こうすれば、顧客は予算に合わせてレベルを上げていける。ブランドも価格も、自動車業界を支配するために適切なものを、という観点から取捨選択し、この枠組みに合わないものは排除した。

オークランド・モーター・カー・カンパニー（後にポンティアックと改名）の一九二一年のマスタープランがここにある。

● シボレー（四五〇～六〇〇ドル）
● ポンティアック（六〇〇～九〇〇ドル）
● オールズモビル（九〇〇～一二〇〇ドル）
● ビュイック（一二〇〇～一七〇〇ドル）
● キャデラック（一七〇〇～二五〇〇ドル）

スローンが考案したこの枠組みでは、キャデラックにステップアップするまでの間、価格が重複しない。GM社内では、こんな合言葉が生まれた。「庶民にはシボレー、貧しくとも誇り高い人にはポンティアック、快適さを求めるが控えめな人にはオールズモビル、上昇志向の人にはビュイック、そして富裕層にはキャデラック」

この計画に沿って、各ブランドを監督・管理する総合オフィスが設置され、正確で統一されたデータをつかむためのシステムが導入された。こうしてGMは、雑多な事業を寄せ集めた事業体から、一体化して均整のとれた事業体へと変貌した。

しかし、同社の成功は一夜にして訪れたわけではない。長い間、トップはフォードだった。中でも、創業者のヘンリー・フォードが六〇歳を迎えた一九二三年は絶頂期だった。二〇〇万台以上を売り、全米市場で五七％、世界市場で五〇％を占めた。しかし、その後は業界トップからこぼれつづけた。一九二八年には六気筒のモデルAを導入したが、これも起死回生とはならなかった。

フォーカスが確立されるには時間がかかる。「口コミ」によって、新ブランドや新製品が消費者に浸透するには時間がかかるからだ。あらゆるメディアから繰り返し耳にして、ようやく認知されるのである。GMの市場シェアが、三一％になり、ついに二八％のフォードを抜いたのは、一九三一年のことである。ここからは破竹の勢いで、五〇年以上も市場シェア五〇％近くを維持した（一九五〇～六〇年代には五〇％を超えていた）。

各ステップ間の注意点

だが、トップの強権的指導力がなくなると、企業はすぐにフォーカスを失う。GMの場合も、各部門が少しずつ計画からずれはじめた。シボレーとポンティアックが高級モデルを出し、オールズモビル、ビュイック、キャデラックが低価格モデルを出した。フォーカスを投げ出し、一番層の厚い中間層獲得を目指しはじめたのだ。そればかりか、自動車事業そのものからもずれはじめた。当時の会長トーマス・マーフィーは、「GMの事業は自動車製造ではない。金儲けだ」と語った。

現在のGMは、部門間で重複だらけだ。たとえば、六ブランドの価格帯は次のとおり。

- サターン（九九九五〜一万二九九五ドル）
- シボレー（八〇八五ドル〜六万八〇四三ドル）
- ポンティアック（一万一〇七四〜二万七一三九ドル）
- オールズモビル（一万三五〇〇〜三万一二七〇ドル）
- ビュイック（一万三七〇〇〜三万三〇八四ドル）
- キャデラック（三万四九九〇〜四万五九三五ドル）

何か気づくことはないだろうか？　そう、一九二二年当時と同様に、またもブランド間で価格帯が重複しているのだ。各ブランド内での価格帯にも注目してほしい。同社で最もフォーカスし、かつ成功しているブランドは、サターンとキャデラックだが、サターンの最高価格車は、最低価格車の三割高である。キャデラックもほぼ同じだ。ところが、オールズモビルの場合、その差は一三二%、ビュイックでは一四一%、ポンティアックでは一四五%、シボレーにいたっては七四二%という驚くべき数字である。要するにシボレーとは、「大型で小型で安くて高くて国内車であり輸入車」なのだ。フォーカスなどどこにもない。

過去一〇年間で、シボレーのアメリカでの販売台数は三六%も低下した。かつては年間約一六〇万台だったのが、今やかろうじて一〇〇万台に届く状態だ。市場全体におけるGMのシェアも低下し、アメリカでは四四%から三三%に落ちている。

種類を絞ると販売台数が減るのではないか、という心配は無用だ。サターンの平均的なディーラーは、年間約一〇〇〇台を販売するが、より幅広いモデルを揃えているシボレーの平均的なディーラーは、近年、年間わずか二二六台しか販売していない。軽トラックを合わせても五五三台だ。

サターンの成功は、GMによい結果と同時に悪い結果ももたらした。かつてはシボレーが、「初めて買う人のためのGM車」だったが、今はサターンがそれに取ってかわった。サターンを買う客は、シボレーがねらう層に浸食したのだ。アルフレッド・スローンが、墓場から飛び出してきそうな事態である（GMは、サターンの購入者が次に買う車として、オールズモビルをさかんに勧めている）。

キャデラックの成功も、思いがけない結果をもたらした。かつて、キャデラックといえば、GMにおける最高車種であり、消費者にとっても最高の車だった。だが今は違う。かつてキャデラックに乗っていた人々は、ベンツやBMWに乗っている。キャデラックが安すぎるからだ。この車はもはや、かつてスローンが設定した高級車の地位にいない。GMが販売台数を増やすために、高級車としての伝統的役割を捨て、庶民向けにチェンジしたからだ。キャデラックにとってよいことが、GMにとってよいこととはかぎらない。高級車でなくなったキャデラックは、オールズモビルやビュイックとの差がなくなった。オールズモビルやビュイックは、シボレーやポンティアックの高級モデルと競合する一方、キャデラックの低価格モデルとも競合しているのだ。

もちろん、だからといって現行モデルの価格を上げれば、高級ブランドとしてのキャデラックが復権するわけではない。すべきことがあるとすれば、よりよいパフォーマンスとより多くの特徴を備えた別の高級車を売り出すことだ。そうすれば、現行モデルが現在占めている客層はビュイックに、ビュイックの客層はオールズモビルに譲ることができる。

増えすぎた車種の弊害

　ＧＭが苦戦していたのと同じ頃、フォードとクライスラーも混乱に陥っていた。どちらも、ひとつの名前で、社名とブランド名の両方を満たそうとしたからだ。

　フォードは、ブランド名を変えればフォーカスも順に整理できるだろう。だが、クライスラーは容易ではない。ブランド名が、あまりにも入り組んでいるからだ。一九九四年には、さらにネオンが登場した。初年度だけで一七万八九六〇台が売れ、販売台数ランキングでは、リンカーン（一七万九〇〇〇台）、クライスラー（一九万七〇〇〇台）に続き国内一七位とまずまずの成功である。サターンの売上は、初年度はたった七万四四九三台だった。だがネオンと異なり、サターンは購入者の間に明確なイメージがある。ネオンのイメージは弱い。

　ごく平均的な消費者は、自動車を選ぶ際に、だいたい三つのブランドを見てまわる。このとき、多種のモデル展開をし、数多くのメッセージを発していると、かえって消費者の混乱を招く。実際、自動車購入者の多くは、テレビや新聞で見た車よりも、友人が乗っている車に強い影響を受けている。すなわち、自動車の需要は、路上で生みだされているのだ。格好いい新モデルに乗ると、最初に聞かれるのはたいてい、「それ、何ていう車？」である。もしあなたが、「ネオンだよ」と答えたら、「ネオンをつくっているのは、どこのメーカー？」と聞かれるだろう。

　現在、国産だけでも、六三二種の自動車と軽トラックがある。加えて輸入車が二七七種。消費者のイメージに混乱を招き、自動車メーカーから強力なブランドを創出する能力をそいでいるのは、このあまりにも多すぎる車種である。

しかし、自動車メーカーはこの事態をさほど憂慮していないようだ。最近も、GMのある役員が言っていた。「消費者は、我が社の車が欲しいと思えば、ちゃんと見つけ出してくれるものですからね」。本当にそうだろうか。九〇九種類もの車の一部でも、車種とメーカーをセットで正確に答えられる人は何人いるだろう。三五種類ほどある有名車種だけでも、思い出すのは難しい。

ホンダ・アキュラの良策と失策

ネオンとアキュラを比べてみよう。ホンダはアキュラで高級車市場に乗り出したとき、既存ディーラーは使わず、新たにアキュラ用のディーラー組織をつくった。そのほうがコストが高くつくのに、である。しかしこれによって、二点で功を奏した。第一に、「ホンダはリーズナブルな日本車」というフォーカスを維持できた。第二に、「アキュラは贅沢とまではいかないけど、そこそこ高級な日本車」というブランドイメージを構築できた。ホンダは、二ステップ戦略によってフォーカスを保ったのである。

アキュラは、アメリカ市場初の高級日本車という強力なブランドイメージをたずさえ、昨年、高級車市場トップの九万七〇〇〇台を売った。二位のレクサスが七万九〇〇〇台、インフィニティは五万九〇〇〇台だった。

しかし、ホンダはこの方針を維持する勇気がなかった。アキュラのディーラーは高価な六気筒のレジェンドだけではやっていけないと思い込み、安い四気筒のインテグラも扱う許可を与えたのだ。これは、二つの悪影響を及ぼした。

第一に、アキュラのフォーカスを損なった。アキュラは、三万六〇〇〇〜四万四〇〇〇ドルの高級車レジェンドに近い車なのか、それとも一万六〇〇〇〜二万一〇〇〇ドルの中級車インテグラに近いのか？　ご想像のとおり、インテグラはレジェンドのほぼ二倍売れている。アキュラは売れてはいるが、フォーカスしきれていない。このままでは、高級車市場トップの地位も失うことになるだろう。

第二に、最終的にはレクサスが輸入高級車の首位に立つのが、ほぼ確実になったこと。レクサスは六気筒か八気筒で、価格帯は三万二〇〇〇〜五万一〇〇〇ドルに絞っている。高級車に限れば、アキュラの約二倍売れている。フォーカスを失ったアキュラブランドを追い抜くのは、時間の問題だ。

さらにアキュラは、スポーツカーのNSXを出し、ますます問題を深めている。NSXという車自体は成功したが、商売としては失敗だ。NSXは、アメリカで年間約九〇〇台を販売しているが、これは儲けを出すには少なすぎ、フォーカスを損なうには十分である。

ホンダはなぜ、NSXをアキュラに投入したのか？　「主なねらいは、ブランドイメージの創出です」と同社の北米販売担当ゼネラル・マネジャーは言うが、これは間違っている。

自動車産業の町デトロイトには、何年にもわたって語り継がれてきた伝統の知恵がある。それは、「あらゆるブランドには、三つのものが必要だ」というものである。その三つとは、①安い入門車、②イメージ車、③フルラインの主力車、である。言いかえれば、消費者を引き込む車、消費者にイメージを与える車、そして消費者に売るための車である。

シボレーには、シベットとコルベットがあった。ポンティアックにはルマンとフィエロがあった。ビュイックには、スカイラークとレアッタがあった。無愛想なキャデラックでさえ、入門車としてシマロンが、イメージ車としてアランテがあった。今はもう、どちらもないが……。

自動車メーカーが犯す根本的な間違いは、各ブランドを独立してとらえ、社全体のフォーカスの一ステップとしてはとらえないことだ。シボレーやポンティアック、オールズモビル、ビュイック、そしてもちろんキャデラックも、それぞれにとっては、入門車やイメージ車はよくない存在でも、GMという会社にとってはあったほうがいいのだ。

GMの問題は、入門車となるブランドを、シボレーとサターンの二つも抱えてしまったことだ。社としてフォーカスを絞るには、どちらかを入門車として位置づけ、もう一方のフォーカスは変更したほうがいい。

イメージチェンジは要注意

スバルは一九八〇年代、全米輸入車市場で、ホンダ、トヨタ、日産、マツダに続く五位につけていた。年間販売台数は平均一六万台。当時のスバルには「安い」というフォーカスがあった。広告にもうたっていたように、「安くても頼れる車」だったのだ。これに加え、同社にはもうひとつのフォーカスがあった。「四輪駆動車」だ。八〇年代半ば、アメリカで販売されている四輪駆動車の半分はスバル車だった。しかしそれは、アメリカで売られているスバル車の三分の一にすぎなかった。

さて、このあとスバルは、どうすべきだったか?

一社が二つのフォーカスを持ち、その両方が有効で成功の可能性を秘めている――、こういうケースは珍しくないが、たいていの場合、両方のフォーカスを行ったり来たりしているうちに、消費者も社員も混乱してしまう。企業は、どちらかを選択せねばならない。そして選んだほうを強く打ち出し、もう一方は、あえて控えめに扱うのだ。

スバルの場合は、二つのフォーカスに一貫性がなかったため、余計に混乱した。安い車と四輪駆動車の両立などあり得ない。四輪駆動車は、二輪駆動車より高くて当然だ。しかしスバルは、どちらかを選択してフォーカスするという課題に取り組まず、代わりに別のステップに踏み出した。富士重工にスポーツカーの開発を依頼し、XTと名づけたのだ。V字型で色鮮やかなXTは、これまでのスバルのイメージとの共通性が全くなかった。

XTのテレビCMは、かなりの話題になった。農夫が息子にスバル車を買うように言う。息子がXTに乗ってものすごいスピードで農場に戻ってくると、父親は眉をしかめて「スバルを買う約束だったろう?」と言う。すると息子が答える。「でも父さん、これもスバルなんだよ」

スバル・アメリカの社長トム・ギブソンは、このCMが一番のお気に入りで、「安くて不格好な車というイメージを払拭《ふっしょく》して、上流向けの企業イメージを打ち出せた」と話していた。ディーラーにも、広告業界にも評判は上々、その年最高の自動車広告に贈られるクリオ賞を受賞した。

しかし、消費者の評判はどうだったか。よかった、最初のうちは……。初年度こそ、平均的なスバル車の二倍の価格にもかかわらず、二万七〇〇〇台を売り上げたが、その後販売台数は確実に減り、ついに市場から消えたのだった。

よくある現象だ。ある会社が、これまでとは全く異なる製品を発売すると、直後は「ショック効果」で消費者の興味を強く刺激する。だがその効果が薄れはじめると、売上も落ちていく。スバルのXTもアキュラのNSXも、さらにはクリスタル・ペプシも同じだった。クリスタル・ペプシは、テスト販売の最初の月、ソフトドリンク市場の四%も獲得したが、一年後には、まったくふるわなくなった。アキュラNSXも、初年度は販売台数二六〇〇とまずまずの滑り出しだったが、現在では年間一〇〇〇台にも届かず、減少の一途をたどっている。

スバルがXTを導入した一九八五～八六年、同社の全米市場における売上は最高潮に達していた。しかしその後は右肩下がりとなった。低迷の原因は、主力ラインへのフォーカスを失ったことと、XTの導入だ。一九八六年には一八万三〇〇〇台だった販売台数も、現在では約一〇万台に落ちている。一九九一年に、SVXというスポーツカーで再起をはかったが、これもXTと同じく、平均的なスバル車の二倍も高かった。「新規参入の非常に難しい高級クーペ市場に、自殺行為同然の攻撃を仕掛けたスバル。この攻撃の成功率は五分五分かもしれない。だが、スバルのイメージを変えるだけでなく、今後この市場に参入する車全体の向上につながるだろう」と、業界誌「カー&ドライバー」は熱狂した。しかし、結果はXTと同じだった。最初は爆発的に売れたものの、すぐに半減した。

スバルというブランド名がかきたてるイメージは、変えられない。消費者がいったんある言葉に抱いたイメージは、変えられないのだ。もし変えられるものがあるとすれば、それはスバルという名前そのものだ。前述したように、スバルのような「u」音で終わる名前はよくない。音の悪い名前は、スポーツカーのような高級品にはそぐわない。多くの人にとって、「スバルのスポーツカー」という言葉そのものが、矛盾をはらんだものに聞こえてしまう。

同社のようなブランドは、安い市場にフォーカスしたほうがよい。消費者は、安い商品には、「これだけ安いのだから、どこか妥協しなければ」と考える。VWは、見た目は悪いが安い車としてビートルを売り出して成功した。消費者は、「一九七〇年型VWは格好が悪い。だから長持ちする」というメッセージを受け取った。効き目は抜群だった。見た目が悪いという弱みをみごとに強みに変えたのだ。ビートルは、今後も長く売れるだろう。

企業が浮上するための三つの作戦

当時のVWには、「小さくて、信頼性が高くて、安くて、見た目が悪い車」という強烈なフォーカスがあった。一九六八年には、全米で五六万四〇〇〇台を販売し、輸入車市場のシェア五七%という信じられない数字を出していた。しかしそのVWも、やがてフォーカスを失った。

一九七一年に、412型を発表。「VWは、新タイプのVWを発表します。大型車です」と広告はうたった。そして一九七六年、今度はダッシャーを発売した。この広告では、「大いなるプライドを胸に、高級車市場に進出します。ダッシャー、それはエレガントなVWです」とうたった。

こうしてVWは、フォーカスを失うごとにシェアも失い、一九七〇〜八〇年代は、下降線をたどりつづけた。そして現在、輸入車市場の同社シェアは七%にまで落ち込んでいる。台数にして約一一万四〇〇〇台、スバルとほぼ同じである。

あまりにも多くの会社が、これと酷似した道をたどった。斬新な製品でいったんは市場に確固たる地位を築くものの、その斬新さが失われると、売上が落ちはじめる。

では、VWは何をすべきだったか？　当時、同社には三つの選択肢があった。①流行に乗って大型高級車を導入する。②従来のフォーカスを死守する。③市場の変化に対応して新ブランドを投入する。この三つを、個々に詳しくみてみよう。

①流行に乗って大型高級車を導入する

VWが実際に選択したのはこれだった。戦略を貫くテーマは、「異なる人々に、異なるVW車を」。しかし結果は悲惨だった。

VWというブランドが破壊されたのは、同社が、消費者がこのブランドに抱いているイメージと反する車を売り出して、フォーカスを失ってしまったからだ。「製品の品質そのものが成否を決定づける」という品質信仰は、VWにもはびこっている。だが実際には、製品の品質は関係ない。イメージの問題だ。ショールームに飾られたVWの大型高級車を目にした消費者は、「これはVWじゃない」と思ってしまう。それは、彼らの抱くブランドイメージにそぐわない車なのだ。

②従来のフォーカスを死守する

これは悪い戦略ではない。ジッポーは、方針を変えずに頑張りつづけて利益を上げている。製品のトレンドは、時とともに移りゆく。VWでいえば、今は最初のビートルのような車にこそ強い追い風が吹いている。すなわち、小型で、実用的で、安くて、運転して楽しい車だ。このことを、同社の社員はしっかり認識すべきだ。もし同じようなモデルを出したら、世界中のモーターショーで大ヒットしていたのではないだろうか。

コカ・コーラは、ニュー・コークの失敗を経て、オリジナルのコカ・コーラに回帰した。VWに同じことができないはずがない。クラシックなVWは、クラシック・コークと同じくらい人気を博すだろう。

③市場の変化に対応して、新ブランドを投入する

VWは、新たなブランド名で大型高級車を導入することもできた。これは、ホンダがアキュラで、トヨタがレクサスでとった戦略だ。あるいはまた、GMのように価格帯ごとに別ブランドをつくる複数ステップ戦略をとることもできたのだ。たとえば、三大ラインを、価格帯ごとに、ゴルフ、ジェッタ、パサートというブランド名にするというように。

VWというブランド名と、ゴルフ、ジェッタ、パサートという車種名には、イメージに大きな

違いがある。見慣れない車を目にすると、消費者はまず、「あれは何という車だろう?」と思う。「パサートだよ」「メーカーはどこ?」「VWさ」。ブランドとは、その製品をつくっているメーカーを指す。車種は、同じメーカーがつくる似通った製品を区別するためのものだ。消費者は、同じメーカーがつくる車は似ていると考える傾向がある。だが、ブランドが変わると、違うメーカーがつくっていると考え、だから「似ていない」と感じる。

GMは、「キャデラックは、GMとは別会社のキャデラック・モーター・カー・ディヴィジョンがつくっている」というイメージを定着させた。もし、シボレーとキャデラックが同じ生産ラインで製造されていることが広まったら大変なことになるだろう。シボレーのエンジンを、オールズモビルとビュイックにも積んでいたことがわかったときのスキャンダルを思い出す人もいるかもしれない。ビュイックの愛用者は「私はビュイックを買ったんだ。エンジンも何もかも、ビュイックにしてくれないと」と不満を述べたものだ。

アウディをつくっているのは、実はVWだが、子会社として分離し、アウディ独自の生産拠点とディーラー組織をつくり、別ブランドを確立させた。しかしスバルと同じく、アウディは名前が弱い。VWが複数ステップでフォーカスを構築するのには、さほど貢献しなかった。そのうえ一九八六年に、CBSの報道番組「60ミニッツ」が「制御不能」というタイトルで、アウディ5000に生じる突発的加速を取り上げたことで、このブランド名は地に落ちた。

その後、何年にもわたる調査の結果、この問題は運転ミスが引き起こすものであることが判明したが、消費者のイメージは、現実よりも重かった。番組の放映前に年間七万四〇〇〇台だったアウディの売上は急降下し、現在では一万八〇〇〇台である。

もしもアウディが、ベンツのように「よい名前」だったら、ダメージはこれほど大きくなかったかもしれない。よい名前というのは、よく知られているとか、一流の名前という意味ではない。音としてよい、という意味だ。音の響きがよければ、問題の影響をはねのけることもできる。逆に響きが悪いと、問題の影響を強く受けることになる。

時は過ぎゆく。栄枯盛衰の中で、どの企業もVWのような問題に直面するが、①の「流行に乗って大型高級車を導入する」のような道を選べば、フォーカスを失い、敗北するだろう。それでもほとんどの企業がこれを選択するのは、フォーカスを維持するよりも、市場のトレンドを追うほうが大事だと思っているからだ。これに対し、②の「フォーカスを死守する」をとれば、独自色を維持でき、勝利を収めることができる。③を選んでも、勝利は収められる。複数ステップのフォーカスを確立することにつながるからだ。新ブランドの導入は、そう簡単にできるものではない。モデルは入れかわりがあってもかまわないが、ブランドはめったにつくれるものではない。だが、成功のカギを握っているのは、モデルではなくブランドだ。このことを企業は肝に銘じておくべきだ。新ブランド導入は、金がかかる。だが、安上がりな成功への道など存在しない。

自社イメージに合ったブランドの育て方

では、社名とブランドとの関係はどうあるべきか。たとえばGMは、シボレーにもGMと銘打つべきだろうか？　顧客の視点から言えば、打たないほうがいい。シボレーをメーカー名だと思い込ませたままにしたほうがいいからだ。GMがサターンを「別会社が出す別の車」として売り出したのも同じ理由だ。消費者は、サターンがGMの傘下にあるとわかっていても、「別会社として展開している」とイメージしている。

しかし、株主やファイナンシャル・アナリスト、銀行家、ジャーナリストなどのいわゆる関係者は、社名を銘打つほうがいいと考える。そこで妥協策として、ブランド名を大きくし、社名はずっと小さく表示するケースが多くなる。洗剤の「タイド」のパッケージを見ても、P&Gというメーカー名はなかなか見つからない。でも、箱のどこかに入れてある。

複数ステップでフォーカスを構築するためには、ブランドを買収するのも悪くない。だが、あまりにも多くの企業が、「ステップの構築」を目的とせず、自社ブランドの「間隙を埋める」ためにブランド買収を検討している。自社にないものを持つブランドを買収すれば、うまくいくと考えてしまうのだ。

一九八九年に、フォードがジャガーを二六億ドルで買収したとき、完璧な組み合わせだと評された。しかし、ジャガーの車といえば、小型でスポーティーで高価な車、フォードの車とはまったく違う。フォードのラインに、ジャガーの車がはまる位置などあるのだろうか？　フォード、マーキュリー、リンカーン、そしてジャガー、とでもするつもりだろうか？　ステップをうまく構成しているようにはとても思えない。リンカーンの愛用者が次に目指すのは、ベンツのような大型車であって、ジャガーのような小型車ではない。

この買収劇は、財政面でも成功とは言い難かった。五年後、ジャガーは一三億ドルの赤字を出した。フォードはジャガーの工場の近代化に、何百万ドルもつぎ込む羽目になった。さらに一九九六年末までに、新製品開発、生産ラインの近代化、人員削減で、計一六億ドルを投じるという。とてつもない投資だが、見返りはほとんどないだろう。

自社のフォーカスを維持したいなら、フォーカスのための一ステップとなってくれるブランドを買収することだ。

BMWも、ブリティッシュ・エアロスペースからローバーを買収した際、同じ間違いを犯した。同社は、この買収で二つの問題を抱え込んだ。ひとつは、ローバーそのものが、乗用車とスポーツカーを製造するフォーカスを欠いた企業だったこと。もうひとつは、高級スポーツカーと、それより安いランドローバー・ディスカバリーとの間に混乱が生じたこと。これではジャガーと同じ結末を迎えるのは目に見えていた。

BMWのブレント・ピシェッツリーダー会長は、ローバーの乗用車を、安い入門車として売り出したいと語ったが、ローバーには、コストの低い経済的な車というイメージなどない。そもそも、低コストの入門車というコンセプトそのものが、BMWのフォーカスにそぐわない。BMWといえば、ドライビング・マシンだ。小型で、パワフルで、運転しやすく、高価で、ドイツ的な車である。もし下の市場を目指せば、VW、フィアット、ルノーと競合する。第一、BMWが築き上げてきたイメージから考えれば、魅力的な消費者層でもないだろう。

BMWは、むしろ上の市場を目指すべきだ。どんな市場でも、二つのブランドが拮抗《きっこう》するものだ。コカ・コーラとペプシ・コーラ、マクドナルドとバーガー・キングというように。自動車業界では、シボレーとフォード、キャデラックとリンカーン。しかし高級車市場だけはベンツのみ、競争相手がいないのだ。新ブランドをつくれば、BMWのブランドイメージを「小型の、純粋なドライビング・マシン」にフォーカスし直せる。そして新ブランドのイメージは、ベンツに対抗する高級車としてフォーカスできる。

雑誌ビジネスが示す複数ステップの効用

雑誌ビジネスは、複数ステップでフォーカスしている好例である。かつて、最も成功を収めていた雑誌社だったタイム社は、新たなビジネス誌を創刊した際、「タイム・フォー・ビジネス」とはせず「フォーチュン」とした。ビジュアル誌の創刊時も、「タイム・フォー・ピクチャーズ」

とはせず、「ライフ」とした。同様に、スポーツ誌は「タイム・フォー・スポーツ」ではなく「スポーツ・イラストレイテッド」、ゴシップ誌は「タイム・フォー・セレブリティー」ではなく「ピープル」、エンタテインメント誌は「タイム・フォー・エンタテインメント」ではなく「エンタテインメント・ウィークリー」と名づけた。

「タイム」「フォーチュン」「ライフ」「スポーツ・イラストレイテッド」「ピープル」「エンタテインメント・ウィークリー」――、タイム社は、企業戦略として、複数のステップでひとつのフォーカスを打ち立てている。ひとつのフォーカスとは、「ニュース」だ。

同社は、世界情勢のニュース、ビジネス界のニュース、写真で見るニュース、スポーツ界のニュース、有名人のニュース、エンタテインメントのニュースを提供している。「ライフ」はテレビの登場に足下をすくわれたが、他はどれも好調だ。

企業は、ひとつのフォーカスさえ定まれば、その下で個別のブランドを展開できる。企業全体の一体感にこだわりすぎてブランドの個別化をないがしろにすると、必ず問題が生じる。サタデー・レビューは、一九七〇年代に四分野で雑誌を創刊したが、すべてに社名を入れた。「サタデー・レビュー　ジ・アーツ」「サタデー・レビュー　エデュケーション」「サタデー・レビュー　ザ・ソサエティ」「サタデー・レビュー　ザ・サイエンス」――。四誌が揃った一年後、同社は一七〇〇万ドルの赤字を報じられた。当時の一七〇〇万ドルといえば、大変な額だった。

これと正反対の戦略をとったのが、パット・マクガヴァンだ。一九六七年にコンピュータ関連の出版社ＩＤＧ（インターナショナル・データ・グループ）を創業したマクガヴァンは、「コンピュータワールド」を皮切りに二三五誌を発行、誌名はどれもばらばらにした。現在、同社の雑誌は世界二七ヶ国、二四言語で出版されているが、総売上は一億ドルを超え、毎年平均一五％の成長を続けている。

「私たちは、一貫してＩＴにフォーカスしています。ＩＴ産業が成長するかぎり、私たちも成長しつづけるでしょう」とマクガヴァンは言う。同社の世界的事業展開も成功のカギとなっている。一九七一年に日本、一九七五年にドイツ、一九七六年にはブラジルに進出している。成長を恐れる企業は国内のライン拡大に走りがちだが、フォーカスを定め、その同じ資産で海外展開を目指す戦略をとったほうが、成功の確率は高いのだ。

リグリーの「ハイ／ロー」戦略

複数ステップのフォーカスの古典的な例に、リグリーがある。同社は、一〇〇年以上もチューインガム一筋で、創業以来「ジューシー・グランド」「スペアミント」「ダブルミント」という、三ブランドのみを販売してきた。だがその後は、シナモンがはやると「ビッグ・レッド」を、シュガーフリーがはやると「エクストラ」を、歯につかないガムがはやると「フリーデント」を発売、というように機敏に対応してきた。最新ブランドは、息がさわやかになる「ウィンターフレッシュ」だ。

過去一〇年のリグリーの業績には、目を見張るものがある。売上は毎年伸び、一九八四年に五億九〇〇〇万ドルだったのが、九四年には一六億ドルになった。さらに驚くべきことに、純益も着実に伸びている。一九八四年には売上比七％だったのが、現在では一四％だ。念を押しておくが、チューインガムの企業である。コンピュータ・チップの企業ではない。

アメリカのチューインガム市場の半分は、リグリーのものだ。そのうえ、同社は収益の半分を北米以外で稼いでもいる。この割合は近い将来さらに伸びるだろう。一製品に強くフォーカスすることには、これほど多くの利点があるのだ。

リグリーは、継続的に生産コストを削減してきた。そのおかげで低価格を維持し、競争相手を退けることができた。これほどブランドを確立したチューインガムは、他にない。また、生産コストを下げたぶんを広告予算にあてることもできた。リグリーは毎年、売上の七％にあたる一億二〇〇〇万ドルを広告費にあてているが、財務上の負担になることはない。

鋭くフォーカスを絞った企業は今後、市場支配のために「ハイ／ロー」戦略をとるようになるだろう。生産量と広告費は高く設定し、生産コストと価格は低く抑える戦略だ。小売業界では、これを「カテゴリー・キラー」と呼ぶ。製造業ではとくに呼び名はないが、インテルやコンパック、コカ・コーラ、リグリーがこの戦略をとっている。
リグリーのように市場を支配している企業は、ブランド力だけでなく、市場そのものの規模拡大にも資金を投じられる。リグリーは「禁煙スペースでは、タバコの代わりにチューインガムを」というキャンペーンで、売上を大きく伸ばした。同社は、一貫してブランドごとの、つまり複数ステップのフォーカス体制をとっている。たとえば、リグリー最大のヒット商品である「ダブルミントガム」は、一九六〇年代からずっと広告に双子を起用している。おかげで消費者には「あの双子は永遠にダブルミントをかみつづける」というイメージがすっかり定着している。

「ひとことで定義できる会社」になれ

企業によっては、製品ではなく「属性」に複数ステップのフォーカスを構築して成功しているところもある。たとえば「贅沢」。ヴァンドーム・ラグジャリー・グループは、贅沢という定義に当てはまるブランドを買収して発展した。贅沢とは「品質、アイデンティティ、そして信頼性」である。同グループは、宝石のカルティエ、紳士用品のダンヒル、万年筆のモンブラン、時計のピアジェとボーム&メルシエ、ネクタイのサルカ、洋服のカール・ラガーフェルドを傘下に擁している。堂々たるブランドばかりだ。

モンブランの業績だけでも、特筆に値すべきものがある。この葉巻型万年筆は、紙巻きタバコ型で追随するクロスやウォーターマンやパーカーを引き離して、高級市場に君臨している。ヴァンドームも目覚ましい利益を上げ、売上約二〇億ドルのうち、純益は一三%にものぼる。「贅沢」といったシンプルな企業コンセプトには、未来を切り拓く力がある。ガム、ドライビング、安全性、贅沢……。たったひとことで定義できるイメージを持つ会社は、国内外の市場を支配するほどの強力な組織を構築できるのだ。

フォーカスを絞れば、競争に勝ち抜き、ねらった市場で支配的な地位を確立できる。フォーカスとは、未来志向のビジネス組織に必要不可欠な要素である。将来、利益を上げたい企業には、なくてはならないものなのだ。

複数ステップのフォーカスは、すでに驚くべき成功をもたらしている。世界中で賞賛されているブランド、リーバイスのブルージーンズも例外ではない。コカ・コーラ、マクドナルドも同様だ。

リーバイスのオーナー企業リーバイ・ストラウスは、「全米」最大のジーンズ販売会社だと思われがちだが、実際の全米最大企業は、ペンシルバニア州ワイオミシングのVFコープだ。VFは、ジーンズの有名ブランド、リーとラングラーを擁し、二つを合わせるとリーバイスの販売数を上まわる。ブランドを二つ持つことで、二つの市場で展開でき、また独占販売を求める販売店にも柔軟に対応しているのだ。

VFは、各ブランドごとに本社を構えている。リーはカンザス州メリアムに、ラングラーはノース・カロライナのグリーンズボロに本社がある。統合すれば、経費は節約できるだろうが、良策とは言えないだろう。

あなたの会社に「若者向け」はあるか

リーバイスも、この手法を学んではいる。カジュアルウェアのドッカーズを立ち上げた一年後、格安チェーン向けの安価なラインであるブリタニアを買収し、現在では、ブリタニア、リーバイス、ドッカーズという三ステップで臨んでいる。これでしばらくは、少なくとも短期的には、同社の「世界最大のブランド衣料メーカー」という立場を支えてくれるだろう。しかし長期的には、まだ危うい。若年層向けのラインが脆弱《ぜいじゃく》だからだ。人は、大人になっても若い頃に好きだったブランドにこだわる傾向がある。最近の調査によると、現在三〇歳代、四〇歳代の人々は、自分の世代に最もぴったりくるブランドとしてリーバイスを選んでいる（二位はコカ・コーラ、三位はマッキントッシュ）。これはリーバイスにとって、よい事実であると同時に悪い事実でもある。

悪い事実とは、今の若者がバギースタイルやヒップホップスタイルであり、501をはかないということだ。子どもは、音楽でも服でも、親と同じものは嫌がる。ごく一部の都会的なブランドを除けば、親世代に支持されたブランドで新しい着こなしをしている子世代にも支持されているものはない。

リーバイスは、新タイプの子世代向けブランドを立ち上げるべきだ。既存ブランドのライン拡大ではなく、新ブランドを立ち上げるのだ。子どもが欲しいのは、「自分の」ブランドであって、大人向けブランドの変化球ではない。

一九八九年、カール・ウィリアムズは、ストリート的なブランド「カール・カナイ」を立ち上げて一大ブームを巻き起こし、年間六〇〇〇万ドルもの売上に達した。どの企業も、ステップの最上段ではなく、最下段で起こっていることにこそ注意を払うべきだ。新ブランドが目指すべきターゲットは、若者世代である。自分たちの世代を差別化する方法を常に探している彼らは、新ブランドに敏感だ。歳をとるほど、いつもの着こなしやブランドから冒険しなくなるのと対照的である。

古い企業の多くが絶滅した一因は、既存のブランドを守ろうとしてライン拡大などの延命策にすがり、若者向けの新ブランドを導入しなかったことにある。理想は、あらゆる企業がひとつのフォーカスの下で複数ステップ（複数ブランド）を準備し、ステップの最下段に新ブランドを導入することだ。

この戦略の有効性は、香水のような移り変わりの激しい市場だとわかりやすい。カルバン・クラインは「オブセッション」という香水で大成功した。続く「エスケープ」「ＣＫワン」も成功した。一方、シャネルは、「ナンバー5」「ナンバー19」「ココ」という名前に固執しすぎ、徐々に客が離れている。企業の多くは、カルバン・クラインではなくシャネルのような方針をとる。巨額の資金を、新ブランドへの投資ではなく、古いブランドの救済に投じてしまうのだ。市場で常にブランドが入れかわる背景には、こうした事情がある。市場トップの企業が若年層の求める新ブランドを提供できなかった場合、客は別の企業に流れていく。

「太っちょペン」という新ブランドを導入したのは、パーカーではなくモンブランだった。

ニューエイジ飲料を導入したのは、コカ・コーラではなくスナップルだった。

ファッション時計を導入したのは、セイコーではなくスウォッチだった。

新市場には新ブランドで

継続的に複数ステップのフォーカスを維持している企業は、なかなか見あたらない。GMが早くからこの戦略で成功したにもかかわらず、その手法は浸透していないのだ。一製品で複数ステップを構築している企業ならいくつかあるが、残念なことに、全体としてのフォーカスが欠けているために、さほどうまくいっていない。戦術はよいが、戦略がよくないのだ。

チーズケーキとパンティーストッキングを手がけるサラ・リーは、一九六〇年以来、一五〇社以上を買収してきた。その中には、掃除機のエレクトロラクス、靴墨のキウイ、靴下のヘインズ、精肉製品のジミー・ディーン、スポーツウェアのチャンピオン、衣料のプレイテックスなどが含まれていた。個別では賢明な買収に見えたが、結果として企業のフォーカスはすっかり失われてしまい、多くの問題に直面することになった。

その中で、例外的にうまくいっているのが、世界最大の靴下とストッキングのメーカー、ヘインズだ。ただしこれは、ブランドを絞って得た地位ではない。

ヘインズは、この業界でデパートでの売上トップの企業だが、デパート客の減少に対応して、他の流通経路も模索した。女性が週に一度は足を運ぶスーパーマーケットは絶好のねらいめだった。同社は、当時スーパーにはパンティーストッキングを置いていなかったにもかかわらず、スーパーを流通経路として選択した。この英断が成功した要因の八割は、他社に先んじた点にある。こうしてヘインズは、スーパーで売られた初のパンティーストッキングになった。

このとき、同社はもうひとつ賢明な決断を下した。従来の考え方なら、スーパー向けに「ヘインズ2」とでもして、ストッキング業界最大のブランド力を活かそうとするだろう。だが、複数ステップの戦略に従えば、各ステップで独自のブランド名を持つべきだった。そこで同社は、「レッグス（L'eggs）」という別ブランドを立ち上げた。そしてそれを卵（egg）にちなんだ白いプラスチック製の卵形ケースに入れて販売したのだ。「レッグスは卵を買う店で買えます」というわけだ。

この新ブランドは、新たな流通経路にふさわしい名前を得て消費者に浸透していった。現在レッグスは、全米一のパンティーストッキング・ブランドとしてシェア二五%を獲得している。サラ・リーの総売上約一〇億ドルのうちの三分の二を占めていることになる。残り三分の一はへインズと数社の小ブランドが占めている。つまりサラ・リーは、二ブランドで、デパートとスーパーという主要流通経路を支配したのだ。

複数ステップ実践上のアドバイス

タンポン業界のトップ、タムブランドも、複数ステップのフォーカスの重要性に気づいた。創業以来六〇余年、同社は「タンパックス」だけにフォーカスしてきたが、他の多くの企業同様、ライン拡大を行った。事業を多角化し、妊娠試験キット、化粧品、生理用ナプキンなどの製造に手を出したのだ。結局、どれもうまくいかなかった。

そうこうするうち、「タンパックス」のシェアも約六〇%から五〇%に落ちた。経営陣はいきり立ち、一九八九年、続いて一九九三年にCEOを解任した。そしてようやく、何年も前から取り組むべきだったブランドの複数化を開始した。

「タンパックス」は紙製のタンポンだったが、他社から、プラスチック製の「プレイテックス」というタンポンが新登場した。こちらは、おしゃれで現代的だった。若い女性にとって「タンパックス」は時代遅れになり、「プレイテックス世代」という言葉まで生まれた。

そこでタムブランドは、「サテン・タッチ」という新ブランドを導入した。この商品は、見た目も肌ざわりもプラスチックだったが、「タンパックス」のように水に流せた。旧世代向けには青い箱の伝統的「タンパックス」、若い世代向けには鮮やかなピンクの箱の「サテン・タッチ」――、タムブランドは、タンポンに二つのステップを用意した。

世界最大の動力工具メーカー、ブラック&デッカーも、複数ステップのフォーカスを導入した。サラ・リーと同じく、買収を繰り返し財政困難に陥っていたが、新ブランドを構築するという感覚は失っていなかった。

一九九二年、同社はプロ向けのデウォルトという新ブランドを発売した。従来のブランド、ブラック&デッカーは、これまでどおりアマチュア向けのDIY市場にフォーカスしていた。

デウォルトの登場前、プロ向け工具市場を制していたのは、シェア約五〇%を占める日本企業マキタ工具で、ブラック&デッカーのシェアはわずか一〇%だった。しかし「アキュラ作戦」と称する計画を実行し、デウォルトは、三年も経たないうちに売上三億五〇〇〇万ドルのブランドに成長、一躍市場トップに躍り出て、動力工具市場全体でも、ブラック&デッカーに次ぐ二位となった。

フォーカスを複数のステップで組み立てる方法はいろいろあるが、一番大切なのは、ステップの一貫性を失わないことだ。ステップ同士が重複するということは、自社ブランド同士の競合を意味するからだ。これを避けるには、製品ライン全体を貫く特徴にフォーカスすることだ。例を挙げてみよう。

［価格帯］一番わかりやすいのは、アルフレッド・スローン時代のGMが展開したように、「各価格帯ごとにブランドをつくり、重複を避ける」という複数ステップだ。ジレットも、ひげそりのブランドを、「トラックII」「アトラ」「センサー」と複数ステップで展開して市場を支配した。ビール業界では、ブッシュ、バドワイザー、ミシュロブの三ブランドを展開しているアンヒューザー・ブッシュが好例だ。

［年齢層］ブランドや製品も、人間と同じく歳をとる。既存ブランドの引退時期が近づいたら、若者向けの新ブランドを導入すべきだろう。一九三六年に「タンパックス」が導入されたとき、顧客は若い女性に限られていたが、今では母親世代のブランドだ。だから、若い世代向けに「サテン・タッチ」が導入された。

［料理］レッド・ロブスターとオリーブ・ガーデンを展開するダーデン・レストランは、シーフードとイタリアンという、二大人気料理を提供している。会社が拡大すれば、さらに他の料理を導入することも視野に入れていいだろう。だが、一般的なカジュアルレストランやファストフー

ドを導入すれば、自社の既存チェーンと競合する。競合相手はあくまで他社でなければならない。

［小売］小売業界は競争が激しい。ゆえに、競合店に同じブランドを置くのは難しい。もし、ヘインズが、スーパーで販売するパンティーストッキングにも「ヘインズ」というブランド名を使用していたら、デパートでの流通はどうなっただろう？　流通経路ごとに異なるブランドを設定するのが理想的だ。

ここに並べたのは、複数ステップのフォーカスを構築できる可能性を秘めた特徴の一例にすぎない。想像力を広げれば、可能性はもっと広がる。これまでにも、競合他社が思いもよらなかったチャンスをつかんで成功を収めた企業がいくつもある。流通をカギにステップを組み立てるという手法も、最近になって見られるようになったものだ。今は気づいていないチャンスが将来生まれる可能性も大いにある。

失敗例に学ぶブランドの扱い方

成功した起業家でも、複数ステップのフォーカスに転換するチャンスを逃すことがある。たとえば、ウェイン・ヒュージンガがそうだ。彼ほどの成功を収めた人はめったにいない。廃品処理業のウェイスト・マネジメントから始まって、ブロックバスター・エンタテインメントを立ち上げるまで、どの事業でも、彼の成功のパターンは同じだった。まず、あるコンセプトを開発し、次にそれを実行し、さらに競争相手を買収して急速に拡大するのだ。

しかし、音楽事業ではつまずいた。ブロックバスター・ビデオというブランド名を音楽事業にも拡大してしまったからだ。現在、ブロックバスター・ミュージックは、傘下に五〇〇店舗以上抱えているが、レンタルビデオ・チェーンほどの成功は収められないだろう。ブロックバスターとは、ビデオを借りるところなのか、CDを買うところなのか？　別々のステップを構築しなかったこのブランドは、フォーカスを失うというおなじみの道をたどっている。そのうえ、ブロックバスター・ミュージックは、CDショップとして後発だっただけでなく、業界自体が、実質的値下げ競争という非常に厳しい状況にある。

アメリカン・エクスプレスは、ビザやマスターカードといった強力な競争相手の登場で足下をすくわれる中、新たなカードで対抗してきた。最新のものは、「アメリカン・エクスプレス・オプティマ・トゥルー・グレース」というチャージカードだ。たいていのカードは、残高がマイナスのまま買い物をすると即座に利息が発生するが、このカードは、残高がマイナスでも、月ごとの締め日から二四日間は利息が発生しない。

しかし、クレジットカードとチャージカードの両方にアメリカン・エクスプレスというブランド名を冠した同社は、混乱を招いている。基本に立ち戻ってそこに注力すべきときに、アメックスは不要なステップをどんどん加えた。強敵を前にして力を分散すれば、負けるに決まっている。

ブランドには力がある。だが、二つのものにひとつのブランド名をつければ、そのブランド力は半減する。別々につければ、力は二倍になる。ある限界からさらなる進歩を遂げるには、第二のブランドを導入するしかない。一ブランドだけで市場シェア五〇％以上を獲得するのは不可能である。マールボロは、全米タバコ市場の三〇％、マクドナルドも、ハンバーガー・チェーンの三〇％以下しか占めてない。

競合相手がいないなら、市場シェアを一〇〇％獲得できる。ジープはかつて、市場を独占した。だがどんな市場でも、時とともに競争相手が出現する。ジープのシェアも五〇％以下になった。肝心なのは、こういうとき、シェアの低下を取り戻そうと躍起になるばかりでなく、適切な時期を見計らって、第二ブランドの導入を検討するということだ。「適切な」時期とは、競争相手ではなくチャンスを見定めて決める。第二ブランドを投入するのは、シェアの低下したときだけではない。たとえシェアが九〇％あろうとも、新しいフォーカスが見つかったら、それが新ブランドを誕生させるときなのだ。

タムブランドは、「プレイテックス」のプラスチック製アプリケーターの利点を備えつつ、同時に「タンパックス」のようにトイレに流せるセルロースベースの原料を発見した。これが新ブランド「サテン・タッチ」のフォーカスとなった。もし「プレイテックス」の単なる亜流だったら失敗していただろう。

ジレットも、やはり明確なフォーカスのある製品を完成したときに、新ブランドを導入した。同社には、もともと「トラックII」という史上初の二枚刃のひげそりがあったが、史上初の「刃を調節できる」ひげそりを開発したときに「アトラ」を、史上初の「ショック吸収機能付き」のひげそりを開発したときに「センサー」を発売した。こうして三ブランドで三ステップを構築した同社は、約六五％という高シェアを獲得している。

効果的な複数ステップのための六つの原則

一度成功した企業は、社名変更を嫌がる。「我が社はあまりにも大きくなりすぎたし、それなりの成功も収めています。社名を変えることなどできません」というのが、こうした企業の言い訳だ。だが実際には、企業が大きくなり、有名になるほど、新社名にするのは簡単だ。メディアが宣伝してくれるからである。

一九七二年、ニュージャージー州にあったスタンダード・オイルは、他の「スタンダード」を冠した企業との間に混乱を招いていた。スタンダード・オイル・カンパニー・オブ・カリフォルニア、スタンダード・オイル・カンパニー（インディアナ州）、スタンダード・オイル・カンパニー（オハイオ州）……。そこで、ジャージー・スタンダードは、社名をエクソンに変えた。

これをニュースがこぞって取り上げてくれたおかげで、エクソンの名は一夜にして広まった。大企業が社名を一新すれば、必ず報道陣が殺到する。彼らは、ついでに企業イメージも広めてくれる。

「ウィンドウズ95」「ニュー・コーク」「ニュートン」「エドセル」「エクソン」など、有名な新商品や社名変更は、その出来ばえにかかわらず、必ずメディアの関心を集め、消費者に印象づけてくれる。エクソンが社名変更したとき、「ニューヨーカー」の記者ジョン・ブルックスは、こう書いた。「成功している会社のトレードマークは神聖不可侵、これを変更するのは自殺行為だというビジネス理論の古き常識をひっくり返した」

名前を変えるのに躊躇《ちゅうちょ》はいらない。製品とともに名前も時代遅れになる。ときには変更も必要なのだ。問題は、「いつ」変更するかである。一般的には、しかるべき「ニュース」があるときにのみ変更すべきだとされている。エクソンの社名変更が大ニュースになったのは、ガソリンスタンドのマークをすべて変更するのに何百万ドルという大金を投じたことが、メディアの注目を集めたからだ。社名変更だけしてマークを変えなかったら、これほど話題にはならなかっただろう。

複数ステップのフォーカスを確立する際には、ブランド名や社名以外にも、配慮すべきことがある。効果的な複数ステップを構築するための六つの原則を述べておこう。

①ある製品にフォーカスすること……乗用車、コンピュータ、チューインガムなど何でもいいが、その製品で複数ステップのフォーカスを構築すること。多種多様な製品を包括するブランドでは、複数ステップのフォーカスにはならない。いかなる戦略でも、一市場にターゲットを絞って初めて力が発揮される。複数ステップでアプローチすれば、市場全体をカバーでき、それぞれの分野からシェアを獲得することができる。

②ある特性に沿ってステップを分けていくこと……最も一般的なのは価格だが、流通やサイズ、年齢層、カロリー、性別で分けることも可能だ。とにかくひとつの特性に絞ってステップを分ければ、ブランド間の混乱を避けられる。

③ブランド間の差別化をきっちり行うこと……繰り返しになるが、価格は一番簡単に差別化できる特性だ。各ブランドにそれぞれ数字を当てはめるだけでいいからだ。どのブランドにも固有のアイデンティティを持たせるには、はっきりとした差別化が不可欠だ。価格帯が重複すれば、アイデンティティ創出は難しい。多くの人が、オールズモビルとビュイックのイメージを混乱しているのは、価格帯が似通っているからだ。

④似たようなブランド名は避け、まったく違うネーミングにすること……企業は似た名前をつけたがるが、大間違いだ。それではブランドごとの差別化を損なってしまう。シボレーの現在のラインナップは、キャバリエ、カマロ、コルシカ、カプリス——全部Cから始まる。所有者でないかぎり、その違いを認識している人はまずいない。

⑤新たな市場を開拓できるときのみ、新ブランドをつくること……自社のラインナップの穴を埋めるために、新ブランドを導入すべきではない。エドセルは、マーキュリーとリンカーンの間を埋めるために導入されたが、フォードにとって不幸なことに、実際にはエドセルが埋めるべき穴は、市場に存在しなかった。

⑥ブランドのコントロールは経営トップが行うこと……そうしなければ、注意深く組織された複数ステップのフォーカスも、じわじわと崩壊していくだろう。

マーケティング担当者は、何でもいじくりまわすのが好きだ。彼らを押さえておかないと、あれやこれやとライン拡大を始めて複数ステップのフォーカスを破壊してしまう。「アルフレッド・スローンはどこに行ったんだ、帰ってきてくれ」と嘆いても、もう遅い。

第13章

IBMに見る実践上の注意点

過信が生んだミス

IBMほどの厳しい変化をくぐりぬけた企業は、めったにない。同社では、過去数年で社員の半数が解雇された。人材ばかりか、一九九四年だけで、二〇億ドル近くに相当する不動産も処分した。

一〇年前、IBMは優れた経営で最も尊敬される企業のひとつだった。しかし今日、IBMは我を見失い、苦しんでいる。「国際的ビジネスマシン」と呼ばれたこの会社で、何が起こったのか。それは、自社ブランドへの過剰崇拝だった。同社は、新製品を導入するたびに、当然のごとくIBMというブランド名をつけた。爆発的な勢いで成長するコンピュータ業界で、急速に市場のセグメントが起こっていることを見過ごしていたのだ。

IBMは、スローン式戦略をとるべきだった。つまり、コンピュータというひとつのフォーカスの下で、複数ステップをとるべきだったのだ。かつて、IBMといえば、メインフレーム・コンピュータの代名詞だった。だから新たな分野が生まれるたびに、その分野ごとに別のブランド名を使用すべきだった。ちょうど、GMが、傘下にシボレー、ポンティアック、オールズモビル、ビュイック、キャデラックを擁したように。

新ブランドを立ち上げる最初のチャンスは、ミニコンピュータが登場したときだった。ディジタル・イクイップメントが発売したミニコンピュータは、メインフレームの競合商品になる、とIBMは認識していた。ミニコンピュータと戦うべきか、それともこれを採用すべきか――、IBMのような会社が陥る古典的なジレンマである。そして同社は、戦うほうを選んだ。このとき、もし新ブランドを立ち上げてミニコンピュータを手がけていれば、メインフレームのIBMというブランドは、ミニコンピュータで勝負しなくてもすんだ。競馬のように、二つのブランドがあれば、IBMは二頭に賭けられたのだ。

IBMにかぎらず多くの企業が、競合商品が今後どれほど伸びるかを研究する部会を開いているが、時間の無駄だ。新製品が市場に浸透するか、それとも一瞬で消えていくかといったことはどうでもいい。そもそも、未来を予測できる人間などいないのだ。市場トップの企業は、新ブランドを立ち上げて首位を死守するのみ。さもなければ、他社の新製品がトップブランドの足下をすくい、激しい競争に巻き込まれるまでだ。何があろうと、既存の主力製品と同じブランド名で新分野に進出するべからず。そんなことをしたら、そのブランド名のフォーカスが失われてしまう。

激烈な競争を免れたディジタル・イクイップメントは、その後急速に成長し、売上一四〇億ドル、世界第二位のコンピュータ会社になった（同社も後に、ＩＢＭと同じ間違いを犯すことになったが……）。

ＩＢＭが新ブランドを立ち上げる次のチャンスは、一九八一年、ＰＣを導入したときに訪れた。だが同社は、このときも新製品に新ブランド名をつけなかった。これはおそらくＩＢＭ史上最大の致命的失敗だろう。条件は完璧に揃っていた。一六ビットＰＣは、史上初のオフィスＰＣだった。当時、市場トップを争っていた三つの製品（ラジオ・シャックの「ＴＲ－80」、「アップルⅡ」、「コモドア・ペット」）は、どれも八ビット、しかもホームＰＣだった。

オフィスＰＣという新市場は、爆発的に急成長した。一番乗りしたＩＢＭの売上も爆発的に伸びた。二年後、同社はＰＣ業界のトップに立ち、シェアは二一％となった。「タイム」の一九八三年七月一一日号の表紙は、ＩＢＭが飾った。そこには「快調な巨人」という見出しがあった。

だが、内情は複雑だった。もしＰＣが失敗していれば、ＩＢＭのイメージは、「メインフレーム・コンピュータのメーカー」のままだっただろう。だが、ＰＣは成功し、ＩＢＭには「コンピユータ・メーカー」というイメージが生まれた。あまりにも漠然としたイメージである。以後、同社はこの重荷を背負うことになった。

当時の経営陣の頭の中は、想像に難くない。「コンピュータもソフトウェアも売り出す。メンテナンスも提供する。コンピュータに関することなら、何でも引き受けるまでだ」。多くの企業が、ソフトウェア、半導体、PC、ネットワークなどの開発に手を広げる。IBMのCEOルー・ガースナーは、「IBMだけで、これらすべて、いやそれ以外のものも開発できる」と豪語した。フォーカスはいらない、我が社の強みは「何でもつくっていることだ」というわけだ。

IBMがあらゆる事業を結びつけようとしている間に、市場は分割しつづけた。競合他社はこぞって新たなコンピュータ市場を創出し、IBMはますます苦しくなった。中でも特筆すべきは、一九八二年、サン・マイクロシステムズによる「UNIXワークステーション」の導入だ。この低コストコンピュータのおかげで、エンジニアは個人でマシンを持てるようになった。

IBMにとっては、このときが、新ブランド導入の三度目のチャンスだったが、これも見逃した。その間にサン・マイクロシステムズは急速に発展し、売上五〇億ドルの企業に成長した。

だが、何と言ってもIBMに悲劇的結果をもたらしたのは、二度目のチャンス、つまりPCでのチャンスを見逃したことだ。PCは、IBMが切り拓いた分野だ。現在でも、年間売上九五億ドルのPC事業は、同社最大のハードウェア部門である。

だが、重要なのは規模ではなく、フォーカスだ。IBMはマイクロソフトの一〇倍の規模を誇るが、マイクロソフトのようなフォーカスがない。今日、世界のPC市場におけるIBMのシェアは約一〇％にまで落ちている。トップの座もコンパックに奪われた。たぶん二度と首位は取り戻せないだろう。「ビジネス・ウィーク」は、「IBMのPC部門は深刻な混乱に陥っている」と書いたが、一九九四年の事業損失は一〇億ドルに達すると見られている。同年、コンパックの売上は約一一〇億ドル、純益は八億六七〇〇万ドルだった。

IBMは、消費者が「IBMはメインフレーム・コンピュータの会社だ」と思っていたのに、PCを導入してフォーカスを失った。このとき、新ブランドさえ立ち上げていれば、悲劇は避けられたはずだ。

これと対照的なのはアップルだ。ホームPCを手がけていたアップルは、一九八四年にオフィス用の入門機種を展開する際、新ブランドのマッキントッシュを立ち上げた。

的はずれな選択を避けるには？

当時のIBMは、新ブランド名をつけなかったという失敗に加え、PCの技術面でもミスを犯していた。ソフトウェアの心臓部であるOSをマイクロソフトに、ハードウェアの心臓部マイクロプロセッサをインテルに委ねたのだ。これらのミスを修正するため、IBMは「OS／2」と

「パワーPC」を導入した。MS―DOSから新OSへ移行するのに、およそ二〇億ドル、「パワーPC」にもかなりの額を投資した。だが、どちらもタイミングを逸した感がある。いみじくも、ピーター・ドラッカーが書いている。「役員たちは、何よりも過去を書きかえるために時間を割くものだ」

最近IBMは、ホーム・コンピュータ部門を立ち上げ、さらにフォーカスを失った。IBMは、ホームではなくオフィスにフォーカスすべきだ。

今後IBMがなすべきことは、第一に、コンピュータ業界をしっかりととらえ直すことだ。同社の統合化とは裏腹に、コンピュータ業界自体は、ハードウェア、ソフトウェア、チップの三つに分割されている。一般に、ハードウェアのメーカーは、ソフトウェアやチップが苦手だ。IBMも、OS／2ワープの開発に乗りだして失敗した。マイクロソフトもハードウェアに手を出したことがあるが、ほとんど成功しなかった。

チップのメーカーは、チップ製造にとどまりつづけているが、過去には多くの会社がハードウェアに参入しようとした。インテルやモトローラも、「よりよい製品を出せば成功するはずだ」という品質信仰にはまった。だが、成否を握るのは品質ではなく消費者の抱くイメージだ。チップのメーカーは、十分な能力を備えていても、コンピュータ・メーカーとしての信頼性を得ていない。

ソフトウェア業界では、IBMの規模はマイクロソフトの二倍である。一九九四年、マイクロソフトの売上は五〇億ドル足らずなのに対して、IBMは一一三億ドルに達している。IBMのビジネスの約半分はハードウェア、他はソフトウェア、サービス、メンテナンス、ファイナンスが占めている。だがそれでも、IBMはハードウェアにフォーカスすべきだ。

何にフォーカスするのか、何を売るのか、何で儲けるのか——、これらはすべて個別の課題だ。アメリカの平均的ディーラーが、新車で稼ぐ利益は二〇%以下。残る八〇%はサービスと中古車が占めている。それでも、ディーラーは新車にフォーカスすべきである。新車の存在が、サービスと中古車の両事業の推進力となるからだ。新車を売らねばサービス事業は成り立たない。下取りせねば中古車事業は成り立たない。

IBMも同じだ。ハードウェアの売り上げが、ソフトウェア事業とサービス事業を後押ししてくれるのである。もしソフトウェアで儲けようとすれば失敗するだろう。最近も「ウォールストリートジャーナル」が嘆いている。「世界最大のコンピュータ・メーカーであり、かつPC市場を開拓したメーカーが、なぜPCソフトの分野でじたばたしているのか? これはコンピュータ業界の最大の謎のひとつだ」

ソフトウェア事業熱に浮かされたIBMは、つい最近も、三五億ドルでロータスを買収した。

「ロータス1―2―3」は過去の遺物、二度と市場トップにはならない。収益の上がる他の製品も見あたらない。この買収が賢明ではなかったことが、やがてわかるだろう。同じくIBMによるロームの買収や、AT&TによるNCRの買収に並ぶ無益な買収となるに違いない。

消費者も同じ不安を述べている。アンダーセン・コンサルティングの情報担当チーフ、チャールズ・ポークは言う。「現時点で、ジム・マンジ率いるロータスは、ロータス・ノートに絶対的にフォーカスして二万人のユーザーを獲得しています。しかし、IBMに取り込まれてしまったら、このフォーカスを継続できるでしょうか?」。ジム・マンジがフォーカスを絞ることはもうない。彼は最近、IBMの役員を降りた。

一九九三年、ルー・ガースナーがIBMのCEOに就任した。彼はすぐに社内をくまなくまわり、社員に会い、工場を訪ねた。消費者とも向き合った。それから立て直しにかかった。各事業をひとつずつ見直し、「すべきこと」を決断していった。

それはまさしく、企業再生の専門家がとる古典的手法だった。各事業を顕微鏡で見るがごとく精査し、すべきことを決めていく。もちろん、規模縮小やコストカットも断行された。その結果、株価は上がり、対売上比はかつてのレベルに達していないものの黒字になった。

しかし、動きの鈍い巨大企業は大きな利益を上げられない。輝かしい未来の希望もない。

正しいフォーカスの進め方

では、ＩＢＭは何にフォーカスすべきなのか。

ＩＢＭは、一製品や、一顧客層だけにフォーカスするには巨大すぎるし、複雑すぎる。また、ＧＭのように一連の複数ブランドを設定して、ＩＢＭを「ゼネラル・コンピュータ」にするのも手遅れだ。さらに、「パワーＰＣ」のようなチップのラインにフォーカスして、その周辺機器を配置する戦略もあきらめる（コンサルタントやルー・ガースナー自身は、この戦略を提案しているが）。これらの戦略では、長期的成功は望めないからだ。「パワーＰＣ」が時代遅れになったら、一気に崩壊する危険性もある。

自社内にフォーカスが見つからなければ、外に目を向ければいい。早道なのは、ライバルを見つけることだ。ビジネスとは競争だ。ライバルを特定できれば、己の問題もはっきりする。問題点がはっきりすれば、半分は解決したも同然だ。

ＩＢＭのライバルは、間違いなくマイクロソフトである。ＩＢＭが「ＯＳ／２」に巨額の資金を投入したのも、マイクロソフトの「ウィンドウズ95」と「ウィンドウズＮＴ」を阻止するのが目的だった。マイクロソフトは、ＯＳに続きアプリケーション・ソフトも支配している。

そのマイクロソフトを敵とするＩＢＭに、進む方向を決められる部分があるとすればそれは何か？　デスクトップは、マイクロソフトとインテルの勝ちがわかっている。「戦に負けたら、戦場を変えろ」である。ではメインフレーム？　違う。世界市場でのメインフレーム売上のピークは一九八九年、以来その売上は五〇％も落ちている。

残るは、クライアント・サーバーだ。ここにこそ、ＩＢＭの可能性がある。マイクロソフトも、「ウィンドウズＮＴ」でこの分野に攻勢をかけている。彼らの理論によれば、いつの日か「ウィンドウズ95」と「ウィンドウズＮＴ」が統合し、上から下まで市場完全支配を達成すると言う。ヒューレット・パッカードは、すでに「ウィンドウズＮＴ」と「ＵＮＩＸ」の両方をサポートしている。「ＵＮＩＸ」は、「オープン」なＯＳだ。ディジタル・イクイップメントも、ＮＴの波に乗った。ＩＢＭでさえ、「すべての人にあらゆる製品を」というポリシーの一環として、いくつかの製品にＮＴを搭載している。ＮＴの勢力に与《くみ》していない大手は、サン・マイクロシステムズだけだ。

こうした流れの中で、ＩＢＭがフォーカスすべきは、「オープン」である。「ウィンドウズは、デスクトップ用にはよいＯＳですが、クライアント・サーバーには別のＯＳが必要です」と線引きを明言するのだ。クライアント・サーバーに搭載するＯＳは、一サプライヤーが独占する所有物であってはならない。ＯＳは「オープン」に、すなわち業界唯一のオープンＯＳである「ＵＮＩＸ」にする。

遅すぎるかもしれない。何しろマイクロソフトはウィンドウズを手に、市場を上から下まで席巻しているのだから。しかし、未来を予言できる人はいない。分割の原則に基づけば、デスクトップは「ウィンドウズ」に、クライアント・サーバーは「UNIX」に、と分かれてもおかしくはない。

今後の行方は、個々の企業の出方次第だ。すべてのハードウェア・メーカーがウィンドウズを避けがたい存在として受け入れれば、ウィンドウズがすべてを制する。他方、別のリーダーが現れて、業界を違う方向にリードしていけば、異なる可能性が開けてくる。

「オープン」は、IBMにとって強力なキーワードになる。なぜなら、これによって、敵のマイクロソフトは「クローズド」だというイメージを鮮明にできるからだ。どちらがよいOSか、という戦いから、どちらがオープンなOSか、という戦いへと移行させるのだ。

IBMが「オープン」をキーワードにフォーカスした場合、いくつかの課題が生じる。ひとつは、自社が所有するOSを撤廃しなければならなくなること。だがこれは必ずしも悪いことではない。今後は死に金ではなく生き金を使うことができるようになるのだから。もうひとつは、「UNIX」の各バリエーションに対応せねばならないこと。こちらは骨の折れる仕事だが、オープンOSというコンセプトが浸透すれば、誰もが使うOSにフォーカスするのは当然だ。

リーダーは、多数の企業にとってメリットのある方向へと、業界全体をリードせねばならない。UNIX問題は、IBMがリーダーシップを発揮するのに格好の状況を生んでいる。オープンO

Sを後押しすれば、メディアも含め、業界全体から支持を得られるだろう。もちろん、消費者もIBM製品を買うようになる。業界をリードするIBMの進む方向に信頼を置くからだ。

威力のある発想とは、ボルボの「安全性」、フェデックスの「翌日配達」のように、たいてい、いたってシンプルだ。ただし、シンプルな発想は、経営者の賛同を得るのが難しい。もし私がルー・ガースナーに、「ガースナーさん、御社の問題を解決する方法があります。IBMを再生するキーワードがあるんです」ともちかけたら、どんな反応が返ってくるだろうか？

「ほう、それはどんなキーワードですか？」

「オープン、です」

「結構。次のコンサルタントを呼んでくれ」

第14章

「イノベーションの溝」を越えて急成長を！

「カイゼン」は経営に用いるな

「カイゼン（改善）」という日本語がある。これは、継続的な改良を意味するもので、生産ラインでは威力を発揮するが、経営に応用するには危険である。

経営陣は、「継続的な改良とは、市場の変化を追うことである」と解釈することが多い。そこから、「市場がどう変化しようと、我々はそれについて行く」という発想につながるのだが、これが罠になる。

市場は、勝手には動かない。普通の電池しかなかった時代に、アルカリ電池がほしいと言った人間はいないのだ。ライト・ビールも、四輪駆動車も、デスクトップ・コンピュータも、ビデオカセット・レコーダーも、面が大きいテニスラケットも、市場に存在しないときには誰も求めなかった。これらの製品を手がける企業が勝利の方程式を見出すまでは、どれも完全に見過ごされていたのだ。まず製品ありき。それに続いて市場が動くのだ。

市場のトレンドを追うということは、市場のリーダーの後を追うということだ。それでは永遠に自らがリーダーになれないことになる。つまり、大勝利を収めるチャンスを逃してしまうのだ。タイミングは何より重要である。早すぎれば、荒野をさまよう洗礼者ヨハネになってしまうし、遅すぎれば、落伍者になる。成功するためには、常に適切な製品をつくり、それに適切なネーミングをし、適切な場所に適切なタイミングで投入する必要がある。

何年も前、バイエルのアスピリンは市販薬のナンバー1だった。しかしバイエルは、誰も求めていないのに、製品、パッケージ、広告、販売手法、陳列方法などでカイゼンを実行した。アナシンも、カイゼンを実行した。アスピリンに他の成分を配合し「もっと効き目の速い」薬を売り出した。バファリンもカイゼンを実行し、「胃に優しく」「今までのアスピリンより二倍速く効く」特別コーティングのアスピリンを売り出した。

その結果、鎮痛剤市場を制したのはどの薬だったか。この市場を創出したバイエルか、他の成分を配合したアナシンか、胃に優しいバファリンか――。いずれでもない。覇者は、初めてのアセトアミノフェン薬「タイレノール」だった。

これがビジネスというものだ。ある世代と次世代の間には溝がある。鎮痛剤市場で言えば、最初はバイエルが支配するアスピリンの世代だったが、次は、「タイレノール」を擁するジョンソン&ジョンソンが支配する、アセトアミノフェンの世代になった。

他社は当然、「タイレノール」を倒そうとする。ブリストル・マイヤーズは、「タイレノール」と同じ効き目で半額というふれこみで、「ダトリル」を発売した。だが、「タイレノール」が値下げすると市場から消え去った。低価格にフォーカスして功を奏することは、まずない。プラスの効果を生むのは、製品特性からの当然の帰結として安い場合だけだ。一九五六年当時、VWのビートルは一二八〇ドル、一番安い国産車よりさらに数百ドルも安かった。だが人々がこの車を買ったのは、単に安かったからではなく、頑丈さと信頼性ゆえだった。実用的で流行に左右されないスタイル、その当然の帰結として、この車は低価格だったのだ。

ある製品が競合製品より安いと、消費者は「なぜ安いのだろう?」と考える。VWの場合、理由は明らかだった。小型で不格好だったからだ。だが、同時に信頼性もあった。理由がなければ、製品に何かよくない点があるに違いないと思うものだ。

次に鎮痛剤市場に到来した溝は、アセトアミノフェンとイブプロフェンの間にできた。そして最初に溝の向こうにあるイブプロフェンに飛んだのは、アメリカン・ホーム・プロダクツの「アドヴィル」だった。「アドヴィル」はゆっくり、しかし確実に、「タイレノール」がバイエルに勝利したのと同じ道を歩んだ。ジョンソン&ジョンソンには、もはや守りを固める以外に打つ手がなかった。

その次の溝は、イブプロフェンとナプロキセン・ナトリウムの間にできた。最初に向こう側に渡ったのは、P&Gの「アリーヴ」だった。「アリーヴ」は、発売三ヶ月で「アドヴィル」の市場シェアの半分を獲得した。競争の激しい市販薬業界にあって、これは驚くべき強さだった。

バイエル、ジョンソン&ジョンソン、アメリカン・ホーム・プロダクツ、P&G……。ある企業が市場を制し、次世代製品を擁する別の企業がそれに取ってかわる。このパターンは繰り返され、次世代製品が、旧世代製品と同じ会社から生まれることはほとんどない。これが「溝」現象だ。市場のリーダーは、自社製品が次世代にも有効だと考える。だが、現実はそうはいかない。

アタリは、テレビゲーム市場のリーダーだった。いや、アタリは、テレビゲーム市場そのものだった。それなのに同社は、アタリというブランドを、PCのブランドに変えようとした。言うまでもなく、テレビゲームとPCの間に横たわる溝は、あまりにも大きかった。

同じ頃、テレビゲーム市場にフォーカスした任天堂が、次世代の名前を冠した次世代製品で市場を制覇していった。そして今度はセガが、任天堂がアタリにしたのと同じように、次世代製品で任天堂を追い抜いた。

セガの戦略の真髄は、任天堂の八ビットシステムより優れた一六ビットシステムで対抗することだった。「一六ビット対八ビット」といったシンプルな戦略の持つ大きな力を、多くの企業は見逃す。メーカーは、「八ビット分の違いなんて消費者にはわからないだろう」と、この差を単なる技術的差異と見なしがちだが、そうではないのだ。セガが溝を渡って次世代へ行けたのは、この八ビット差のおかげである。「セガのゲーム機なら一六ビットなのに、なぜいつまでも八ビットの任天堂にこだわるのか?」。これは、強烈なアピールになる。

セガの次に現れたのは、ソニーだった。三二ビットとCD－ROMを搭載したソニーの「プレイステーション」は、成功のパターンを踏襲するだろう。ソニーという名前は、この市場では弱いし、「プレイステーション」という名前もありふれている。だが、少なくとも八ビットや一六ビットの時代にはなかった名前だ。

セガと任天堂は、三二ビットゲーム機に進出してもうまくいかないだろう。まず、二社とも進出が遅すぎた。それに、一六ビットゲーム機のイメージが足かせになる。この二社が溝を越えるのは困難だ。

では、ソニーと同じく三二ビットゲーム機「3DOインタラクティブ・マルチプレイヤー」は、なぜうまくいかなかったのか? AT&T、タイム・ワーナー、松下電器がバックアップした同社は、メディアの評判はよかったにもかかわらず、ほとんど売れなかった。その原因のひとつは、ネーミングだ。これは、史上初のPC「MITSアルテア8800」に並ぶ、史上最悪の名前である。そしてもうひとつの原因は価格だ。六九九ドルという高価格だったため、二〇〇ドル以下の任天堂やセガとは別市場の扱いになってしまった。その後三九九ドルに下げたが、「特殊なゲーム機で、主流ではない」というイメージをぬぐい去れなかった。第一印象は変えられないのだ。

「品質向上」より「次世代開発」を

「次世代」というコンセプトは、ほぼあらゆる企業にあてはまる。従来の「よいものを安く」戦略では、業界トップにはまずなれないが、次世代戦略ならそれも可能だ。それでも、多数の企業が今も「よいものを安く」戦略に無駄金を注ぐ。この戦略では、外部と内部とで二段階作戦をとる。外部には、競合製品より品質がよいというイメージを定着させ、内部には、コストダウンのために製造過程の見直しを行うのだ。こうして、競合製品よりも、よりよく安い製品が完成する。

だがそうしている間に、先見の明のある競合相手は、溝の向こう側にしっかりとした上陸拠点を構築していく。エバレディが溝のこちら側で、よりよい電池の開発にいそしんでいる間に、デュラセルは溝の向こう側に、アルカリ電池という拠点を構築した。エバレディがリーダーシップを失ったのは、優れた電池が登場したからではない。アルカリ電池が登場したからだ。

しかし今、アルカリ電池の溝のはるか向こうに、リチウム電池という新たな戦地が見えはじめている。まだ新ブランドを立ち上げている企業はない。電池メーカー各社は、なぜリチウム電池を見逃しているのだろう？　チャンスは、往々にして何年も前から見えている。

ＩＢＭがオフィス・タイプライター市場を支配している間に、ワンは溝の向こう側でワープロという強力な拠点を築いた。だが不運なことに、この拠点はあまり長持ちしなかった。よりよいワープロが登場したからではない。ＰＣが登場したからだ。

ワンもＰＣを製造した。だが、同じブランド名で溝の向こう側に進出してしまった。「ワンといえばワープロ」というイメージが浸透しているのに、ＰＣで成功するのは無理だった。エバレディといえば、普通の電池か懐中電灯用電池のブランドだ。だから、アルカリ電池のブランドとして浸透させるのは無理だった。ＶＷといえば、小型で不格好だが信頼性の高い車。ＶＷというブランド名では、溝の向こう側にある「大型でスタイリッシュな車」市場で勝てなかった。

「でも、ＩＢＭは溝を越えてＰＣ市場に行こうとしたではないか」。確かに、最初はそうだった。だがそれは、同社がオフィス用市場に一番乗りし、何より業界で群を抜く巨大企業だったからだ。それでも、ＰＣ市場でのリーダーシップは続かなかった。

ＩＢＭの他にも、ＡＴ＆Ｔ、ディジタル・イクイップメント、ヒューレット・パッカード、ゼロックスなど、名だたる企業がＰＣ業界に進出しているが、世界最大のＰＣメーカーは、コンパックだ。同社は、溝を越えるとき、何の荷物もなかった。ＰＣにフォーカスしていたのはこの一社のみだった。だから当然のごとく、コンパックはこの業界でリーダーシップをとり、他の大ブランドよりも強いポジショニングができた。

当初は、より規模が大きく歴史もあるＩＢＭのほうが、コンパックより有利だと思われていた。それなのに、コンパックがＩＢＭの売上を抜いたということは、製品、価格設定、マーケティングのどこかに差があったということだ。おそらく、この三つすべてだったのだ。ここに、問題の核心がある。

つまりは、フォーカスに差があったということだ。フォーカスし抜いたコンパックは、スペシャリストという高い評価を受けている。対するＩＢＭは、フォーカスしていない。ＩＢＭはジェネラリストだ。長期的に見れば、ビジネスとは、製品の戦いではない。フォーカスの戦いだ。たいていは、よりフォーカスできた企業が勝者になる。

こう言うと、「じゃあ、製品力はどうなるんだ？」となる。堂々めぐりの議論だ。製品の品質も成功と無縁ではない。コンパックの製品が用をなさないなら、フォーカスしたところで無駄だ。しかし、競争が進むにつれ、品質の差はどんどんなくなってくる。ＰＣ販売店で、多様なブランドを比べたとして、いったいどんな差に気づくだろう？　各ブランドの品質について販売員に質問してもいい。大きな差は見出せるだろうか？

メーカー各社は、当然のように、ライバル製品の最もいいところを真似する。マイクロソフトはマッキントッシュのＯＳを、最初は「ウィンドウズ」に、次に「ウィンドウズ95」にそっくり真似た。売れた製品はどれも、最終的には競合他社に真似される運命にある。

だが、真似できないものがひとつだけある。ブランド名だ。ブランド名のコピーは、法律違反である。製品自体にほとんど差がない場合、残る違いはブランド名のみとなる。

最初に溝を越えても負けてしまう原因

消費者は、スペシャリストのほうがジェネラリストよりもよい製品をつくると考える。だから、スペシャリストの企業が市場トップのブランドになる。すると、製品イメージはさらに強化される。一番売れているブランドが一番品質のよい製品だと信じられているからだ。

スペシャリストに対抗するには、まず自社製品で新市場を開拓し、溝を掘ってジェネラリストの進出を阻むことだ。そして他のスペシャリストが進出してくる前に首尾を固め、その市場を支配してしまうのだ。

スペシャリストがいない市場では、ジェネラリストが市場を支配することもある。

ライト・ビール市場を見てみよう。最初に登場したメジャーなライト・ビールは、一九七五年に全米で発売された「ミラー・ライト」だった。その後、「シュリッツ・ライト」「ストロー・ライト」「クアーズ・ライト」「ミシュロブ・ライト」……と他のライト・ビールが雨後の筍のように登場したが、すべてライン拡大製品だった。アンヒューザー・ブッシュも、一九八二年に「バド・ライト」を投入した。

「ミラー・ライト」には、レギュラー・ビールからライト・ビールへと溝を越えた初のブランドという利点があった。ビールCM史上最も人気を博したパワフルな広告キャンペーンも効いた。元スポーツ選手が「ミラー・ライト」の素晴らしさを語り合うそのCMは、「おいしくて軽い」という最高のコピーにフォーカスされていた。

このビールにひとつだけ不利だったのは、それがライン拡大製品だということだった。ミラーは、ビールの溝の両側に同じ樽を置こうとしていた。

現在、ライト・ビールのナンバー1は、この市場に一番乗りした「ミラー・ライト」ではない。後発の「バド・ライト」だ。そのシェア一〇％、年々拡大している。なぜか？　レギュラー・ビールで一番売れているのが「バドワイザー」だからだ。ビールを飲む人がレギュラーからライトへと溝を越えたとき、まずはライト・ビールのスペシャリストのブランドを買おうとした。だが、そんなブランドはなかった。そこで、おなじみのレギュラー・ビールのライト版に落ち着いたというわけだ（ただし、アンヒューザー・ブッシュにとって、「バド・ライト」の成功は、吉と同時に凶でもある。このライン拡大によって、「バドワイザー」の売上が年々低下しているからである）。

IBMは、最も売れているメインフレーム・コンピュータのブランドであり、市場シェアも大きい。もしコンパックやアップル、パッカード・ベルといったPCにフォーカスした競合ブランドがなければ、同社はPC市場でも大きなシェアを獲得できたはずだ。市場トップで、かつライン拡大戦略を信じている企業なら、ライバル社にも同じ戦略をとらせ、同じ間違いを犯させることだ（そうしてくれるほどライバル社が愚かなら、の話だが）。

アメリカには四〇余のライト・ビールの有名ブランドがあるが、ライン拡大製品でないのは二つだけだ。どちらも商品名に「ライト」とついているので、ライン拡大のように思われてしまうという大損をしているが、その失敗にもかかわらず、どちらも成功している。

ひとつは「アンヒューザー・ブッシュ・ナチュラル・ライト」というひどい商品名で売り出された国産ブランド。一位の「バド・ライト」、二位の「ミラー・ライト」、三位の「クアーズ・ライト」に続く四位と健闘している。もうひとつは輸入ブランドの「アムステル・ライト」。これは、輸入ライト・ビールのトップである。

過去にしがみつくな

溝を越えるには、新商品名か新ブランド名が絶対に必要だが、多くの企業が頑固にこれを退けている。中には、可能性を秘めた新商品名を考案する代わりに、魅力の乏しい自社名を使おうとするケースすらある。ＩＢＭがＰＣに自社名を使用したのは例外だ。当時、ＩＢＭという名は飛び抜けて強い力があったからである。

通信業界を見てみよう。

一九八〇年代半ば、電報がすたれ、テレックスも利用者が減る中で、苦戦を強いられていたウェスタン・ユニオンは、長距離電話サービスに参入した。しかし名前はウェスタン・ユニオンのままだった。そして失敗した。六億ドルをつぎ込んだ挙げ句、一九八八年にこの事業を手放した。

「我々は、ささやかな地位に甘んじなければならないような事業は、手がけるつもりがない」。損金処理の発表時、CEOのロバート・アマンはそう語った。「我々には、AT&Tと同様のコスト構造を構築し、競争し、利益を上げる方法がない」

市場進出に失敗した企業は、規模、コスト構造といった目に見える要因を敗因に挙げたがる。誰も「ブランド名が間違っていた」とは言わない。だが、ウェスタン・ユニオンが失敗した真の理由は、電報のブランド名で電話事業の溝を越えようとしたことにある。消費者はウェスタン・ユニオンというブランド名に、救いがたいほど時代遅れなイメージを抱いている。同社の事業といえば電信送金、今日のキャッシュレス経済とはほど遠い。

他社のことなら誰もが「電報会社の名前で電話事業に参入しようなんてことはしない」と言える。だが、自社のこととなると話は別だ。「とはいえ、我が社名は素晴らしい。他の製品に使えるはずだ。まだ十分に生かし切れていないではないか。この社名でライン拡大すれば、もっと儲かるだろう」と考えてしまうのだ。ドナルド・トランプも、ＩＢＭも、ＡＴ＆Ｔもそう考えた。だが彼らは、考えを改めた。

どの企業でも、会議では忠誠心や自己愛と呼ぶべきものが蔓延《まんえん》している。巨大企業はすべて、自社名には素晴らしい力があり、世界中で何百万人もの消費者から敬われていると考えている。実際そうなのだろう。だが、その名をさらに強化するには、フォーカスすることだ。逆にゆるめれば力は弱まる。

無名企業にチャンスあり

多くの経営コンサルタントが、今後は既存産業のスター企業とはまったく違うタイプの企業が現れるだろうと指摘している。今日の大企業に欠けているのは才能やアイデアではない。「フォーチュン５００」に載るような典型的大企業は、次から次へ新製品を出し、数が多すぎて効率的なビジネスができなくなっている。経営者は、今日のビジネスと明日のチャンスの間に横たわる溝を見ようとしない。ＣＥＯにとって最大の課題は溝を越えることなのに、彼らの多くはその力が不足しているのだ。

とはいえ、既存の名前を使って溝を越え、新たな業界でリーダーシップを達成した企業もなくはない。そうした企業は、だいたい二つのタイプに分かれる。

第一のタイプは、誰も進出していない次世代市場を発見した企業。軍事侵略と同じで、誰も守る者のいない海岸に上陸するのは簡単だ。すぐに競合他社が現れなければ、首尾を固める時間もある。もし競合他社が出てきても、それがライン拡大でのネーミングなら、先に溝を越えたほうが勝つ。

第二のタイプは、無名の企業だ。創業以来数十年経ってもほとんど誰も知らないような企業が次世代の市場に出たときは、それが新ブランド名だと思われる。無名であることは、次世代市場に参入する際には、資産になり得るのだ。その業界と関係のないもので名前が知られているより、まったく知られていないほうがいいのだ。

多くの戦略家は、マールボロが、かつて女性向けに売り出していたのに、カウボーイを起用して男らしいイメージへと戦略を変えて頂点に立った事実を引き合いに出して、「ある市場から別の市場に移るのも、溝を超えるのも簡単だ」と結論づける。確かにマールボロは女性用タバコだった。だが、そのことを知っている人はほとんどいなかった。無名であるという利点があったから、男性向けに売り出すのも簡単だったのだ。

よく知られた名前と知られていない名前のどちらがいいかは、何をしたいかによって変わってくる。

「コピー機といえばゼロックス」というように、ひとつの製品やコンセプトのイメージが強く浸透している場合は、その名前で別の新市場へと溝を越えるのは難しい。それなのに、自社名を唯一の武器にする企業は後を絶たない。「広く知れ渡ったこの社名を新製品に使わないで成功できるわけがない」とCEOは言うだろう。その企業に名前以外のウリがないのなら、それも正しいかもしれない。

だが、たとえばAT&Tのコンピュータ市場進出のように、成功の可能性がゼロに等しいライン拡大をする暇があったら、企業は初心に返り、まったく新しいアイデアがないかを考えるべきだ。もちろん、その新アイデアには新たな名前も必要だ。

技術の違いをアピールせよ

時がチャンスを生む。優れているからではなく、若いから成功するときがある。ピエール・カルダンは、ラルフ・ローレンが登場するまで、メンズ・ファッションのビッグ・ネームだった。そして今、ファッション業界で次なるビッグ・ネームと目されているのが、トミー・ヒルフィガーである。同ブランドの売上は、四年間で六倍に跳ね上がり、三億二二〇〇万ドルに達している。純益も急速に増え、四一〇〇万ドルになった。トミーは、実にタイミングよく登場した。

タイミングがよければ、新規参入した企業が、自他ともに認める次世代の企業になることも可能だ。だが、業界でリーダーシップをとる最も簡単な方法は、過去のリーダー企業と差別化できる技術的変化で対抗することだ。

創業一〇〇年のシュウィンは、かつて全米自転車市場の二五％を占めるリーダー企業だった。ウェスタン・ユニオンの電報配達人も、同社の自転車を使用していた。昔は、シュウィンの自転車を持っているのは恵まれた子どもだった。

しかし一九七四年、ゲイリー・フィッシャーが史上初のオフロード・バイクを開発した。多段階ギア、ヘビー・デューティー・ブレーキ、親指シフト、そしてオートバイ式のブレーキ・レバー――、彼はこれを「マウンテン・バイク」と呼んだ。そして、シュウィンは凋落した。

その後、多数のマウンテン・バイクメーカーが生まれた。現在、市場の先頭を走る三社は、それぞれに特徴を備えている。トレックはカーボンフレームのパイオニア。キャノンデールはアルミフレームがウリ。スペシャライズド・バイク・コンポーネンツと創業者のマイク・シンヤードは、マウンテン・バイクレースの同義語になっている。

一九九二年、成人用自転車の三分の二はマウンテン・バイクになり、シュウィンは倒産した。現在、同社は経営陣を一新し再挑戦をはかっている。手がけるのはもちろん、マウンテン・バイクだ。

アナリストたちは、「もし高級市場を目指すならイメージを変える必要がある」と言っている。

同社のマーケティング・ディレクターも、「私たちには、イメージを変えるという課題がある」と語っている。しかし、すっかり染みついてしまったイメージを変えるのは無理だろう。以前なら、新ブランド名を打ち出せばチャンスもあったかもしれない。だが、もう遅すぎる。溝が深くなりすぎた。今のシュウィンに必要なのは、新たなフォーカスだ。庶民向け、あるいは子ども用に絞るほうがいいだろう。

ディジタル・イクイップメントは、三二ビット・ワークステーションから六四ビット・ワークステーションへの溝を越えようとしている。「アルファ」という名の新チップと、「アルファステーション」というワークステーションの新ラインを導入する。

そのひとつ、「アルファステーション600」は、「宇宙最速のワークステーション」とうたっている。だが不幸にも、これが六四ビットであることはうたわれていない。今日のハイテク製品の多くは、パフォーマンスを戦略の中心にしている。ディジタルも、サンやシリコングラフィックス、ヒューレット・パッカードよりパフォーマンスが高いことをウリにしている。

それでもいい。だが売上には貢献しないだろう。ディジタルの急務は、六四ビット・ワークステーションを「次世代」製品として打ち出すことだ。三二ビット市場で敗北した以上、六四ビットという戦場を準備せねばならないのだ。

マイクロソフトが、「ウィンドウズ95は、現行のウィンドウズよりも優れたOSだ」と宣伝したことがあっただろうか？　間接的にはあったかもしれないが、常に力点を置いてきたのは、次世代的特徴だった。この戦略で多くの消費者が、「このソフトは絶対に買わなくては」という気になった。

かつて、帆船時代からのベテラン船乗りが、太平洋を行き来する貿易船に乗り込んで、「蒸気船は醜いし汚い」と不満を言った。すると、こう言われた。「確かにそうだ。でも、今は蒸気船の時代なんだ。蒸気船に乗るしかないんだよ」。マイクロソフトが出したCD―ROMの百科事典、「エンカルタ」が買える今の時代、全三二巻一五〇〇ドルの『ブリタニカ百科事典』は、帆船のようなものだ。「エンカルタ」は約五五ドルである。

多くの企業が、一枚のディスクにテキストや図版や写真を盛り込んだ資料を商品開発している。そして帆船は、ゆっくりと黄昏《たそがれ》のうちに沈もうとしている。『ブリタニカ百科事典』は、一九九〇年には一一万七〇〇〇セット売れたが、九四年はわずか五万一〇〇〇セットになった。この三年間で、同社の売上は約一六億ドル、赤字額二二〇〇万ドルと言われる。ブリタニカもCD―ROM版を出してはいる。だが、九九五ドルもするうえに、競合商品のようなマルチメディア・サウンドやグラフィックスは含まれていない。

早晩、あらゆる企業がこれと同じような問題に直面する。既存の製品（百科事典）が次世代製品（CD―ROM）に脅かされるのだ。この溝をうまく越えるために、企業がせねばならない鉄則が四つある。①素早く行動を起こす。②新製品を開発する。③新製品名をつける。④大胆に行動する。これらを順に詳しく見てみよう。

溝を越える際の四つの鉄則

①素早く行動を起こす

可能なら、競合他社の製品ではなく、自社の新製品によって、既存製品が時代遅れになるのが望ましい。ともあれ、ためらうものは敗北する。新規開拓に意欲的で、顧客と競争するのが好きな企業でも、自分自身と競争するのはためらうもの。だが、次のことわざを思い出してほしい。

「自分自身との競争で負けることはない」

ブリタニカは、一九八九年にコンプトンズ・マルチメディア・エンサイクロペディアを発売したとき、最も早くCD−ROM百科事典を発売した企業のひとつだった。それなのに、やがて失速し、マイクロソフトが「エンカルタ」を発売したのとまさに同じ年、一九九三年にこの事業をトリビューンに売却してしまった。

②新製品を開発する

バイエルから市場トップの座を奪ったのは、アスピリンの改良版ではなく「タイレノール」、つまりアセトアミノフェンだった。シュウィンを追い抜いたのは、ストリート用自転車の改良版ではなく、トレックのマウンテン・バイクだった。アタリを時代遅れにしたのは、四ビットのテレビゲーム機の改良版ではなく、八ビットのゲーム機を出した任天堂だった。

③新製品名をつける

現在のポジションと強く結びついた名前のままでは、溝は越えられない。変容するためには、新たな製品名が必要だ。

バイエルは、非アスピリン系の鎮痛薬を「バイエル・アセトアミノフェン」という名で売り出して失敗した。最悪のライン拡大だ。現行の名前で溝を越えられるのは、一番乗りで、しかも運に恵まれているときだけだ。

製品名は、品質やサービス、その他ソフト面での特徴を示すだけでなく、ある製品や市場とも結びついている。バイエルといえばアスピリン、IBMといえばメインフレーム、ハーシーズといえばチョコレート、プルデンシャルといえば保険、リグリーといえばチューインガムだ。

世界の企業のほとんどが、既存の名前で新市場に進出しては失敗してきた。そうした侵略行為を戒め、企業がフォーカスし直すのを助けてきたのは消費者である。

④大胆に行動する

溝の向こう側に確固とした足場をつくりたいなら、おどおどしたり、生半可な態度をとったりしてはならない。

P&Gは、「アリーヴ」を発売した初年度に一億ドルを投入したが、そのうち六〇〇〇万ドルは広告費だった。ホンダは、アキュラを立ち上げたとき、既存のディーラー組織とはまったく別の、世界規模のディーラー組織をつくった。

大胆な行動をとる企業は少ない。多くの企業のモットーは「慎重に行動せよ」らしい。しかし過去の戦争の歴史を振り返れば、大胆な行動の重要性がよくわかるはずだ。実際の戦闘よりも戦術の組み立てや検討にばかり時間をかけて、結局チャンスを失った将軍がたくさんいる。『戦争論』を著したカール・フォン・クラウゼヴィッツは、「半分の努力でも効果は出せる、と考えている人が多いが、そうではない」と書いている。「小さな跳躍は、大きな跳躍よりも簡単だ。だが、大きな溝を越えるのに、まず半分だけ跳ぼうと思う人はいない」

「慎重は安全」という勘違い

どの世界でも、慎重にことを運んで大成功を収めた例は非常に少ない。

一〇年前のゴルフ用品業界では、ウッドはウィルソン、マクレガー、スポルディング、アイアンはカーステンが有名ブランドだったが、これらの製品は、長年にわたって毎年少しずつ改良していた。まるで、自動車業界が毎年行うモデルチェンジのように。

だが、バーリントン・インダストリーズの元社長イーライ・キャラウェイの登場によって、これらのブランドはみな、トップの座を追われた。一九九一年、キャラウェイ・ゴルフ・カンパニーは、既存品をマイナーチェンジする代わりに、史上初の大型ドライバー「ビッグ・ベルタ」を発売した。同社は今、年間売上四億四九〇〇万ドル、利益七八〇〇万ドルの全米最大ゴルフ用品メーカーである。

その後、キャラウェイがドライバーで実現した大型クラブを、コブラ・ゴルフがアイアンで実現した。コブラは今、高級アイアンのナンバー1ブランドだ。キャラウェイとコブラの例は、改良品を出す慎重な戦略に比べて、次世代戦略のほうが強い力を持っていることを実証している。

両社の大型クラブが本当に優れているかどうかを判断するのは難しい。プロゴルフでは、この二五年間、優勝者の平均スコアは、一ラウンドにつき一ストロークしか上がっていない。よくなったのはスコアではなく、「次世代」のゴルフクラブとして広く受け入れられた両社のイメージだ。

この変化が起こっている最中、ウィルソン、マクレガー、スポルディングといった大手は居眠りをしていたのか？　メディアはさっそく「変化のスピードが足りなかった」と批判しているが、製品だけでなく名前も変えねば、次世代への溝は越えられないだろう。

スポーツ業界では、「大型」はそれほど斬新なアイデアではない。トップ企業が歴史書をひもとけば、プリンスの成功に気づいたはずだ。

一九七六年、プリンスは五七％も面が大きなテニスラケットを発売した。「ずるいラケット」と嘲笑する者もいたが、それはすぐに高級テニスラケット市場の三〇％を獲得した。プリンスの犠牲になったのは、ウィルソンとスポルディングだった。

リーダー企業は用心深い。慎重な変化のほうを安全だと思う。「なぜ大型クラブなどという賭けをしなくてはならないのだ。それが売れなかったらどうするんだ」。彼らは、溝を越える大胆な行動がとれない。このままでは今後も、キャラウェイやコブラ、あるいはコンパック、セガ、トレックといった企業による次世代の新ブランドが跋扈《ばっこ》するだろう。

リーダー企業が次世代ブランドで対抗するには、ホンダがアキュラでそうしたように、新たなネーミングで乗り出さねばならない。この戦略は、大胆であると同時に安全でもある。たとえ新ブランドがこけても、現行ブランドのイメージは傷つかないからだ。

リーダー企業は大胆な行動をためらう、ということの最近の例では、スキー業界が挙げられる。一九八〇年代はじめ、ジェイク・バートンが、雪上を滑る新しい道具を開発し「スノーボード」と名づけた。その後スノーボードは急成長し、バートン・スノーボードは市場の三分の一を獲得してトップに立った。スノーボーダーは全スキーヤーの一〇％にすぎないが、リフト券の三〇％を購入している。また、スノーボーダーの八〇％が二五歳以下であることを考えると、この業界は今後も成長が見込まれる。スノーボードは、次世代のスポーツだ。

これに対して、サロモン、ロシニョール、アトミックなどのリーダー企業は取り残され、お寒い状況にある。やがて彼らも、スノーボードを売り出すか、一〇〇以上あるスノーボード会社を買収するかするだろう。しかし、たぶん遅すぎる。

スノーボードといえばバートン、あるいはライスだ。業界のリーダーはこの二社だというイメージが、もうすっかり定着し、もはや他社の追いつけないところに到達している。

ローラースケート業界も、次世代製品が圧倒している。元プロホッケー選手がつくった会社ローラー・ブレードは、インライン・スケートというコンセプトで業界を席巻し、七億ドルのインライン・スケート市場の約半分を支配している。従来のローラースケートメーカーは置き去りである。

新しいフォーカスなしに次世代へは渡れない

溝を越えようとして失敗した企業の一例に、マグローヒルがある。「ウォールストリートジャーナル」は、「『ビジネスウィーク』のような有名雑誌を擁する企業が、減益、期待はずれの買収、度重なる組織改編で、ウォールストリートで悪名を馳せている」と書いた。

マグローヒルは、一九八〇年代のほとんどを、印刷媒体への依存を減らして電子媒体を拡大することに費やしたが、運に見放された。電子媒体へと溝を越えるのは、同社が思っていたよりずっと困難だったのだ。

同社は、電子媒体事業を別名にしなかった。そして全社を、「エネルギー」「輸送」「マネジメント」といったマーケット別にフォーカスしたグループに再編成した。

マグローヒルが目指したのは、「情報のタービン」だった。片側からデータを入れれば、中で操作されて、反対側からさまざまな情報製品が出てくるという寸法だ。シナジーも期待された。だが、何ひとつ計画どおりに運ばず、元の組織に戻っていった。

主力のビジネス出版の分野でも、方向転換をし損ねた。電子媒体革命は、ライバルが雑誌業界で躍進するチャンスを与えた。かつての全米最大のビジネス出版社マグローヒルは、現在、雑誌の年間売上四億二〇〇〇万ドル、インフォメーション・データ・グループの九億一〇〇〇万ドルやジフ・デイヴィスの八億二〇〇〇万ドルに負けている。また、背後から三億二〇〇〇万ドルのCMPパブリケーションズが急速に差を縮めている。

雑誌で電子媒体への乗りかえに成功したところは、まだひとつもない。「グッド・ハウスキーピング」や「USAトゥデイ」など、過去には、出版界からテレビに進出しようとして失敗した例がいくつもある。初の独立系放送番組「USAトゥデイ・オン・TV」は、初年度に一二〇〇万~一五〇〇万ドルの赤字を出し、打ち切りになった。最も高くついた失敗例だ。テレビにはテレビらしさが必要なのだ。

ここでも、教訓ははっきりしている。次世代に向かって溝を越えるつもりなら、新しい、次世代らしいアイデンティティが求められる。新しいフォーカスが必要なのだ。

イーストマン・コダックの例が思い起こされる。一〇年前、その売上は一〇六億ドル、純益は九億二三〇〇万ドルだった。現在は、売上一六九億ドルに対して純益は五億五七〇〇万ドル。売上が六〇%も伸びたのに、利益が四〇%も下がっている。

同社は、一九八〇年代に効率性の向上を目的に五回もリストラをした。その一方で、コンピューター、医薬品、家庭用品、さらには電池まで、大々的に多角化した。結果は、何ひとつうまくいかなかった。今後何十年にもわたって、コダックは多角化の失敗例として記憶されつづけるだろう。

新CEOジョージ・フィッシャーは、「写真に関するサービスこそ、長期的な成功と成長につながる素晴らしいチャンスを我が社に与えてくれる」と話した。「最大の成功を達成するため、資産のすべてを写真関連サービスに投入し、非主力事業は処分していく」。彼は、フォーカスを見出したのだ。コダックの売上の八〇%は、伝統的なアナログ写真関連の製品やフィルム、カメラが占めている。市場は足元にあったのだ。世界四億五〇〇〇万人のカメラ使用者は、みなフィルムを買いたがっている。同時に、世界人口の半分は、まだ写真を撮ったことがない。

コダックがフィルムに再びフォーカスしはじめた頃、ちょうどデジタル化という次世代の波が押し寄せてきた。「フォーチュン」一九九五年五月一日号は、「コダックがフィルムで失敗する前に、デジタル写真の時代がやってきた」と書いた。この一〇年、コダックは莫大な資金（五〇億ドルという試算もある）を投じて、デジタル写真の研究開発も行ってきた。しかしこれまでのところ、これといった成果は上がっていない。原因は、経営陣が「デジタル商品が写真の売上を食ってしまうのではないか」と警戒しているからだとされた。

そこでジョージ・フィッシャーは、またしても適切な選択をした。コダックのデジタル製品をすべて新部門に移行し、ディジタル・イクイップメントとアップル・コンピュータでマーケティング担当役員を務めたカール・ガスティンを迎え、彼に指揮を任せたのだ。

だが、次に愚かな選択をしてしまった。新部門をコダック・デジタル・サイエンスと名づけたのだ。ガスティンは、「マスターブランドとしてのコダックの名前にてこ入れしつつ、新たなデジタル事業を表現する必要があった」と説明したが、なぜそんな必要があるのだろう。写真のイメージが染みついた名前でデジタルという未来へ向かったところで、どれほどの希望が見出せるというのか。

とくに、デジタル写真業界は競争が激しい。カシオ、キヤノン、富士通、ソニー、シリコングラフィックス、ヒューレット・パッカード……、何百という世界の企業がしのぎを削っている。不思議に思うかもしれないが、コダックというブランドの強さが、同社がデジタルへの溝を越えるのを難しくするのだ。

「蝶」を「空飛ぶイモ虫」とは言わない

ある製品にちなんだイメージが強く定着している場合、そのイメージは別の製品に拡大できない。最近イクィトレンディが行った「品質ナンバー1と言われて思い浮かべるのは?」という調査では、「コダックのフィルム」が一位になった(二位はディズニー、三位はベンツ)。

フォトCDは、コダック初の有力なデジタル製品だ。ポジやネガの画像をディスクに移すこの製品は、どっちつかずだ。こうした中間的な製品は、補助動力付きの馬車のようなもので、最新技術を求める専門家にも、既存品にこだわる守旧派にも受けない。人々がタイプライターからコンピュータへ移行した時期、電子タイプライターもワープロも不調に終わった。スミス・コロナもワンも倒産した。

コダックには、溝を跳び越えるための、新たなデジタルな名前が必要だ。革命的アイデアや製品開発はもちろんだが、同時に新ブランドも大前提なのだ。

ポラロイドも、コダックと同じ状況にある。ポラロイドといえばインスタント写真。そのイメージが染みついた名前で普通のフィルム市場に進出したがふるわなかった。このブランド名では、デジタル市場でも成功しないだろう。

かつてポラロイドは、インスタント写真市場でコダックを二倍の売上で退け、さらにその後、特許権侵害で市場から完全追放した。コダックという名前が「インスタント」を意味できなかったのなら、「デジタル」も意味できないだろう。蝶を指して「空飛ぶイモ虫」と呼ぶ人はいない。誰もが別物になったことを理解しているからだ。アナログ写真とデジタル写真は別物だ。コダック・デジタル・サイエンスは、まるで「空飛ぶイモ虫」のような名前だ。

コダックは、最高級品質をイメージさせるブランド名だが、デジタル写真市場では、この名前が不利になる。ライバルにとっては好都合のはずだが、彼らもまた、ライン拡大の罠に陥る可能性がある。フジ・デジタル・サイエンスが、コダック・デジタル・サイエンスより賢明な戦略とはいえない。

どの家庭でも、昔はサラダといえば、レタス、ニンジン、ピーマンなど、好みの野菜を買ってきて、それを刻んでつくったものだ。しかし次世代のサラダは違う。酸素と二酸化炭素のバランスを調整したビニール袋に入った「カット・サラダ」が急成長している。年間売上は六億五〇〇〇万ドル、年間成長率は八〇％という。

カット・サラダのパイオニアは、カリフォルニア州サリナスのフレッシュ・エクスプレスである。だが、この業界には、果物と野菜、果物缶詰の巨大メーカー、ドール・フードが君臨している。資産も営業マンも、フレッシュ・エクスプレスの比ではない。当然、カット・サラダでも優勢だと思われがちだが、そうではない。パイナップルのイメージが浸透したブランド名（ドール）を野菜に使うという古典的ミスを犯したのが原因だ。現在、カット・サラダ市場におけるドールのシェアは二四％。フレッシュ・エクスプレスは四〇％で、ドールより急速に売上を伸ばしている。

「先手必勝」とはかぎらない

ビジネスの勝敗を決めるのは、企業の規模でもなければ資産高でもない。フォーカスだ。市場に一番乗りし、フォーカスを持っていれば、その市場のリーダーとなれる可能性は十分にある。だが、「必ず」とは言い切れない。先行製品のイメージが消費者のイメージを左右することがあるからだ。

胃酸過多・胸焼け用の薬の世界では、次世代製品をめぐって熾烈《しれつ》な戦いが繰り広げられた。一番乗りしたのは、ジョンソン&ジョンソン。処方薬だったペプシドを店頭用にして「ペプシドAC」という製品名をつけた。

一ヶ月後、「ペプシドＡＣ」はシェア一九％を獲得し、市場トップになった。前リーダーの「タムズ」のシェアは一七％だった。三ヶ月後、スミスクラインが「タガメット」を発売した。これも処方薬を元にした次世代製品だった。続いてワーナー・ランバートが「ザンタック」を発売した。結果、この三つどもえを制したのは、「ザンタック」だった。登場は最も遅かったが、もともとこの薬は、胃酸の分泌をブロックするＨ２ブロッカーと呼ばれる処方薬の中では売上トップだった。処方薬でのリーダーシップを、市販薬でも引き継いだのだ。消費者のイメージでは、トップが「ザンタック」、次は「タガメット」だった。「ペプシドＡＣ」は引き離されていた。どれが一番よい製品か、は関係ないのだ。

市販薬業界では、正統性や信頼性がものをいう。しかし消費者は、あふれる製品の有効成分をいちいち調べて評価することなどできない。そこで重視されるのが、専門家の意見だ。だからこそ、「処方薬」という言葉には魔法の力があるのだ。「アリーヴ」の箱には「ついに店頭でも手に入るようになりました」と書かれている。売れた市販薬はどれも、処方薬で成功した実績を持っている。その実績が、製品に信頼性を与えてくれるのだ。

モトリンは、イブプロフェンの処方薬だが、「アドヴィル」と「ナプリン」が発売された五年後、市販薬として「モトリンＩＢ」が発売された。五年の月日はライバルを引き離す大きなリードを与えていたが、それでも「モトリンＩＢ」は、現在、イブプロフェン市場で二位である。

「アドヴィル」の後塵を拝しているが、「ナプリン」は大きく引き離している。

次世代と「戦う」か「乗る」かを分ける四つのポイント

あらゆる企業が、いつかは次世代型製品を手にした強力なライバルに直面する。そのとき、新世代と戦うのか、それとも自分も革命派になるのか？ それは、次の四つの質問に対する答えによって変わる。①一番乗りできるか？ ②その次世代市場に価値はあるか？ ③適切な名前を見つけられるか？ ④初手を変えないままやっていけるか？

①一番乗りできるか？

一番乗りができるなら、何が何でもプールに飛び込むべきだ。一番乗りとは、必ずしも次世代製品を最初に導入する企業という意味ではない。「この製品ならこのブランド」という消費者のイメージを最初に手に入れる企業になる、ということだ。

ある世代から次世代へと変化するときは、必ず状況が流動化する時期があり、市場のリーダーがあいまいになる。シェアも激しく入れかわる。消費者がある企業をリーダーだと認識すると、ようやく市場の序列が固定化される。ゲームの序盤に最大の力を発揮せよ。状況が落ち着いてしまってからでは遅すぎる。

②その次世代市場に価値はあるか？

これは誘導尋問だ。最初から「次世代製品が価値あるものになる」と思う企業はない。

バイエルは、アセトアミノフェンがアスピリンに取ってかわると思っていたか。シュウィンは、マウンテン・バイクがストリート・バイクに取ってかわると思っていたか。ディジタル・イクイップメントは、PCがミニコンピュータに取ってかわると思っていたか。ウィルソンやスポルディングは、大型ラケットが従来のラケットに取ってかわると思っていたか——。

たぶん、思っていなかった。これら五社は、次世代製品に対してなんの手も打たなかったからだ。そして気づいたときには、手のうちようがなくなっていた。溝の向こうの市場が、こちら側より大きく見えることはない。多くの企業、とくに市場トップの企業は、次世代製品は、主力製品の「亜流」にすぎないと考えたがる。

デジタル写真は、フィルムに取ってかわるだろうか？　イーストマン・コダックのジョージ・フィッシャーは、「デジタル写真は急速に成長するでしょうが、私の目の黒いうちに従来の写真に取ってかわることはないでしょう」と言う。フィッシャーは現在五五歳だ。IBMが一九八一年にPCを発売したとき、スミス・コロナの社員が、「PCは急速に成長するでしょうが、私の目の黒いうちは、タイプライターに取ってかわることはないでしょう」と言った可能性は十分ある。だが、PCはタイプライターに取ってかわった。

野心を持ち、次世代製品がビッグビジネスになると想定することこそ、安全な戦略なのだ。

③適切な名前を見つけられるか？

次世代製品に新たな名前をつけることは、絶対不可欠だ。だが、これに金がかかるのも事実である。次世代製品など成功しないだろうと考えるほうが、ずっと安上がりだろう。企業はすぐに、適切な名前など見つからないとあきらめる。そして、既存の名前を流用する。次世代製品に既存の名前を使うということは、その名前がふさわしいかどうか以前に、次世代製品の可能性を小さく見積もっていることになる。「発展しようのないビジネスに、そんなに金をかける必要があるのか？」というわけだ。

しかし、次世代製品を売り出すなら、金より安全をとるべきだ。確かに、失敗したら投資した金はすべて失われる。だが、新たな名前を用意しなければ、市場のリーダーシップを失う。金は取り返せるが、リーダーシップは、一度失うとまず取り戻せない。

④初手を変えないままやっていけるか？

一番乗りになれなければ、前方に多くのライバルが立ちはだかる。もう何もできないだろうと考えがちだ。だが、初手を変えずにこれまでのフォーカスを強化すれば、目まぐるしく移り変わる流行の中でも成功を手に入れ、維持できる。現実には、ぐずぐずと迷い、中途半端に革命に参加してしまうケースがあまりに多い。そして、どっちつかずになってしまい、フォーカスを失うのだ。

いったんフォーカスを失ったら、未来も失ってしまう。

第15章

まとめ——フォーカスを成功させる一五の秘訣

長年の考察の結果、企業が効果的かつ長期的なフォーカスを育むための原則、あるいは秘訣とでもいうべきものを見出すにいたった。

これらは、あなたの会社のフォーカスが効果的なものかどうかを見分けるためにも役立つ原則だ。

①フォーカスは、シンプルであれ

チャールズ・ケタリングは、オハイオ州デイトンでゼネラル・モーターース・リサーチ・ラボラトリーを運営していたとき、額にこんな言葉を飾っていた。「どんな問題でも、解いてしまえばシンプルだ」。自社のフォーカスが適切か否かを判断する際には、「そのフォーカスは、シンプルか?」と自問自答するのが最良の方法だ。

フォーカスは、消費者の心に浸透するものでなければならない。複雑だったり、高尚すぎたり、派手すぎたり、あいまいだったり、理解するのが難しかったりではダメだ。シンプルな言葉で表現されたシンプルなアイデア、顧客にも、従業員にも、メディアにも即座に理解してもらえるものであること。

多くの企業が、複雑極まる戦略システムを持っているが、そういうところからは、シンプルなフォーカスはまず生まれない。コンピュータがはじき出した戦略デザインには、まるで自動車の組立工場にある見取り図のように見えるものもある。だが、フォーカスするということは、自動車を組み立てるのとは違う。それは、消費者の心にひとつのイメージを創出することだ。言葉でつくるものであって、レンガやモルタルでつくるものではない。「安全性」「ドライビング」「翌日配達」……、こうしたシンプルな言葉がフォーカスになるのだ。

ロイド・ロイスは、GMの社長だったとき、自社の組織改編について、そのヴィジョンをピラミッドの下から「ヴィジョン」「使命」「価値」「目的」「戦略」「主導権」「目標」という項目を書き入れて表現した。さらに、「戦略」という項目には、七つのサブ項目が書き入れてあった。「品質」「人材」「コスト」「速度」「偉大さ」「マーケティング」「材料管理」。だが、こんなにも複雑なことを求める指導者には、誰もついていけなかった。この専門用語のジャングルのような戦略の中には、何のフォーカスもなかった。

チーム編成も、複雑すぎるとフォーカスを見出す際の障害になる。売上数十億ドルのあるサービス会社は、六ヶ月間月例会議をすることにし、各部門の代表と現場担当者を招集した。だが、ご想像どおり、会議は泥沼だった。全員がいくつかのアイデアをフライパンに投げ込むようなやり方では、うまくいくはずがない。関わる人間が増えるにつれ、強力なフォーカスは生み出しにくくなる。

軍隊の将軍は、部下を一〇人単位の班に分け、各班で軍隊全体の戦略を立てるよう命令したりしない。だが、経営者はしばしば、そんなことをしてしまう。

大企業や中小企業、あるいは海外の企業など、多種多様な企業と仕事をするうちに気づいたことがある。それは、経営者がみな「アイデア病」にかかっているということだ。彼らは、「内部スタッフや外部コンサルタントの出すアイデアの質が企業の成否を握っている」と考えている。だから、小集団に分けて、もっと創造的な意見を出せとせかす。

だが、ほとんどの企業は、これ以上アイデアを増やす必要などない。むしろ減らすべきだ。シンプルなフォーカスがあればいい。そのフォーカスは、あまり創造的には思えないかもしれない。しかし社外に向かって発信したときは、大きな威力を発揮する。パッカード・ベルの誰かが「ホームPCにフォーカスしよう」と言ったときも、社内の人たちは「素晴らしいアイデアだ」と飛びついたりしなかっただろう。

企業に欠けているのは、アイデアではなく判断力だ。チェスター・カールソンが、一九三七年に「電子写真」と呼んだドライ・コピーの特許を取得したとき、彼はこの技術をGEやRCA、IBM、レミントン・ランドなどの巨大企業に売り込んだが、ことごとく断られた。最後に売り込んで契約が成立したのが、バテル・メモリアル・インスティテュートという非営利研究機関だった。だが、この技術を活かした機械を開発してくれる会社を見つけるのに、さらに三年を要した。そのチャンスをつかみ、歴史的成功を得たのは、後にゼロックスと社名を変えたハロイドだった。

よいアイデアはいたるところにあるが、よい判断は、そうそう見あたらない。

一九四九年、VWのビートルがアメリカに上陸したとき、フランチャイズになりたいと名乗り出たディーラーは、ごくわずかだった。

一九七五年一月、「ポピュラー・エレクトロニクス」がその表紙に、史上初のPC「MITSアルテア8800」の写真を掲載したとき、何人がニューメキシコ州アルバカーキに駆けつけ、開発者エド・ロバーツにインタビューしただろうか? 決して多くはなかった。だが、ポール・アレンは会いに行った。ポール・アレンの名は知らなくても、当時の彼のパートナーの名は知っているだろう。ビル・ゲイツだ。

よいフォーカスはシンプルだが、よいフォーカスを「見分ける」のはシンプルではない。それに必要な判断力を持ち合わせている人は、驚くほど少ない。

②フォーカスは、記憶されなければならない

企業を成功に導いてくれるのは、消費者だ。フォーカスは、消費者の心にはたらきかけるものであり、彼らに記憶されなければならない。あなたが何を印象づけようとしても、消費者が覚えてくれなくては何の効果もない。

記憶されるものと、そうでないものの違いは何か？

第一に、記憶されるフォーカスは、消費者に発信したとき、「個性的だ」と感じとってもらえる。あなたの主張は、他社と差別化されていなければならない。ボルボが「安全な」車をつくったと宣伝したとき、同じ主張をしている自動車メーカーはなかった。今では、あらゆるメーカーが安全性をうたっているが、「安全性」で記憶されているのはボルボだけだ。

第二に、記憶されるフォーカスは、衝撃を与える要素がある。思いがけない言葉、否定的な言葉を効果的に使うといい。

クリントン大統領の選挙参謀だったジェームズ・カーヴィルが考案したフレーズが、「問題は経済です」だったら、メディアはみんな無視していただろう。「問題は経済だよ、おバカさん」

だったから、注目を集められたのだ。スバルが、ただ「安い車です」と宣伝していたら、人々の目にはとまらなかった。「安くて維持費もかからない車です」と宣伝したから、注目されたのだ。

否定的表現によって、人々の記憶にフォーカスを焼きつけられることもある。チャーチルは、首相就任後初の議会演説で「私が差し出せるものは、何ひとつありません。血と労苦と涙と汗、それ以外には何ひとつないのです」と語った。

会社によっては、自社の企業理念そのものがフォーカスだという。だが、企業理念はあまり記憶に残らない。史上最も有名な企業理念といえば、ジョンソン&ジョンソンの三〇八語のモットーだろう。最初の二五語はこうだ。「私たちは、自社の製品やサービスを利用する医師や看護師、患者や子どもたちの母親や父親など、あらゆる人に対して真っ先に責任を果たさねばならないと考えています」。素晴らしい内容だが、とても覚えられるものではない。

フォーカスとは、国歌や旗、鬨《とき》の声のように、記憶に残るものでなければならない。実際、記憶に残るスローガンのいくつかは、米西戦争の「メイン号を思い出せ」や、第一次世界大戦の「戦争を終わらせるための戦争」のように、戦争から生まれた。

第三に、大胆不敵さも、記憶に残るフォーカスを打ち出す方法だ。人は、無謀にすら思える挑戦に反応する。

ケネディ大統領が、「我が国は、一九六〇年代が終わるまでに人類を月に送り、無事帰還させるという目標に向かって邁進すべきだと信じている」と語ったとき、国民は即座に「そうだ、やろう。きっと達成できる」と反応した。もし、ケネディ大統領が「できればあと一〇年以内に、人類を月に送るつもりです」と話していたら、注目する人はいなかっただろう。

社員は、偉大な目標のためなら喜んで犠牲を払う。彼らには、ねらうべき標的が必要なのだ。ただ「頑張れ」と鼓舞するだけでは不十分だ。

③フォーカスは、パワフルでなければならない

言葉やコンセプトは、繰り返されるほどパワフルになっていく。何かひとつフォーカスを確立すれば、それが繰り返し語られる環境もできてくる。この過程で、フォーカスはパワーを増す。

宣伝にも、同じことが言える。消費者が「この企業は成功する」と思ってくれれば、彼らはそのように行動してくれる。「人気」製品、「人気」レストラン、「人気」音楽グループ……、これらの勢いは少しも衰えそうにないように思える。これこそ、力である。あなたの企業やブランドが大成功しそうだというイメージを、消費者の心に印象づけられれば、すぐに大成功が訪れる。

「スナップルは、すべてナチュラルな原料でできています」と最初に聞いたとき、消費者は、これこそ私たちが求めていたものだ、と思ったはずだ。そして二三年。今でもスナップルは、「ナチュラル」というフレーズをマントラのように繰り返し唱えている。若者に「やっぱりこれだね」

と思わせるオーラを発しつづけているのだ。

しかし一九九五年に、クエーカー・オーツがスナップルを一七億ドルというとんでもない額で買収した結果、両社ともにフォーカスを失った。ニュー・エイジのナチュラル飲料が、古くさい食品会社の傘下に入ってどうするつもりなのだろう。企業のパワーは規模に比例すると考える経営者がいるが、大企業が小企業よりパワフルとはかぎらない。確かなのは、「フォーカスした企業は、フォーカスしていない企業よりパワフルだ」ということだ。スナップルは、クエーカー・オーツの一部門になる前のほうがパワフルだった。

企業にパワーを与えてくれるのはフォーカスであり、それによって増える市場シェアだ。共通性のある企業が合併すれば、フォーカスは増すだろう。だが、そうではない企業が合併すれば、規模が拡大するだけで、フォーカスのゆるんだ企業になる。

企業がひとつのパワーを得ると、そのパワーは、さらなるパワーを生み、市場支配を強め、業界全体をもコントロールできるようになる。

フォーカスすれば、適切な人材が集まってくる。だから企業力はますます強化される。フォーカスしていないと、正反対の現象が起こる。ＩＢＭは、ソフトウェア事業の夢をつなぎ止めるため、ロータス・デヴェロップメントを三五億ドルで買収した。だが、ソフトウェアのプロは、ＩＢＭ／ロータスとマイクロソフトのどちらで働きたいと思うだろう？　最高の人材は、最高の企業で最高の仲間と働きたがる。マイクロソフトは、ソフトウェア業界で最高の人材を惹きつけることに成功してきた。

IBMがロータスを買収したとき、ハードウェアの会社で働きたがらないロータスのトップが次々に会社を辞めるのではないかと噂された。スナップルと同じく、ロータスも買収されてパワーが弱まり、フォーカスを失った。

フォーカスのあるパワフルな会社の社員は、主力事業の価値を理解し集中する。バスケットボールの試合では、地元ファンが「守れ!」と声を合わせて応援し、スタンドとコートに一体感が生まれるが、それと同じ効果があるのだ。全社員がひとつのフォーカスを繰り返し唱えていれば、目標達成への集中力が増す。繰り返すだけでも、フォーカスのパワーを増す効果があるのだ。

だが、フォーカスを妨害する罠がそこかしこにある。ある市場で二〇%のシェアを持つ企業が、他のいくつもの市場に手を広げ、各々から一~二%のシェアを得ようとする。こうした行動は、「多角化」「ライン拡大」「ブランド価値の向上」といった名の下で跋扈する。「多角化は最終的に高くつく」ということを忘れているのだ。多角化すれば、フォーカスもパワーも失われる。征服すべき新分野を探すより、今のビジネスのシェアを伸ばす方法を探したほうが、パワーは増す。

知らない市場でシェアを獲得するより、勝手知ったる市場のシェアを伸ばすほうが簡単だ。たとえば法律事務所だったら、新たに会計士を数人雇って会計業務へ手を広げるより、司法ビジネスを拡大すべきだろう。

ある分野に通じると、その分野に対する敬意が生まれる。業界の裏も知るようになると、これ以上の発展は望めないと考えるようになる。あまりにも高度で熾烈な競争だ、と思ってしまうのだ。これに対して、未知の分野はあなどる。大した競争はない、簡単に制覇できるだろうと考え、知りもしないビジネスに自信満々に参入するのだ。

コングロマリットでも、成功している企業はある。有名なところでは、スイスのＡＢＢ（アセア・ブラウン・ボヴェリ）やイギリスのハンセン、アメリカのＧＥなどだ。経営は、物理学のような科学とは違う。物理学なら、ひとつでも例外があれば理論として成り立たない。だが経営理論は、そうとはかぎらない。経営は科学ではなく、技術である。

それでも、成功しているコングロマリットの存在は、フォーカスの力を信じる人間の興味をかき立てる。そこには、考慮すべき特異な条件があるのかもしれない、と。

すぐに思いつくのが、コングロマリットの持つ長い歴史だ。ＡＢＢは創業一一二年、ＧＥは創業一一七年、これらは、成熟したビジネスを展開している。ＡＢＢは発電、電気設備のメーカーだが、市場もまた成熟しているので、競合他社は非常に少ない。

コングロマリットの競合相手は、同じくコングロマリットであることが多い。タービン発電機やディーゼル発動機関、変電機器といった製品のメーカーで、新しい会社はほとんどない。二つのコングロマリットが競合する場合、勝つのは当然どちらかのコングロマリットである。

リーダーシップを研究している経営理論家たちは、多くのリーダーが、相乗効果を求めて多角化することに注目し、「成功の秘訣は、GEのようなコングロマリットになることだ」と結論づけてしまう。

金持ちはパテック・フィリップの腕時計を身につけ、ロールス・ロイスに乗る。だが、彼らの腕時計や車を真似たところで、金持ちになる道を見出せるわけではない。研究すべきなのは、リーダーたちが、リーダーになる「前」に何をしたか、だろう。一八九〇年、GEの前身、エジソン・エレクトリック・ライトは、売上一億ドルという快挙を成し遂げた。この最初の成功に火をつけたのは、エジソンが発明した電球だった。

④フォーカスは、革命的であらねばならない

あなたが自社をフォーカスしようと考えているなら、今後すさまじい抵抗にあうことを覚悟すべきだろう。フォーカスは、シンプルでわかりやすい。しかし伝統的な考え方とは対立する。それゆえ、なかなか理解が得られない。

多くの経営者たちが伝統的に教え込まれてきたのは、「成長を目指せ」「製品ラインを拡大せよ」「新分野に参入せよ」「相乗効果を利用せよ」といった成長礼賛だった。大きいことはいいことであり、成長が害になることはない、という考え方である。

こうした拡大理論は、現実にはうまくいかないことが多いにもかかわらず、今も採用する企業が後を絶たない。何かがうまくいく「はず」だと信じたのに、それがうまくいかなかったとき、人は、その原因を「理論」ではなく「実践方法」に求めがちだからだ。「理論的にはうまくいくはずだ。うまくやる方法を見出さねば」というわけだ。

「成長は善だ」と信じるかぎり、フォーカスに向けての試みは、すべて却下される。「フォーカスする」とは、選択した分野以外の成長を抑制することにほかならないからだ。これは、植物をある方向に伸ばそうとするとき枝を剪定《せんてい》するのと似ている。フォーカスを育みたいなら、いくつかのGAMPを破らなければならない。

GAMPとは、Generally Accepted Management Practice、すなわち「一般的に是とされている経営実践」のことだ。売上だけでなく、利益や投資利益率も成長させねばならないとする成長志向の理論である。この立場からすれば、フォーカスは反動的行為である。オムレツをつくるためには卵を二、三個割らねばならないように、もし本気でフォーカスしようとするなら、いくつかのGAMPを破らねばならない。

GAMPの第一目標は成長であり、それをはかる道具は数字だ。あらゆる企業が、成長は善だと信じ、数字に支配されている。ある決断の結果よい数字が出れば、その決断はよい決断とされる。逆に数字が悪ければ、悪い決断だったことになる。しかし実際には、よい数字を出しつづけている企業が順調だとはかぎらない。たとえばＩＴＴは、一九七四年に破綻するまで、四半期利益は五八期連続で上昇していた。

数字至上主義のＣＥＯたちは、何の戦略も講じない。確かにこれで彼らの責任は回避できる。代わりにすることといえば、数字を眺め、基準に達しなかった部門のトップを入れかえるだけだ。こうした企業はたいてい、社内分権を実践しているが、分権すればフォーカスも失われる。

成長を信じ、何ごとも数字ではかろうとする企業に、明るい未来はない。数字をもとに経営する企業は、やがて地に落ちる。

ビジネスに数字は必要だ。個人も法人も、自らのポジションを確認するのに、あるいは戦略が正しくターゲットに向かっているかを確認するのに、数字は役立つ。しかし使い方を間違ってはいけない。

フォーカスは、まず刈り込み作業から始める。短期的には、その刈り込みのせいで悪い数字が出ることもある。だが、二歩進むためには、ときとして一歩下がることも必要だ。製品ラインを縮小することでフォーカスが進めば、いったん数字が落ちたとしても、最終的には市場シェアが伸び、数字も回復するはずだ。パワーを示す究極の指標は、目先の数字ではなく市場シェアである。

株価も、将来の成功を示すものではない。もちろん、健全な株価は望ましい。それが役員に報酬をもたらし、戦略的買収の資金にもなるのだから。だが究極の目標は、株価の健全化ではなく、ビジネスの健全化であるべきだ。健全なビジネスとは、しっかりフォーカスを絞ったビジネスのことである。それによって市場シェアを支配し、健全な利益が生まれる。競争に左右されることもない。

ビジネスは数学に似ているが、高度なビジネスになると、高等数学に似てくる。高等数学は、計算ではなく概念を扱う。たとえば微分学では、数字はほとんど扱わない。ビジネスでも、高度な戦略的ビジネスでは、数字ではなくコンセプトの戦いになる。木々を一本ずつ数えるより、森を把握する能力が必要なのだ。

⑤フォーカスは、敵が必要である

次々と異分野に手を出しながら成長を求めていくと、長期的成功に必要不可欠な要素が失われる。それは「有力な敵」である。ビジネスは競争だ。あなたの会社が売る製品やサービスは、どれも他社が手がけていないものでなければならない。利益を上げつづけるだけでは十分ではない。真の成功を収めるには、敵を倒さねばならないのだ。

多数の製品に多角化した企業は、急速に敵の姿を見失っていく。敵が多くなりすぎて目配りできなくなってしまうのだ。そして、見えない敵の突然の攻撃に敗北する。コングロマリットで働いた経験がある人は、自社が社内にばかり目を向けていることに気づいただろう。たとえば役員たちは、業界の会合にめったに出席しない（そもそも、どの業界に属しているのか不明だ）。彼らの時間のほとんどは、社内会議に費やされる。そしてその会議では、誰が何を誰に向かってやっているかを確認しつづける。

MCIは、AT&Tを標的としていた時代には着実な成長を遂げ、長距離電話市場で二〇%のシェアを達成した。しかしその後、ニューズ社と二〇億ドルのジョイント・ベンチャーに乗り出すなど、各種新ビジネスに手を出しはじめると成長が止まった。そして一九九四年、一〇年ぶりにAT&Tに敗北した。

それでもなおMCIは、一〇億ドルでSHLシステムハウスを買収し、データ・サービス事業にも参入しようとしている。さらには、電話でCDを販売するプロジェクト・ダイヤモンド事業も始めている。MCIの敵は誰か？　サム・グッディ、EDS、IBM、アメリカ・オンライン、AT&Tなどだろう。MCIは、もはや長距離電話会社ではない。コンサルティング・サービスからCDまで多角化したコングロマリットに変貌したのだ。しかしこのことを、当のMCIは憂慮していない。CEOのバート・ロバーツは、「我が社のマーケティング力と販売力をもってすれば、どんな市場でも一五%のシェアは達成できる。できないなどと考える人は、世界に一人もいない」と豪語している。が、残念ながらここに一人いる。私だ。

コングロマリットと化したMCIは敵を失った。他方、フォーカスした企業は、常に敵が誰で何をしているかを把握している。だからその敵と対抗するための詳細な戦略が立てられる。必要ならば速やかに攻撃もできる。その敵がフォーカスを失っていたり、多角化企業であれば絶好のチャンスだ。

コカ・コーラの敵はペプシコだが、GEの敵は？ コングロマリットには敵がいない。外部の敵がいないから、部門間や事業体間の調整といった社内対策に過度の時間を割いてしまうのだ。

⑥フォーカスは、未来を切り拓く

経営者の一番の仕事は、経営ではなく、未来を見抜くことである。このことは、何度でも繰り返し述べる価値がある。ここでいう未来とは、その経営者の指揮下で拓かれるべき世界を指す。フォーカスとは、未来はどこにあり、それを実現するためには具体的にどんなステップを踏むべきかを予測することでもある。その意味では、「フォーカスとは未来である」とも言える。フォーカスすれば、未来が切り拓かれるのだ。

ボルボが「安全性」を自社のフォーカスとしたとき、それは同時に、自動車業界全体の向かうべき方向をも示した。しかしそれだけではなかった。同社がその未来を実現することも示したのだ。今では、ボルボだけでなく、業界全体が安全性にフォーカスしている。追随者がいなければ、リーダーにはなれないのだ。

シリコングラフィックスが3Dコンピューティングにフォーカスしたとき、3Dコンピューティングという市場はまだなかった。だが今では、同社が業界リーダーとなり、この市場はブームを迎えている。国防省は、実地訓練の代わりに3Dの戦争ゲームを活用している。他にも医薬品、石油探索、プロダクト・デザイン、建築、テレビゲーム、映画、広告など、さまざまな分野で、3Dを利用した現実そっくりのシミュレーションが作成されている。

シリコングラフィックスは、3D市場の伸びとともに成長した。一九九一年以来、同社の売上は三倍になり、現在、年間二三億ドルに達している。

コンサルタントの中には、「CEOは持てる時間の四分の三を、未来を見つめ、計画を立て、準備するために費やすべきだ」と提案する者がいる。シンクタンクやカリブのリゾートならそれで結構。夢のような国で青い空のように考えをめぐらせればいい。だが、それでは輝ける未来はやってこない。CEOは、「現在の活動の中に」未来を見出さねばならない。最も未来に希望が持てる製品、サービス、アイデアをひとつだけ見出す。それが自社のフォーカスになる。極めてシンプルだが、これがなかなか難しい。

未来が拓けそうな製品やサービスやアイデアを見出すこと自体は、それほど難しくない。だが、フォーカスする対象を「ひとつだけ」選ぶとなると難しくなるのだ。多くの企業は、犠牲を払いたがらない。未来に向けて、馬は何頭か走らせておきたいと考える。一見正論にも思えるが、それではうまくいかない。

もし、シリコングラフィックスが3Dだけに賭けなかったら、今頃どうなっていたか。もし、ビジネス・ワークステーションやエンジニアリング・ワークステーション、さらにはオフィスPCなどに少しずつ手を広げていたりしたら、同社はワークステーション市場の一企業にとどまっていただろう。短期的には、ラインを拡大したほうがよい結果が出ただろうが、長期的には、3Dにフォーカスしたほうが明らかによい結果を出せたはずだ。

「未来のための計画」という観点で見れば、最も注目する価値があるのは、「次世代」現象である。歴史は繰り返す。アスピリンに代わってアセトアミノフェンが登場し、さらにイブプロフェンが登場した。八ビットホーム・コンピュータに代わって一六ビットが登場し、さらに三二ビットが登場した。六四ビットが登場するのは間違いない。

業界の中には、自らの技術を他分野に拡大するのに夢中なあまり、次世代現象の脅威に気づいていないものもある。ケーブルテレビ業界は、電話事業やビデオ・オン・デマンド事業との統合に心を奪われ、ディレクTVのようなダイレクト衛星システムの脅威に気づいていないように見える。

⑦フォーカスは、社内にも必要だ

本書の第一目的は、外部に向けてフォーカスする方法を論じることだが、これは社内にも適用されるべきものである。フォーカスできれば、採用すべき人材、推進すべき研究開発、導入すべき製品もわかる。

フォーカスのない企業は、各独立部門が互いに同等の立場で扱われる。そして、社員一人ひとりが「自分は前線にいる」と感じられるようにといった「バランス」や「平等」に配慮し、製品や工場や事業にしばしば変更を加える。

フォーカスした企業は、社内の最高の人材と資源を、未来につながる製品やサービスに投入する。「フォーカスする」とは、過去の製品から未来の製品に移行するということだ。短期的には、過去の製品を効率的なやり方で扱う必要もあるだろう。しかし、そのせいで、経営陣が未来のフォーカスから目をそらしてしまってはいけない。

もし何も変化しないのなら、分権化した企業のほうが、中央集権化した企業よりも効率的かつ効果的に事業展開できる。分権化したほうが、各事業部門のトップや従業員の士気が上がり、責任感が増すのは間違いない。だが、分権化した企業は、フォーカスできない。経営陣の能力が各部門に分散し、ひとつの方向に集中できなくなってしまう。そうなると彼らは、市場の条件に合わせて、目指すべき方向を変えるようになる。分権化は、効率的だが柔軟性に欠けている。

一見非効率的かもしれないが、市場に強力にフォーカスし、中央集権化した企業を経営したほうがいい。社員は、負け組企業より勝ち組企業で働きたがる。負け組企業の経営陣に、どんなに士気があっても、だ。

分権化した企業は、ほとんどの場合、フォーカスも企業戦略も確立できない。財務上の結果を集積し、それを投資家やアナリストに広めるセンターと化すのみだ。何より、分権化した企業が取り逃がしがちなのは、次世代のコンセプトに乗ってそれを支配する機会だ。

今日の企業は、知が拡大しつづける世界で活動している。やみくもに研究開発費を投入したところで、浅く広くなるばかりで成果は出ないが、フォーカスがあれば、結果の出そうな一分野に、自然に資金が集中していく。社内の資産や人材や意識とかけ離れた分野で、新技術を発見しようとしても無駄である。

評論家たちは、ゼロックスのPC事業が失敗したのは、パロ・アルト研究センターのPC開発を活用しなかったからだと言っている。だが本当の原因は、間違った製品開発に資金を投入してしまったことにある。

ゼロックスは、どうやってPC企業として組織するつもりだったのか？　人材や資産はどこから集めるつもりだったのか？　それらが実現できたとしても、同社には新しいフォーカスが必要だった。それはおそらく、レーザー・プリンタだった。ここにこそ資金を投入すべきだったのだ。

これなら、コピー機でつちかった技術を活用できた。中でも、一九七七年に発売したメインフレーム・レーザー・プリンタ「9700」のデスクトップ版の開発に資金を投入すべきだったろう。

ゼロックスがレーザー・プリンタ業界でのリーダーの座を投げ出したおかげで、ヒューレット・パッカードが参入、成功を収めることになった。

⑧フォーカスは、国家にも必要だ

企業にとってよいことは、国にとってもよいことだ。

ある業界が海外移転するたびに、文句を言う人がいる。たとえばテレビは、もうアメリカ国内では生産されていない。だが、何でも国産ならいいのだろうか。国も専門化して自国が得意な製品だけを生産したほうが、理にかなっているのではないだろうか？　企業が最も競争力を発揮できる一製品に、資産と人材を投入するのと同じように……。

各国がフォーカスしていく過程では、どの国がどの製品を担うのかはあくまで市場競争に任せ、国家間の争いは避けることも重要だ。貿易障壁はすべて取りはずすべきだろう。貿易障壁は、非効率的な企業を保護するだけで、消費者のためにはならない。長期的には、社員のためにもならない。

共同体や市、州、国がフォーカスを見出すと、大いなる利益がもたらされる。アメリカは、商業用航空機やコンピュータの分野で世界を支配している。日本は自動車と電機製品、ドイツはエンジニアリング関連製品、フランスはワインと香水、スイスは銀行業と時計、イタリアはデザインと衣料、ロシアはウォッカとキャビアだ。

国がフォーカスすれば、世界中の消費者に強烈なインパクトを与えられる。

消費者は、アメリカの航空機、日本の自動車、ドイツのエンジニアリング関連製品、フランスのワイン、スイスの腕時計、イタリアのデザイン、ロシアのウォッカを好む。だが、スイスでつくられる腕時計は、本当に他国の腕時計より品質がいいのだろうか？ フォーカスの真の力とは、品質ではなくイメージだ。消費者の心にイメージを刻み込むことにある。

フォーカスは、自らを強化していく性質がある。優秀な人もサービスも、フォーカスのある場所に惹きつけられる傾向があるからだ。

たとえばシリコン・バレーは、エレクトロニクス産業で名をはせているが、ベンチャー・キャピタル、弁護士、会計士、下請け業者などのエレクトロニクス専門家も軒並みここに集まっている。

ミズーリ州ブランソンは、「世界のショーの中心地」と銘打っている。劇場が数マイルおきに計四〇ほどもあり、ボビー・ヴィントンやトニー・オーランド、アンディ・ウィリアムズ、グレン・キャンベル、アニタ・ブライアント、ザ・オズモンズなど、名だたるエンタテナーたちが出演し、どこも繁盛している。もし劇場がひとつしかなければ、経営は立ちゆかなかったかもしれない。これこそ、フォーカスの力だ。

同じことが、マンハッタンの四二丁目、五番街と六番街の間のブロックにも言える。ここはニューヨークのダイヤモンド・ビジネスの中心地であり、一ブロックに三五七店もの宝石店がひしめいているが、同時に、宝石デザイナーや彫金師、修理人、研磨職人、メッキ職人、コンサルタント、その他のサプライヤーなども一斉に集まっている。フォーカスのなせるわざだ。

他にも、フォーカスした地域はあるはずだ。たとえば中古車ディーラーは、たいてい一地域に集まって立ち並んでいる。何店かが集まったおかげで、これらの地域は繁盛している。

都市にも同じことがいえる。メンフィスは、アメリカの中心という地の利と、安定した天候(メンフィスの国際空港では、悪天候が理由の閉鎖は年平均八時間しかない)を活かして、「アメリカの流通センター」を自認している。二四時間ひっきりなしにトラックが出入りしているのは、多数の企業が、この地に倉庫を置いているからだ。フェデックスも流通ハブをここに置いている。

メンフィスがトラックで達成したことを、オマハは電話で達成している。通販会社やクレジット会社のサービスセンター、ホテルの予約サービスなど、無料通話事業の多くがオマハにあり、

「アメリカの無料通話センター」になっている。実際、全米五大通販会社のうち三社がここを拠点にしている。

南カリフォルニアのスパルタバーグとグリーンヴィルは、アメリカで製造業の展開を目指す海外企業の中心地になっている。

ニューヨークは、もう何年も、製造業関連の仕事が減ったことを嘆いている。だが、インフレで高騰した不動産や高い税金を考えれば、製造業のメッカを目指すべきだとは思えない。世界の通信、金融センターにフォーカスしたほうがいい。

以上ここまでが、フォーカスの持つ八つの特徴だ。ここからは、フォーカスにあってはならない特徴をまとめよう。

⑨フォーカスは、製品そのものであってはならない

ゼロックスの914型コピー機は、全米史上最も利益を上げた製品だ。ゼロックスはコピー機全般ではなく、914型の「普通紙」コピーにフォーカスしたのだ。普通紙コピーこそ、ゼロックスに成功をもたらした旗印だった。

同じように、ボルボも、「自動車」にフォーカスしたのではなく、「安全性」にフォーカスした。ベンツは、高価で名声の高い車にフォーカスした。

では、なぜ製品そのものにフォーカスするとうまくいかないのか？　答えは、競争の本質の中にある。もしあなたの会社が業界で完全に独占状態なら、製品そのものにフォーカスすることで、とてつもない利益をあげられるだろう。しかし、競争がある場合はそうはいかない。

あなたの会社の製品イメージがどんなものであれ、競合他社は正反対のイメージを打ち出してくるはずだ。あなたの製品が高価なら安価なものを、安価なら高価なものを導入するだろう。「大・小」「明・暗」「高級ファッション・ストリート系ファッション」「アマチュア用・プロ用」など、各種の違いがあり、人によって好みは異なる。市場は常に分割・分化の可能性があるのだ。

もし市場トップの企業が、万人のためにあらゆる商品を提供しようとすれば、結果としてフォーカスは失われる。経営者がなすべきは、市場のどの部分にフォーカスするかを決断することであり、その決断を後押しするような価格設定、パッケージ、流通方法を考案し、フォーカスを強化することである。

ある一分野で群を抜こうという意志がなければ、フォーカスは成功しない。

⑩フォーカスは、傘であってはならない

「自社の製品をすべて包括できるようなテーマが確立できれば、それがフォーカスだ」と勘違いする企業がある。たとえばAT&Tのロバート・アレン社長は、「我が社は、基本的にネットワーキング企業だ。人と情報とサービスをひとつにして、どこよりも素早いサービスを提供する」と言う。AT&Tを長距離電話サービスの会社だと思っている消費者の多くは、驚くことだろう。

ユニシスは、情報マネジメント企業になろうとして、大金を費やしている。だが、おそらく消費者の多くは、ユニシスはコンピュータ会社だと思っている。情報マネジメント企業とはいったい何か？　図書館のようなものだろうか？

AT&Tやユニシスが見つけたのは「傘」であって、フォーカスではない。自社製品やサービスをすべて包括できる壮大なコンセプトを発見すると、企業はフォーカスを見出したも同然だと思い込むが、それは間違いだ。経営者たちは、そうしたコンセプトを考えるうちに、抽象化の度合いを高めてしまう。確かに「情報マネジメント」には何でも入れられる。だが、意味するものは何もない。

強力なフォーカスは、包括とは無縁だ。フォーカスとは、ある企業の製品やサービスのごく小さな部分にあたるポイント攻撃だ。自社のビジネスのうち、未来につながる部分だけをカバーすべきである。

どんな企業でも、三種類の製品を手がけている。①過去の製品。製造停止の候補だ。②現在の製品。今の利益の大部分を生産している。③未来の製品。自社の未来を切り拓いてくれる。

フォーカスは、企業を現在から未来に橋渡しする。

場合によっては、何にフォーカスし、何を売り、何で稼ぐのかがそれぞれ異なる可能性がある。

ロータスは、グループウェアにフォーカスしたが、売上のほとんどは集計ソフトとPCソフトであり、稼いでいたのは、同社が開発した集計ソフト「ロータス1―2―3」だった。ある意味では、あらゆる企業がフォーカスを失っていく。変化を免れられない生命の本質から考えれば、当然のことである。永遠かつ完璧に維持できるフォーカスなどない。

フォーカスの目的は、企業の方向性を首尾一貫させることだ。これは、「人格の力でリーダーシップをとるより、発想の力でリーダーシップをとる」とも言える。

⑪フォーカスは、万人にアピールするものであってはならない

この世には、万人にアピールする製品やサービスは存在しない。他人と違っていたいと思う人や、多数派が欲しがらないものを選ぼうとする人が必ずいる。ファッションでも、ヘアスタイルでも、ライフスタイルでも、どんな製品でもサービスでも、それが現実だ。

万人にアピールしようとするのは、ビジネスが陥る最大のミスのひとつである。自分の得意分野を確保し、それ以外の人はすべて排除してしまうのが正解だ。

ひとつのメーカーが市場の半分以上を占めることはめったにないが、フォーカスを絞るほど市場シェアは高くなり、フォーカスが甘いほど市場シェアは低くなる。政治家は万人にアピールしたりしないが、企業はこの過ちを繰り返す。

では、アピールする対象を広げることなく成長するにはどうしたらいいか。ひとつの道は、世界市場を目指すことだ。国内で売れている製品やサービスは、海外でも売れる可能性が高い。世界市場でフォーカスを絞るほうが、国内市場でフォーカスをゆるめるよりずっといい。

大きいことを考えたがる企業に、フォーカスすべきだと説得するのは難しい。彼らは「なぜ万人にアピールすることを目指してはいけないんだ」と言う。もちろんかまわないが、それではうまくいかないのだ。

少し論理的に考えれば、万人へのアピールを目指すことがいかにバカげているかわかるはずだ。アメリカには、社員一〇〇人以上の企業が一五万社もある。もし、あらゆる企業があらゆる市場に参入しようとしたらどうなるか。しかも、各市場で万人ウケを目指したら……。群を抜く企業は一社もないだろう。

⑫フォーカスは、見つけにくいものであってはならない

二万人以上の社員を抱えるある大企業が、フォーカスを探すという決定を下した。そして最初のステップとして、一〇人以上のメンバーによる委員会が設置され、新戦略を考案したら社長に報告するようにと指示された。

フォーカスは、見つけにくいものではない。だが、群衆の中では確実に見失われる。そもそも、委員会からシンプルなアイデアなど生まれるはずがない。委員会というのは、複雑なものだけを構築できる組織だ。委員会が大きくなればなるほど時間がかかり、レポートは複雑になっていく。

フォーカスは、シンプルなものだ。シンプルなアイデアを探すのに、複雑な手法をとる必要はない。コンサルティングをしていると、「フォーカスできるまでのプロセスを細かく教えてほしい」と頼まれる。しかし、プロセスは複雑ではない。効果的な方法としては、誰か二人を一部屋に入れて考えさせるとよい。二人が理想的だ。一人が考え、もう一人がその考えを評価するのだ。考える人間と評価する人間を入れかえながら、作業を進める。

⑬フォーカスは、すぐ効くものであってはならない

フォーカスを絞ると、短期的にはビジネスに響く。新製品が浸透するのに時間がかかるかもしれないし、既存の製品やサービスを廃止することで売上が落ちることもある。フォーカスは、短期間では効果がわからないものである。もしすぐにわかるのなら、あらゆる企業が大成功を収め

ているはずだ。かたっぱしからいろいろな方法を試し、うまくいかないなら別のものを試し、うまくいったら続ける。そうするうちに、企業は早晩、強力な上昇気流に乗るはずだ。

だが現実はそうはいかない。短期間でうまくいくことは、長期的にはうまくいかないことが多いのだ。常に成功を求める企業は、結局は失敗の道を進んでいる。真の成功を得たいなら、勇気を出してフォーカスする決断をし、市場が反応するのを待たねばならない。それは、一夜にしてなるものではない。

フォードは、安全性を打ち出した戦略を一年試したがやめてしまった。「安全性では売れない」が、デトロイトの合い言葉になった。他方ボルボは、フォードとまったく同じフォーカスをとったが、一年でやめたりしなかった。三〇年間ずっと、このフォーカスを維持したのだ。

成功のためには、忍耐力を持つこと。戦艦の向きを変えるには、時間がかかるのだ。

⑭フォーカスは、一般的戦略であってはならない

GMには、「あらゆる輸送機械を手がける」という戦略があった。だから、ヒューズ・エアクラフトを買収した。

多くの企業が、戦略とは、「自社活動に制限を加えないもの」と考えている。GMは、飛ぶもの、走るもの、滑るものは何でも、輸送機械戦略に当てはまるととらえていた。

ＩＢＭは、ハードウェアでも、ソフトウェアでも、ネットワークでも、コミュニケーションでも、コンピュータに関わるものなら何でも自社の戦略内にあると考え、ソフトウェア会社のロータス・デヴェロップメントを買収した。

こうした戦略は、一企業が市場シェアを一〇〇％獲得できることを想定している。だが、そんなことは不可能だ。だから、いかなる戦略も失敗する運命にある。

フォーカスとは、一分野を支配することを目指し、ビジネスを「狭める」ことだ。市場を自分のものにできれば、強力なパワーが生まれる。一参加者にとどまるかぎり、パワーは得られない。

⑮フォーカスは、永遠には続かない

どんなに強力なフォーカスでも、いつかは時代遅れになる。企業には必ず、再びフォーカスし直さなければならないときがくる。

とはいえ、フォーカスは数年単位で変わる流行ではない。基本的には数十年単位で移り変わる。その長さは、業界によって異なる。変化の早いハイテク産業は、ローテク産業より早くフォーカスがすたれる。

ディジタル・イクイップメントには、「ミニコンピュータ」というフォーカスがあった。このフォーカスのおかげで、同社は世界第二位のコンピュータ会社になった。だが、市場がPC時代に移ると、同社はこの溝を跳び越える方法を見つけられなかった。

IBMには、「メインフレーム」というフォーカスがあった。このフォーカスのおかげで、同社は世界で最も強力にして尊敬される企業になった。だが、市場は分割された。セグメントした市場に対しIBMは、「あらゆる人にあらゆる商品を」という戦略で対応したが、うまくいかなかった。

イーストマン・コダックには、「写真」というフォーカスがあった。このフォーカスのおかげで、同社は世界の写真ビジネスを支配した。だが今日、写真界はデジタルに移行し、コダックは溝を越える方法を模索している。

フェデックスには、「翌日配達」というフォーカスがあった。このフォーカスは、航空便ビジネスを一変させ、創業者のフレッド・スミスは大金持ちになった。だが今、航空便ビジネスはグローバル化し、同社にも新たなフォーカスが必要になっている。

あなたの会社は、いまだに過去の戦略にあぐらをかいてはいないか。
未来は、パワフルなフォーカスを手にした企業のものだ。
フォーカスすること。あなたの会社の未来は、フォーカスにかかっている。

本書は、一九九七年にダイヤモンド社から『フォーカス』が刊行された後、二〇〇五年に刊行された原書の最新版『FOCUS』を元に翻訳したものです。

弊社刊行物の最新情報などは
以下で随時お知らせしています。
ツイッター
@umitotsuki
フェイスブック
www.facebook.com/umitotsuki
インスタグラム
@umitotsukisha

フォーカス！　利益を出しつづける会社にする究極の方法

2007年8月17日　初版第1刷発行
2024年5月5日　第10刷発行

著者　アル・ライズ
訳者　川上純子《かわかみじゅんこ》
装幀　萬屋デザイン室
印刷　萩原印刷株式会社
発行所　有限会社海と月社
〒180-0003　東京都武蔵野市吉祥寺南町2-25-14-105
電話0422-26-9031　FAX0422-26-9032
http://www.umitotsuki.co.jp

ISBN978-4-903212-05-0